이관휘의 자본시장 이야기

이관휘의 자본시장 이야기

CAPITAL
MARKET
STORY

위기의 시대를 돌파하기 위한
한국 경제 뒤집어 읽기

어크로스

목차

3부 거시경제는 어떻게 개인의 삶을 좌우하는가

4부 '그들만의 자본시장'을 넘어서

일러두기

− 이 책은 〈시사인〉 '이관휘의 자본시장 이야기'의 2020년 7월부터 2022년 10월까지
연재 칼럼을 바탕으로 했다.

− 인명과 회사명 등의 고유명사는 외래어 표기법을 따르되 널리 사용되는 표현이 있는
경우 그에 따랐다.

들어가며

한두 가지 주제만 몇 년 동안 들이파고 있어도 아무 문제가 없었다. 적어도 그 주제들에서 한두 편의 논문이 완성될 때까지는 다른 일은 잠시 제쳐두어도 괜찮았다. 오지랖 넓게 이것저것 멀티태스킹을 할 능력이 없다는 걸 어렸을 적부터 진즉 깨닫기도 했거니와 굳이 한눈팔지 않고 단 몇 가지 일에만 집중하는 것이 나에게 딱 맞는구나 싶었다. 그렇게 교수는 나에게 천직이었다.

연구실 밖을 가끔 쳐다보게 된 것은 2019년 가을 《이것이 공매도다》라는 책을 내고 나서부터다. 한국에서 공매도에 대한 첫 번째 책이기도 했지만 공매도에 대한 반감이 워낙 컸던 탓에 예상보다 더 많은 관심을 받았다. 그 책으로 인해 화끈하게 욕을 얻어먹는 한편, 필요했던 논의들이 책 바깥에서 이루어지는 것을 보면서 이 또한 내가 마땅히 해야 할 일이라는 생각이 들었다.

〈시사인〉 이종태 기자님으로부터 정기적으로 자본시장에 관한 글을 써보면 어떻겠냐는 제안을 받았던 게 바로 그때쯤이다. 정기 칼럼을 쓴다는 게, 몇 년 동안 많아야 서너 개의 프로젝트에만 집중하면 되었던 기존의 나의 세계와 얼마나 다를 것인지는 굳이 오래 생각하지 않아도 알 수 있었다. 하물며 '많아야 서너 개'가 아니라 '적어도 수십 개'의 이슈들에 대해 어떤 의견을 갖고 그것을 설명하고, 사람들을 설득하는 일을 내가 할 수 있을 것 같지도 않았다.

그러나 이 기자님이 다시 전화를 주셨을 때 나는 이렇게 이야기하고 있었다. "근데요, 두 주에 한 번 2페이지씩 말고 3주에 한 번 3페이지는 안 될까요?" 안 되는 걸 알면서도 꼭 하고 싶을 때가 있고, 꼭 하고 싶은 그런 일이 있다. 나에게는 〈시사인〉에 글을 쓰는 일이 그랬다.

한국의 자본시장은 한국에 살고 있는 누구와도 무관하지 않다. 은퇴 후를 책임질 국민연금이 한국인들과 무관할 수 없는 것을 생각하면 쉽게 알 수 있다. 그렇기에 근간의 이슈들을 통해 자본시장의 문제들이 개개인의 삶과 얼마나 밀접한지 환기하고, 더 건전하고 투명한 자본시장으로 나아가야 할 필요성을 함께 확인하는 건 의미 있는 일일 것이라고 생각했다.

이 책은 그렇게 시작한 글들을 모으고 다듬은 것이다. 2020년 7월부터 작년 말까지 약 2년 반 동안 자본시장과 관련한 여러 주제에 대해 쓴 글들이 담겼다. 더욱이 지난 2년여의 시간은 앞으로 다시 없을, 다시 겪기 힘든 시간이지 않았던가. 요동치는 시장을 온몸으로 목격하며 생각보다 더 폭넓은 주제들을 다루게 되었다.

다분히 이상적이긴 하지만 자본시장이 작동하는 기본 원리인 효율적 시장을 얘기하기 위해서는 수익률과 위험, 분산투자와 자본자산가격결정모형을 얘기해두지 않을 수 없었다. 그리고, 기업 내부로 눈을 돌려 경영자와 주주, 그리고 채권자들이 겪는 갈등에 대한 중요한 이론 또한 일반인의 언어로 소개해보려고 했다. 라임과 옵티머스 사태를 계기로 한국의 사모펀드에 대해 살펴보았고, 늘 골치 아픈 공매도 문제, 곪았다 터진 대한항공과 아시아나항공 합병 문제, IPO 열풍이 불던 시기에 불거진 공모주 저평가 문제, 대통령 선거 국면에서 살펴본 정치적 양극화가 경제에 미치는 영향, 물적분할 열풍을 통해 본 한국의 기업지배구조 이슈 등 어느 하나 빼놓을 수 없는 중요한 주제들을 다뤘다. 더 거시적이고 글로벌하게는 미연준의 통화정책과 인플레이션, 달러 강세, 미국채 유동성의 문제 등도 마찬가지다. 이에 더해 대세로 자리 잡은 ESG와 행태경제학으로 살펴본 개인 투자자들의 투자 편향, 가계부채의 위험성, 그리고 암호화폐와 그 시장에 대한 중요 이슈들까지 썼으니 다뤄야 할 부분들은 꽤 다룬 셈이라고 스스로 위안을 해본다.

평소엔 주로 미국 데이터를 이용한 논문 작업만 했던 탓에 한국 자본시장은 다소 생소한 면도 있었고, 솔직하게 말하자면 내가 모르는 것들이 한국 자본시장에 이렇게 많았던가에 대해 스스로 놀라고 자책하면서 공부해 쓴 글들이기도 하다. 지나고 보니 격동의 시간 속에 글을 쓰며 오히려 내가 많이 배우고 고민할 수 있었다. 그러니 시장에서 크게 다친 분들께는 죄송하지만 나에게는 행운(?)의 시간이었다고 생각한다.

어크로스의 김형보 대표님은 내 글이 시사인에 발표되고 1년도 되지 않아 연구실까지 직접 찾아오셔서 글들을 모아 단행본을 내자고 제안해주셨다. 이경란 편집자님은 원고를 꼼꼼하게 챙기고 교정하며 부분 부분 업데이트를 요구하셨고 책의 디자인 등 많은 부분에서 큰 도움을 주셨다. 또 그동안 귀중한 지면을 내어주시고 실린 글들을 다른 출판사에서 낼 수 있도록 허락해주신 〈시사인〉에 감사드린다. 이종태 기자님은 나도 모르는 재주(나도 정기적으로 다양한 주제로 글을 쓸 수 있다!)를 기어이 끄집어내주셨다. 이 모든 분이 아니었으면 자본시장에 대한 이야기도, 단행본도 없었을 것이다. 깊이 감사드리며 두 매체 모두 오래오래 큰 발전을 거듭하기를 진심으로 기원한다.

2023년 3월
이관휘

1부

자본시장을
이해하기 위한
5가지 기본 질문

코로나로 인한 팬데믹 기간, 시장을 부양하기 위한 각국 중앙은행들의 유동성 공급은 주식시장의 활황을 가져왔고 수많은 개인투자자가 시장에 뛰어들었다. 이른바 '동학개미'다. 그러나 급격히 증가한 유동성은 팬데믹 선언 이후 불과 2년이 채 지나기도 전에 과거 수십 년 동안 사라져버린 것으로 여겨졌던, 또는 중앙은행이 언제든 싸워 물리칠 수 있는 것이라 착각했던 기다란 인플레이션을 불러왔다. 미국 연빙준비제도이사회의 긴축, 러시아-우크라이나 전쟁, 그리고 중국의 제로 코로나 정책으로 인한 셧다운 등으로 글로벌 공급망의 붕괴가 더해져 시장은 폭락했고, 시장을 빠져나가지 못한 투자자들은 엄청난 손실을 겪는 중이다.

특히 개인투자자들의 피해가 크다. 이들의 경우 심리적 요소에 투자전략이 크게 영향을 받는데 폭락장에서는 특히나 투자심리가 극도로 얼어붙으며 수많은 편향으로 인해 손실이 증폭될 수 있기 때문이다.

1부에서는 동학개미 투자 열풍과 그들의 심리적 편향을 행태경제학behavioral economics 측면에서 살펴본다. 이를 위해 모든 투자의 기초가 되는 위험과 수익률의 관계, 분산투자와 집중투자 등 투자전략의 내용과 장단점, 이론적 근거들 또한 함께 살펴보려고 한다.

개미는 시장을
이길 수 있을까

고기잡이가 가장 중요한 산업이었던 아이슬란드. 2000년대 초중반, 당시 전 세계를 넘나들던 외국자본은 이 북유럽의 섬나라를 그냥 지나치지 않았다. 주식과 부동산 투기 열풍이 이 조그만 나라를 휩쓸기 시작했다. 은행들은 넘쳐나는 현금을 들이대며 대출 경쟁을 했고, 쉽게 돈을 빌린 국민들은 끝도 없이 오르는 자산시장에 투자해 톡톡히 재미를 봤다.

어부들은 더 이상 고기를 잡으려 하지 않았고 젊은이들은 모두 금융경제학을 배우기 시작했다. 《빅숏》 《머니볼》의 저자 마이클 루이스Michael Lewis는 그의 또 다른 저서 《부메랑》에서 당시 "사람들이 모두 블랙·숄스 공식(옵션 가격을 산정하는 공식)을 배우고 있었다"라는 아이슬란드 수산경제학과 교수의 말을 전한다. 지독한 증시 과열기의 한 풍경이다. 그 무렵 금융공학을 공부하던 아이슬란드 어부들을 이르는 별다른 이름은 없었다. 그러나 팬데믹 시기, 한국의 개인투자자들은 '동학개미'라는 이름으로 불린다.

2020년 3월 팬데믹 선언 이후 같은 해 6월 말까지 개인투자자들이 투자한 누적 순매수 규모는 22조 원에 달한다. 홍지연 자본시장연구원 선임연구원은 개인투자자들의 시장참여가 늘어난 이유를 다음의 세 가지로 제시한다.[1] 첫째, 선언 직후 주가 폭락으로 인한 저가 매수 기회 발생. 둘째, 록다운으로 인해 외부 활동이 줄어들면서 늘어난 투자에 대한 관심. 셋째, 특히 미국의 경우에서 볼 수 있듯이 '로빈후드Robinhood' 등 온라인 거래 앱이 활성화된 것.

개인투자자들은 펀드 등을 이용한 간접투자보다 자신이 직접 종목을 골라 투자하고 매입과 매도 시기를 스스로 결정하는 직접투자 또는 액티브active 투자를 선호하는 뚜렷한 경향을 보인다.[2] 개미라 불리는 개인투자자들은 주로 단기차익을 노리고 단타 위주로 거래하며 위험을 무시하고 대박 수익률만 추구하는 것으로 여겨져왔다. 그러나 이번엔 달라 보인다. 더 똑똑해졌다고 한다. 개인투자자들의 액티브 투자전략은 성공적일 수 있을까?

시장을 이기려는 투자 VS 시장을 따르려는 투자

이는 경제학계에서는 꽤 오래전에 제기되었던 문제다. 대답은 그다지 긍정적이지는 않다. 이 분야를 깊이 연구한 바버Brad Barber와 오딘Terrance Odean 교수의 연구에 따르면 개인들은, 결론부터 말하자면, 액티브한 투자로 인해 엄청난 페널티를 물고 있었다.[3] 1991년부터 1996년까지 6만 6465개의 개인투자자 계좌를 분석한 결과는 가장 거래를 많이 하는 투자자들의 수익률이 11.4%로 시장수익률인 17.9%에 한참 못 미치는 성과를 나타냈음을 보여주고 있었다. 더구나 이들은 자신들이 보유한 종목의 75%를 매년 갈아치울 만큼 자주 거래를 하고 있었다. 이렇게 거래 빈도가 높다 보니 거래비용이 상당했을 것은 당연하다. 논문은 성과가 저조한 이유를 잘못된 종목 선택이라기보다 잦은 거래로 거래비용이 늘어난 탓이라고 보았다.

거래량 증가로 인한 거래비용 상승은, 주가지수를 쫓는 펀드나 ETF(상장지수펀드로 거래소에서 보통주처럼 거래되는 펀드) 등을 사두고 오랫동안 투자하는 패시브 passive 투자에서는 사실 큰 문제가 되지 않는다. 계속된 연구에서 바버와 오딘 교수는 개인투자자들이 손해를 보면서도 왜 그토록 액티브하게 자주 거래를 하는지 그 이유를 찾아내려 애썼다.[4]

이들은 투자자들의 자기 과신 overconfidence에 주목했다. 자기 과신이란 자신이 알고 있는 정보가 남들이 알고 있는 정보보다 확실한 것이라고 믿는 심리 편향을 말한다. 남들보다 좋은 정보를 갖고 있다고 믿으니 적극적인 투자를 통해 이익을 실현하고자 하는 의지가 강했던 것이다. 두 저자는 자기 과신에 찬 투자자가 그렇지 않은 투자자보다 거래를 더 자주 한다는 이 가설을 실증적으로 증명해 보이고 싶었다. 한 심리학 연구가 빛을 비춰주었다. 그 연구에 따르면 관련된 일이나 사건의 성격에 따라 자기 과신 편향의 정도가 남녀 간에 다르게 나타날 수 있었다. 예를 들어 예측 가능성이 낮거나, 행위에 대한 반응, 즉 피드백이 모호하며 더디고, 난이도가 높은 일의 경우 여성보다 남성에게 자기 과신 편향이 더 강하게 나타난다는 것이다. 주식투자가 바로 그런 분야다.

그렇다면 주식투자를 할 때 남성이 여성보다 더 자기 과신이 클 것이다. 따라서 만약 남성이 여성보다 유의하게 더 자주 주식을 거래한다는 증거를 실증적으로 제시할 수 있다면 자기 과신에 찬 투자자일수록 더 자주 거래한다는 가설을 증명할 수 있을 것이다. 결과는 기대한 대로였다. 남성 투자자는 여성 투자자보다 무려 45%나 더 자주 거래하고 있었다. 그리고 그 대가로 2.65%의 손실을 보고 있었는데 이는 여성 투자자들의 손실인 1.72%보다 월등히 큰 것이었다.[5]

사실 이 같은 결과는 그리 놀라운 것이 아니다. 주가가 정보를 빠르고 정확히 반영하는 효율적 시장efficient market에서 사실상 '시장을 이기는' 투자를 하는 것이 불가능하다는 것은 잘 알려져 있다. 내가 알고 있는 정보를 시장에서도 이미 알고 있기 때문이다. 이는 액티브 투자를 통해 시장수익률(예를 들어 코스피지수의 수익률)보다 더 나은 수익률을 꾸준히 얻는 것이 불가능함을 의미한다. 그러니 주식 분석을 통해 투자할 주식들을 골라내거나 사고파는 타이밍을 조절해 수익률을 극대화하려는 액티브 투자전략은 헛된 일이 될 공산이 크다. 그렇다면 굳이 시장을 이기려고 노력할 필요 없이 그저 시장을 따라가는 전략을 선택하는 편이 나을 것이다. 다시 말해 패시브 전략이 훨씬 나은 투자라는 것이다. 이에 따르면 삼성전자나 항공업, 자동차 주식 등에 선별적으로 투자하는 동학개미들은 최적과는 한참 거리가 먼 투자를 하는 셈이다. 그러나 액티브 전략이 패시브 전략보다 열등하다면 동학개미들이 낸 성과는 도대체 어디서 온 걸까?

원숭이가 만든 포트폴리오가 말해주는 것

많은 동학개미들이 액티브한 투자로 높은 수익률을 올렸다는 사실은 축하받을 일이지만 그다지 많은 것을 말해주지는 않는다. 단기간에 높은 수익을 올리는 것은 누구에게든 이상한 일이 아니기 때문이다. 문제는 이 같은 성과를 얼마나 오랫동안 '지속적으로' 낼 수 있느냐다. 지속적으로 시장수익률 이상을 달성하는 투자자들을, 농구에서 백발백중의 슈팅을 항상 보여주는 선수들에게 빗대어 '핫핸드hot hand'라고 부른다. 실제로 이런 투자자들이 존재하는지는 심리학계뿐 아니라 경제학계에서도 오래된 주제다. 김연아처럼 줄기차게 자신의 라이벌을 계속 이기는 선수가 주식시장에도 있을까? 만약 핫핸드들이 실제로 다수 존재한다면 이는 시장효율성에 대한 믿음에 큰 도전이 될 것이다.

　종목을 자주 교체하는 투자 스타일을 탐탁지 않게 여겼던 대표적인 장기투자자 워런 버핏은 2008년에 한 헤지펀드 매니저와 100만 달러짜리 내기를 했다. 자신이 선택한 패시브펀드(버핏은 뱅가드Vanguard의 펀드 중 하나를 골랐다)가 향후 10년 동안 상대가 고른 복수의 액티브펀드 중 어떤 것보다도 높은 수익률을 내면 이기는 내기였다. 10년 뒤인 2017년 12월, 버핏의 상대는 깨끗이 패배를 인정했다. 패시브펀드는 10년 동안 연평균 7.1%의 수익을 올렸으나 액티브펀드의 경우 수익률이 평균 2.2%에 그쳤다. 핫핸드는 없었다. 버핏은 여자 청소년들에게 교육과 재활 프로그램을 제공하는 비영리단체에 내기 판돈을 전액 기부했다.

1973년에 출판된 《시장변화를 이기는 투자:랜덤워크》의 서문에서 저자 버턴 맬킬Burton Malkiel 교수는 한 가지 코믹한 예측을 했다. 눈 가린 원숭이로 하여금 경제지들의 주가 페이지를 향해 다트를 던지게 한 다음 다트에 찍힌 종목들에 투자하면 전문가들이 액티브하게 꾸린 포트폴리오에 뒤지지 않는 수익률을 낼 수 있을 것이라는 내용이었다. 전문가들이 공들여 만들어낸 포트폴리오라고 하더라도 효율적인 시장에서는 그저 무작위로 주식을 선택해 만들어진 (즉, 원숭이들이 다트를 던져 만든) 포트폴리오 이상의 성과는 낼 수 없을 것이기 때문이다.

2012년 〈포브스〉는 이에 관한 재미있는 기사를 실었다. 놀랍게도 원숭이들의 포트폴리오 수익률이 (전문가들이 만든 포트폴리오가 이길 수 없었던) 시장수익률을 지속적으로 앞선다는 실증적 증거를 연구자들이 찾아냈다는 것이다.[6] 핫핸드는 전문가들이 아니라 오히려 마구잡이로 다트를 던지는 원숭이들이었던 셈이다. 연구 결과에 많은 의문점이 달리긴 했지만 당시엔 꽤 선정적으로 받아들여졌다. 이 결과는 노벨 경제학상 수상자인 새뮤얼슨Paul Anthony Samuelson 교수가 훨씬 이전인 1974년 어느 칼럼에서 다루었던 내용과 통했다. 그는 액티브펀드 매니저들이 앞으로 직업을 잃게 될 것이라고 썼었다. 전문가들의 펀드운용 실적이 원숭이들의 그것보다 나을 게 없다면 누가 그들에게 돈을 맡기겠는가 말이다.

액티브한 핫핸드는 없었지만 패시브펀드들의 성과는 눈부셨다. 2019년 1월 타계한 전설적인 투자자 존 보글John Bogle은 투자회사 뱅가드 그룹을 설립하고 1975년 세계 최초로 패시브 투자전략을 따르는 인덱스펀드를 내놓았다. 그러나 당시 이 패시브펀드의 인기는 형편없었다. 세상에 나온 지 5년이 지난 후까지도 겨우 1700만 달러의 자금이 설정되었을 뿐이다. 그러나 뱅가드의 패시브펀드들은 이후 수십 년간 눈부신 성과를 보였다. 뱅가드 그룹은 2020년 1월 말 기준, 전 세계를 무대로 1만 7600명을 고용하고 400개 이상의 펀드를 통해 6조 2000억 달러 이상을 운용하는 초대형 글로벌 금융투자회사다.[7]

아마도 장기적인 패시브 투자가 엄청난 성과를 낸다는 실증연구로 가장 유명한 책은 펜실베이니아대학 와튼스쿨의 제러미 시걸Jeremy Siegel 교수가 쓴 《장기투자 바이블》일 것이다. 분석 기간은 주식 관련 데이터가 존재하기 시작한 1802년부터 무려 200년 이상이다. 그는 이 책에서 그동안 주식시장에서 패시브 전략을 고수했다면 금이나 채권에 투자하는 경우보다 월등히 뛰어난 수익률을 얻었을 것이라는 실증적 증거들로 패시브 전략의 우수성을 밝혔다.

이후 이루어진 여러 연구도 이 책이 보여준 결과를 지지했다. 이를테면 펀드 평가사인 모닝스타Morningstar는 지난 20년 동안 겨우 다섯 해에만 많은 액티브펀드 매니저가 시장지수보다 높은 수익률을 기록할 수 있었다고 발표했다.[8] 〈이코노미스트〉는 2013년 3월까지 1년 동안 가장 뛰어난 성과를 보인 상위 25%의 공모펀드를 추려낸 뒤 이들이 향후에도 지속적인 성과를 내는지 추적한 결과를 내보냈다. 이 펀드들 중 1년 뒤에도 성과가 상위 25%에 드는 펀드는 실망스럽게도 고작 4분의 1에 불과했다. 2년 뒤에는 겨우 4% 정도가, 3년 뒤에는 겨우 0.5%의 펀드가 상위 25%에 머물러 있을 뿐이었다.[9] 말하자면 성과가 아주 좋았던 펀드 1000개 중 이후 3년 동안 줄곧 좋은 성과를 유지하는 펀드는 겨우 5개에 불과했던 셈이다.

비효율적 시장과 심리 편향

이처럼 액티브펀드 매니저들도 핫핸드를 갖고 있지는 않다. 동학개미들의 활약이 인상적이지만 그렇다고 이들이 전문적인 액티브펀드 매니저들보다 더 핫한 손을 갖고 있을 것이라고 생각하기는 어렵다. 전문가들도 액티브 전략으로 그다지 성과를 내지 못한다면, 자주 미래를 예측하는 데 실패하는 재무 금융 관련 어드바이스를 받기 위해 많은 사람이 돈을 내는 이유는 뭘까? 몇 가지 이유 중 꽤 설득력 있는 것은 이렇다. '실질적으로 도움을 얻기 위해서라기보다는 심리적 이유가 크다.' 정확히 말하자면 '후회 회피avoidance of regret'를 위해서다. 혼자 연구해서 투자해 실패하면 자기를 탓할 수밖에 없지만 컨설팅 후 실패하면 내가 아닌 컨설턴트 잘못이라며 위안을 얻을 수 있을지 모르니 말이다.[10]

서울대 인류학과 김수현 학생이 쓴 석사학위 논문이 2020년 여름에 큰 화제가 되었다. 이 똑똑한 학생은 개인투자자가 주식투자에 '중독'되는 과정을 '초심자의 행운'의 첫 단계(처음에 투자로 약간의 재미를 본다), '과신과 확증 편향'의 두 번째 단계(할 수 있다는 과신 또는 확신이 생긴다), 그리고 '몰입 상승 편향(더 크게 벌기 위해 빚내서 투자한다)'에 의해 손실이 커지는 결과까지 모두 세 단계로 설명한다. 개인투자자들은 실패를 하더라도, 이를 성공을 위해 수업료를 지불한 것이라고 스스로 위로하며 다시 매매를 실행한다. 이러한 행태가 반복되며 주식투자에 '중독'되면 결국 '주식의 노예'가 되어간다는 내용이다.[11] 끔찍한 얘기지만 석사논문이 급작스럽게 수많은 대중의 관심을 받게 된 것에는 이유가 있을 터이다.

자본시장연구원의 홍지연 선임연구원, 김민기 연구위원이 각각 발표한 보고서를 보면 동학개미들의 투자가 성과를 내고 있는 것은 분명해 보이나 위험요소 또한 적지 않다는 것을 알 수 있다.[12] 보고서에 따르면 2020년 개인투자자들은 재무건전성과 재무성과가 악화된 기업의 주식을 기초 여건이 양호한 기업에 비해 더 많이 순매수했다. 그리고 주식투자를 위해 빌려준 돈인 신용공여 잔고는 같은 해 6월 기준 11조 5000억 원 이상으로 지난 3월 6조 5000억 원에 비해 두 배 가까이 늘었다. 개인투자자 순매수의 약 35%는 신용융자를 통한 매수, 즉 빚내서 실행한 투자였다. 이 같은 사실은 보고서가 지적하듯 개인투자자들이 투자위험을 더 절실히 깨닫고 레버리지 활용에 주의할 필요가 있음을 보여준다. 주식투자에는 '불완전 판매'*가 없다. 투자 결과는 손실이든 이익이든 온전히 투자자 자신의 책임이다.

동학개미들을 응원하는 마음 한편으로 떠오르는 증시 격언이 있다. "무릎에서 사서 어깨에서 팔아라." 그저 높은 수익률을 추구하더라도 무리하지는 말라는 뻔한 얘기지만 뻔한 만큼 자명한 진리이기도 하다. 수익은 위험에 대한 보상으로 주어지는 것 이상도 이하도 아니기 때문이다. 그러나 수익률의 향기에 묻혀 위험을 간과하면, 무리한 투자를 하게 될 것이다. 중요한 건, 앞에서도 언급했듯이 얼마나 '지속적으로' 성과를 유지할 수 있느냐다. 인생은 팬데믹보다 훨씬 더 길다.

▲ 상품에 대한 기본 내용 및 투자 위험성 등에 대한 안내 없이 이루어진 판매

'분산투자'는 정말
투자의 정석일까

많은 부모가 자기 아이가 재능을 드러내는 분야가 무엇인지 부지런히 찾는다. 능력을 극대화할 수 있도록 그 부분만 집중적으로 훈련시켜 키우려는 의도다. 타이거 우즈도 생후 7개월부터 골프채를 끌고 다닌 이후 오로지 골프에만 집중한 결과 역사에 남을 스포츠맨으로 크게 성공하지 않았는가. 그렇다면 삶의 이곳저곳에 다양하게 적용되는 이런 선택과 집중의 원리를 주식투자에 적용하면 어떨까?

답은 단순하지 않다. 한쪽에서 경제학자들이 최적의 투자 원칙과 가격 메커니즘의 작동 원리를 찾기 위해 고군분투하는 동안 다른 쪽에선 수많은 투자자가 나름의 투자전략과 철학으로 무장한 채 시장에 뛰어들어 빛나는 성과를 내거나 혹은 참혹한 실패 속에 퇴출되었다.

선택과 집중 전략의 뿌리는 깊다. 애덤 스미스의 절대우위론이나 리카도의 비교우위론은 자신이 남들보다 더 잘 할 수 있거나 덜 손해를 보는 분야를 선택해 집중하면 모두가 더 큰 부를 향유할 수 있다는 것을 보여준다. 그러나 이런 이론들은 닥치고 떠받들어야 할 당위가 아니다. 베네수엘라가 망한 건 석유산업 한 가지만을 선택해 집중했기 때문이 아니던가. 만약 비교우위론을 따랐다면 삼성전자는 지금까지도 반도체나 가전이 아닌 식품과 의류업을 하고 있을지 모른다. 현대자동차나 현대중공업, 포스코 등 회사들은 아예 태어나지도 못했을 것이다. 당시 전쟁으로 폐허가 된 지 얼마 되지도 않은 전 세계에서 가장 가난한 나라에 자동차나 조선, 철강, 반도체 등 산업에 비교우위가 있을 리 없었을 테니 말이다.

이 장에서는 이 이슈와 관련해 투자에 관한 다소 원론적인 이야기를 해볼 참이다. 투자의 기초인 위험과 수익률에 관한 이해 없이는 자본시장에서 벌어지는 수많은 이슈를 제대로 이해할 수 없기 때문이다. 어떤 이론이든 알고자 하는 질문에 대한 답을 찾기 위해 만들어진다. 우리는 분산과 집중이란 두 가지 전략 중 어느 것이 더 최적의 투자에 가까운지 알고 싶다. 몇 가지 가정이 충족된다는 조건하에 미리 얘기하자면, 답은 분산투자다. 무려 노벨 경제학상을 받은 답이 그렇다.

포트폴리오이론: 수익률과 위험의 관계

해리 마코위츠Harry Markowitz에게 1990년 노벨 경제학상을 안겨준 '포트폴리오이론'은 경제학을 전공하는 대학원생은 물론이고 학부

생들도 반드시 배워야 하는, '최선의 투자전략'에 대한 주요 이론이다. 여기서 포트폴리오란 투자 대상이 되는 자산 또는 유가증권들의 집합을 말한다(삼성전자·LG화학·SK텔레콤의 주식을 가지고 있다면 당신의 포트폴리오는 이들 세 종류의 주식으로 구성되는 것이다). 포트폴리오 이론 역시 다른 경제학 모델들처럼 몇 가지 가정에 기초하고 있다. 가장 중요한 가정은 '투자자들이 위험회피적인 성향을 갖고 있으며 주식을 오로지 수익률return과 위험의 관점에서만 평가한다'는 것이다. 실제로 대다수 투자자들은 두 주식의 수익률이 같으면 그중 덜 위험한 주식을 선호하고, 위험이 같다면 수익률이 더 높은 주식을 선호한다. 이를 '위험회피적risk-averse 성향'이라 부른다.

여기서 위험은 '불확실성uncertainty'을 의미한다. 앞으로 주가가 오를지 내릴지, 또 얼마나 변할지 확실하지 않다는 의미다. 이런 이유로 위험은 대개 주가 또는 수익률의 변동성으로 측정된다. 변동성은 큰데(위험이 큰데), 투자를 통해 얻을 것으로 기대되는 수익률이 충분히 높지 않다면, 그 주식은 위험회피적인 투자자들로부터 외면받기 쉽다. 작은 수익률은 큰 위험에 대한 충분한 보상이 될 수 없기 때문이다. 반대로 위험이 작다면 설령 수익률이 낮다고 해도 매력적인 투자안이 될 수 있다. 이른바 '하이 리스크-하이 리턴high risk, high return' '로 리스크-로 리턴low risk, low return'의 관계다.

이제 당신이 가진 돈을 모두 삼성전자 주식에 '집중' 투자했다고 치자. 반도체 업황의 변화나 그룹 총수의 신변 문제에 따라 포트폴리오(이 경우 삼성전자 한 종목) 수익률은 심하게 출렁일 것이다(위험이 크다). 그러나 당신이 여러 종목에 '분산'해 투자했다면 수익률은 보다 안정적일 터이다(위험이 작다). 주가가 떨어진 종목들에서 발생한 '손실(음의 수익률)'을 주가 상승 종목들에서 얻은 '이득(양의 수익률)'으로 상쇄할 수 있기 때문이다.

옆의 그림에서 곡선은 투자 종목 수가 늘어남에 따라 포트폴리오 수익률의 변동성(위험)이 어떻게 변화하는지를 보여준다. 그림의 위쪽 부분은 투자하는 종목이 몇 개 안 되는 집중투자의 경우다. 오른쪽으로 갈수록 많은 종목에 투자하는 분산투자다. 곡선이 우하향하는 것은 단순히 투자 종목을 늘리는 것만으로도 위험을 추가적으로 줄일 수 있다는 것을 보여준다. 이를 '위험 분산 효과diversification effect'라 부른다. 종목이 늘어날수록 위험이 줄어드는 것은 종목별 수익률이 서로 상쇄되는 정도가 커지기 때문이다. 다시 말해 분산투자는 위험을 줄이는 투자다.

분산투자로 모든 위험을 피할 수 있을까

그렇다면 투자 종목을 아주 많이 늘림으로써 위험을 모두 없애는 것이 가능할까? 예컨대 당신이 코스피200지수에 투자한다면(코스피지수 구성 종목 중 200개의 우량 주식에 골고루 투자한다는 뜻이다), 당신의 포트폴리오는 위험에서 자유로울까? 그렇기도 하고 그렇지 않기도 하다. 답은 '어떤' 위험을 얘기하느냐에 달려 있다. 예를 들어보자.

당신은 주식 A를 아주 좋은 주식이라고 믿으며 매입하고 싶어 한다. 그런데 걸림돌이 하나 있다. 이 회사 최대주주 집안의 일원인 경

그림 2-1 | 투자 종목 수에 따른 포트폴리오수익률의 변동성

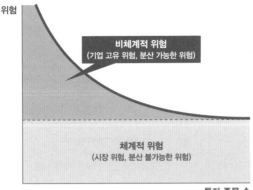

영자가 그동안 수많은 갑질로 사회적 비난을 받아왔으며 경영능력 조차 의심스러운 인물이란 점이다. 이런 경우 경영자로 인한 불확 실성을 회피하면서도 A 주식이 제공하는 수익을 얻는 투자 방법이 있을까? 있다. 수익률과 위험은 A와 비슷하지만 경영자가 똑똑하고 믿을 만한 다른 주식 B를 매입하면 된다.

그러나 모든 위험이 이처럼 회피하기 쉽지는 않다. 회피하기 어 려운 위험이 있다. 예컨대 지금 미얀마에 상장되어 있는 기업들 중 군부 쿠데타로 인한 정치적 위기에서 자유로운 업체는 없을 것이 다. 그 기업이 얼마나 우수한지에 상관없이 말이다. 투자자들이 이 러한 정치적 또는 거시적 위험을 회피하는 유일한 방법은 미얀마에 상장된 주식에 투자하지 않는 것이다(대신 미국이나 한국 시장에 투자하 면 될 것이다).

다른 종목에 투자함으로써 회피할 수 있는 위험을 기업 고유 위

험firm-specific risk, 또는 비체계적 위험idiosyncratic risk이라 부른다. 반면 그 나라나 지역의 거시적 상황, 또는 글로벌 환경과 연관되어 있어 투자하는 이상 회피할 수 없는 위험을 체계적 위험systematic risk 또는 시장 위험market risk이라 부른다. 기업 고유 위험은 다른 종목들에 추가적으로 투자함으로써 줄이거나 없앨 수 있다는 점에서 '분산 가능한 위험diversifiable risk'이다. 반면 시장 위험은 투자를 하는 한 회피할 수 없는 '분산 불가능한 위험non-diversifiable risk'이 된다. 앞의 그림에서 뭉뚱그려 위험(곡선)이라 불렀던 것은 사실 '총위험total risk'으로 이는 비체계적 위험과 체계적 위험의 합을 말한다.

그림으로 다시 돌아가보자. 가로축과 평행하게 그려진 점선은 포트폴리오에 종목을 아무리 추가해도 더 이상 줄일 수 없는 위험, 즉 체계적 위험을 나타낸다. 설령 코스피200지수처럼 잘 분산된 포트폴리오에 투자한다 하더라도 회피할 수 없으니 이 수준의 위험은 투자를 하기 위해서는 어쩔 수 없이 투자자 스스로 감당해야만 한다는 뜻이다. 총위험(곡선)에서 체계적 위험(점선)을 뺀 부분, 즉 종목이 더해질수록 줄어드는 부분은 비체계적 위험을 가리킨다. 이 부분은 예를 들어 코스피200지수에 투자함으로써 완전히 없앨 수 있다(그림의 오른쪽으로 갈수록 비체계적 위험은 계속 줄어 결국 어느 지점부터는 0이 된다).

이 구분은 중요하다. 체계적 위험을 감수하면서까지 투자를 하도록 유도하기 위해서는 그 위험에 합당할 만큼의 수익률을 보상으로 제공해주어야 한다. 그러나 비체계적 위험의 경우라면 얘기가 달라진다. 투자자 스스로 회피할 수 있는 위험을 군이 감수하며 투자하겠다면 그 대가를 시장이 수익률로 보상해줄 필요가 없을 것이기 때문이다. 제출할 필요 없는 숙제를 굳이 열심히 만들어낸다고 해서 과제 점수를 더 받을 수는 없다. 다시 말해 수익률은 비체계적 위험과는 무관하다. 이렇게 위험의 종류를 구분했으니, '수익률은 위험에 대한 보상'이라는 문장을 좀 더 정확히 써봐야겠다. "수익률은 '체계적 위험'에 대한 보상으로 주어진다."(이에 대해서는 다음 장에서 더 자세히 이야기하겠다.)

노벨상이 말하는 최적의 투자전략

집중투자는, 다시 말하자면 충분히 분산되지 않아 어느 정도의 비체계적 위험을 포함하고 있는 투자전략을 말한다. 그리고 없앨 수 있는 비체계적 위험을 감수한다고 해서 보상이 주어지는 것은 아니니, 집중투자는 분산투자보다 비효율적인 투자전략이 된다. 여기서 비효율적이라는 말은 수익률이 주어진 위험에 대해 마땅히 주어져야 하는 것보다 낮은 수준이어서 최적의 투자가 될 수 없다는 뜻이다. 이를 바탕으로 포트폴리오이론은 놀라운 결론을 이끌어낸다. 시장에 존재하는 모든 금융자산들에 골고루 투자된 까닭에 비체계적 위험이 완전히 분산되어 없어진 시장 포트폴리오market portfolio▲에

▲ 해당 시장에 존재하는 모든 종류의 증권을 현실에 존재하는 비율만큼 매입해서 구성한 포트폴리오. 그러므로 이 포트폴리오의 수익률은 시장 전체의 변동과 같은 방향과 규모로 움직인다고 볼 수 있다.

투자하는 것이 수익률-위험 측면에서 최적의 투자전략이 된다는 것이다. 시장 포트폴리오에 투자하고 남은 금액은 무위험자산▲에 묻어두거나 안전하게 예금해두면 된다. 다시 말해 시장 포트폴리오와 무위험자산, 단 두 가지 자산에만 투자해야 최적의 '수익률-위험' 조합을 얻을 수 있다는 것이다. 이는 '두 자산 분리 정리Two-Fund Separation Theorem'로 불린다.

이 같은 결론이 시장효율성과 관련해 갖는 함의는 무척 흥미롭다. 두 자산 분리의 한 축인 시장 포트폴리오는 대개 코스피지수나 S&P500지수 등에 투자하는 '인덱스펀드'를 말한다. 따라서 두 자산 분리 정리는 위험자산에 투자하고 싶은 경우 시장에 나와 있는 수많은 종목의 일부에 집중하는 개별 투자(액티브 투자)보다 주가지수처럼 잘 분산된 포트폴리오에 투자하는 전략(패시브 투자)이 더 낫다는 의미가 된다. 삼성전자나 현대자동차 등 몇 개 주식에 집중투자하는 것보다 코스피지수같이 잘 분산된 포트폴리오에 투자하는 게 최선이 될 것이라는 말이다. 그리고 이러한 최선의 전략은 당신의 위험회피 정도가 남들보다 더 심하건 말건 상관없다. 두 개의 자산에 투자하는 것은 '누구에게나' 최적의 전략이 된다는 말이다. 패시브펀드의 성과가 역사적으로 얼마나 눈부셨는지는 앞 장에서 이미 소개한 바 있다. 포트폴리오이론은 많은 경제학자와 투자의 대가들이 액티브 투자보다 패시브 투자가 수익률-위험 최적화에 더 유리하다고 주장하는 대표적인 이론적 근거가 된다.

▲ 미국 국채처럼 시장이 어떻게 움직이든 일단 사놓기만 하면 일정한 수익률을 안정적으로 얻을 수 있는 금융상품

분산투자를 하기 위해서, 예를 들어 코스피200지수에 투자하기 위해서 200개 종목을 모두 일일이 매수할 필요는 없다. 다양한 상장지수펀드ETF 상품이 출시되어 있기 때문이다. 한국거래소에 따르면, 2021년 8월 10일 현재 2002년 시장 개설 이후 19년 만에 처음으로 ETF 종목 수가 500개를 돌파했다.[1] 이 중 절반 정도는 국내 주가지수를 추종하는 상품들이다. ETF 일평균 거래대금은 3조 1700억 원이 넘어 미국과 중국에 이어 세계 3위 수준이라고 한다.[2]

　　선택과 집중이냐, 아니면 분산투자냐에 대해서 경제이론은 대개 분산투자의 손을 들어주지만 여기에 고개를 젓는 독자 또한 적지 않을 것이다. 집중투자로 큰 성공을 꾸준히 거두고 있는 투자자들에 대해 적잖이 들어보았기 때문이다. 워런 버핏과 피터 린치 같은 전설적인 투자자들은 경제이론과 반대의 길을 걸어 성공한 사람들이다. 버핏은 분산투자가 재산을 보호해주지만 재산을 불려주지는 않는다며 분산투자는 기업을 잘 모르는 투자자들이나 하는 것이라고 비꼬곤 했다.

　　《워런 버핏의 주주 서한》에서 버핏은 자신이 투자하는 회사의 최고경영자에게 다음과 같은 사항을 주문한다고 말했다. "당신이 회사 지분의 100%를 갖고 있고, 이 회사가 당신의 유일한 자산이며, 앞으로 100년 이상 이 회사를 팔거나 합병할 수 없다는 각오로 회사를 경영해주시오." 이 부분은 그의 투자 철학을 잘 나타내주는 구절이다.

　　갓난아기인 아들의 손에 골프채를 쥐여주었던 타이거 우즈의 아버지는 아들이 네 살이 되던 해부터는 아예 그를 아침 9시에 골프장에 들여보내고 여덟 시간 뒤에야 데리러 왔다고 한다. 이제 우즈보다 5년 정도 나중에 태어난 또 다른 선수의 얘기를 들어보자. 그의 어머니는 운동 코치였음에도 아들에게 어떤 특정한 운동을 권한 적이 없었다. 아빠와 엄마가 아들이 어렸을 때부터 놀이 삼아 같이 한 운동 리스트에는 수영, 스쿼시, 스키, 레슬링, 야구, 탁구, 핸드볼, 테니스, 배드민턴 등이 들어 있다. 이와 같은 다양한 스포츠 경험은 훗날 그가 테니스 선수로서 전설적인 커리어를 쌓는 데 훌륭한 자양분이 되었을 것이다. 윔블던 8회, 오스트레일리아 오픈 6회, US오픈 5회 우승 등 이미 전무후무한 대기록을 쌓은 이 선수의 이름은 로저 페더러Roger Federer다. 만 40세가 된 2021년에도 세계 남자 테니스 선수 랭킹ATP 9위에 올라 있는 막강한 현역이다. 테니스 팬이라면 특히 그의 우아한 한 손 백핸드에 감격해 몇 번이나 '갓God페더러'를 외친 적이 있을 것이다.

분산이나 집중 중 하나가 정답이라면 투자라는 것도 그렇게 어려운 일만은 아니었을지 모른다. 당신의 아이에게라면? 이 글을 다 쓰고 나니 밤 12시가 넘었다. 분산과 집중의 문제는, 음 글쎄다. 곱게 잠들어 있을 녀석의 볼에 일단 뽀뽀하고 나서 내일 일어나 생각해보든 말든 할 참이다. 그래도 그다지 늦는 건 아닐 테니까.

P.S. 로저 페더러는 2022년 9월, 화려한 커리어를 뒤로하고 은퇴했다.

위험 무릅쓴 내 투자,
얼마만큼 이익 보면 성공일까

앞 글에서는 분산투자가 최적의 투자, 즉 더 효율적인 투자가 될 수 있다는 점을 '포트폴리오이론'을 통해 살펴보았다. 좀 더 많은 종목에 분산투자를 할수록 포트폴리오의 총위험을 특정 수준까지 줄일 수 있다. 그러나 총위험 중에는 분산투자를 해도 더 이상 줄일 수 없기 때문에 반드시 감수해야 하는 위험이 있다. 분산투자로 줄일 수 있는 부분을 비체계적 위험, 그럴 수 없는 부분을 체계적 위험이라 부른다는 것도 살펴보았다. 또한 수익률이란 투자자가 이 '체계적 위험'을 감수하는 데 따른 보상이라는 이야기도 나왔다. 이제 집중투자가 분산투자보다 덜 효율적인 이유를 정리할 수 있다. 집중투자는 보상(수익률)을 받을 수 없는 위험인 비체계적 위험을 감수해야 하는 투자전략이기 때문이다.

이제 수익률과 위험, 정확히는 체계적 위험에 대한 가장 기본적이고도 중요한 질문 하나가 남았다. 주어진 체계적 위험에 대해 어느 정도의 수익률을 얻어야 '적정한 보상을 받았다'고 할 수 있을까?

효율적 시장: 위험과 수익률의 '적정한' 관계는?

이를 설명하기 위해 먼저 '수익률은 체계적 위험에 대한 보상'이라는 말을 다음과 같이 수식으로 나타내보자.

$$R = \beta \times Rm$$

1960년대에 정립된 이 간단한 식이 윌리엄 샤프_{William F. Sharpe}에게 1990년 노벨 경제학상을 안겨준 그 유명한 자본자산가격결정 모형_{Capital Asset Pricing Model, CAPM} 이다(하도 유명해 영어로도 그냥 '캐팸'이라고 읽는다).

위의 식에서 R은 특정 투자자가 보유한 포트폴리오의 초과수익률, Rm은 '시장 포트폴리오'의 초과수익률을 의미한다. 여기서 초과수익률은 무위험자산의 수익률을 초과하는 수익률을 의미한다. 그러나 좀 더 단순한 서술을 위해 이 글에서는 앞으로 초과수익률을 수익률로 부르기로 한다.▲

이제 앞에 있는 식의 의미를 살펴보기로 하자. 아주 단순하게 표현하면 '어떤 투자자가 가진 포트폴리오의 수익률(R)'은 '시장 포트

▲ 정확히 말하자면 이 식에서 쓰인 수익률은 시장이 기대하는 수준의 '기대수익률'이다. 그러나 이 장에서는 이를 명확히 구분하지 않고 논의를 진행하기로 한다.

폴리오의 수익률(Rm)'에 베
타(β)를 곱한 수치 정도가
될 때 '적정'하다는 이야기
다. 여기서 적정은 '마땅히
얻어야 할' 정도의 의미로
보면 된다.

그림 3-1 | CAPM 모형으로 본 위험과 수익률의 관계

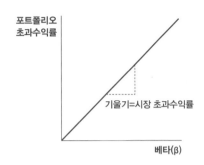

그렇다면 여기서 베타(β)
는 무엇인가? '어떤 투자자
의 포트폴리오 수익률'이 '전체 시장의 수익률(시장 포트폴리오)'에
대해 얼마나 민감하게 움직이는지를 나타내는 수치다. 보통 개별주
식 수익률을 시장수익률에 회귀분석해 얻는 값이다. '베타가 크다'
는 것은, 시장 전체의 움직임(시장수익률의 변동)에 해당 투자 포트폴
리오의 수익률이 더 민감하게 반응한다는 의미다. 예컨대 어떤 포
트폴리오의 베타가 +5라면 해당 포트폴리오의 수익률은 '베타가
+1인 포트폴리오'보다 다섯 배 더 시장수익률 변동에 민감하다.

시장수익률이 높아지면, 베타가 +5인 포트폴리오의 수익률은 베
타가 +1인 포트폴리오보다 다섯 배 더 뛴다. 반면 시장수익률이 떨
어지면 베타가 +5인 포트폴리오의 수익률은 베타가 +1인 포트폴
리오보다 다섯 배나 더 떨어진다. 즉, 베타는 전체 시장 환경(시장수
익률)의 변화에 개별 포트폴리오의 수익률이 어느 정도 '변동'하느
냐를 나타내는 수치인 만큼 '체계적 위험'의 측정치가 된다. 이는
투자할 경우 베타에서 비롯되는 만큼의 위험은 피할 수 없다는 뜻
이기도 하다.

이 같은 CAPM의 설명을 그림 3-1로 나타낼 수 있다.

그림 3-1에 나오는 베타와 포트폴리오 수익률의 평면을 보면 우상향하는(양의 기울기를 갖는) 선이 나타난다. 베타가 클수록 '적정한' 포트폴리오 수익률도 높아져야 하기 때문이다. 이는 어떤 투자 포트폴리오의 베타(체계적 위험)가 높아질수록 더 큰 수익률이 보상으로 요구된다는 점을 명확히 보여준다.

만약 당신이 구성한 포트폴리오의 베타가 0이라면(체계적 위험이 없다면), 당신의 적정 초과수익률은 0%이다(이는 포트폴리오가 무위험 자산만으로 구성되어 있다는 말이기도 하다). 만약 당신이 보유한 포트폴리오의 베타가 1이라면 그 포트폴리오가 시장 포트폴리오라는 것을 알 수 있다(CAPM 식에 베타=1을 넣어보면 R=Rm이다).

사실 그림 3-1에서 우상향하는 선은 직관적으로도 이해하기 쉽

그림 3-2 | 기업 현황 정보의 예

시세 및 주주현황	[기준:2023.03.08]
주가/전일대비/수익률	**60,300**원 / -400원 / -0.66%
52Weeks 최고/최저	71,800원 / 51,800원
액면가	100원
거래량/거래대금	14,161,900주 / 8,520억원
시가총액	3,599,779억원
52주베타	0.97
발행주식수/유동비율	5,969,782,550주 / 75.78%
외국인지분율	50.74%
수익률 (1M/3M/6M/1Y)	-4.44% / +1.86% / +8.45% / -13.24%

* 수정주가(차트포함), 보통주 기준. * 52주베타: 주간수익률 기준

다. 어떤 이유로 주가지수(시장수익률)가 상승한다면 주가지수에 더 민감하게 반응하는, 즉 베타가 큰 주식들이 그렇지 않은 주식들보다 주가가 더 오를(수익률이 높을) 것이라는 점을 예측하긴 그리 어렵지 않다.

지금까지 설명한 베타는 주식 종목별로도 손쉽게 얻을 수 있는 정보다. 이를테면 네이버 증권 검색창에 삼성전자를 입력하고 '종목 분석' 메뉴를 클릭하면 그림 3-2[1]를 포함한 화면이 뜬다.

그림 3-2는 주간수익률을 기준으로 계산한 삼성전자의 베타가 0.97임을 알려준다. 시장수익률이 1% 오르면 삼성전자 주가는 0.97% 정도 상승하는 것이다. 삼성전자의 주가 움직임이 시장의 움직임과 거의 비슷하다는 의미다.

그림 3-3은 각 종목들의 베타를 산업별로 평균 낸 값을 보여준다. 2016년 8월부터 5년 동안의 월별·종목별 수익률을 이용해 계산한 값이다. 의약이나 제조업이 낮은 베타를 갖는 반면 기계, 철강·금속

그림 3-3 | 산업별 베타 (2016년 8월~2021년 8월)

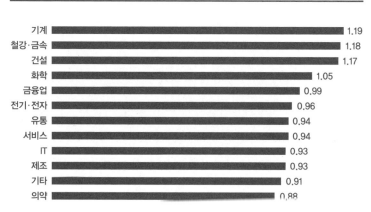

기계	1.19
철강·금속	1.18
건설	1.17
화학	1.05
금융업	0.99
전기·전자	0.96
유통	0.94
서비스	0.94
IT	0.93
제조	0.93
기타	0.91
의약	0.88

관련 산업은 베타가 높다. 경기회복 기대에 민감한 산업들에서 베타가 더 높다는 점을 알 수 있다. 의약품의 경우, 시장상황이 어떻든 아프면 약을 먹어야 하기 때문에 경기에 둔감한 편이다.

만약 다음 분기에 시장상황이 좋아 시장수익률(Rm)이 크게 높아질 것으로 기대된다고 하자. 그렇다면 당신은 베타가 좀 더 큰 값을 갖도록 포드폴리오를 재조정(베타가 낮은 주식을 팔고, 높은 주식을 매입)하는 것이 좋다. 그래야 시장이 상승할 때 더 큰 수익률을 기대할 수 있기 때문이다. 다시 말해 시장이 상승할 때는 높은 베타를 갖는 주식들로 투자 포트폴리오를 구성하는 것이 유리하다.

만약 시장수익률이 떨어질 것으로 기대된다면? 베타가 더 작아지도록, 또는 음의 값을 갖도록 포트폴리오를 조정(베타가 높은 주식을 팔고, 낮은 주식을 매입)하면 된다.

이렇게 예측된 시장상황에 따라 베타를 조정하는 전략을 '마켓타이밍' 전략이라고 한다. 이는 CAPM을 투자전략에 활용하는 예다.

CAPM이 말해주는 것

이제 CAPM의 또 다른 중요한 쓰임새를 살펴보자. 2020년 한 해 동안 당신의 투자수익률이 25%였다고 치자. 이것은 좋은 성과일까 아닐까? 아마도 당신은 같은 기간 코스피지수 수익률이 32%였다는 것을 들어 자신의 성과가 그다지 우수한 편이 아니었다고 말하고 싶을지 모른다. 그러나 이는 정확한 평가는 못 된다. 위험을 고려하지 않았기 때문이다.

만약 당신이 '주가지수 상품'*들보다 더 안전하게, 다시 말해 체계적 위험이 더 낮게끔 포트폴리오를 구성했다고 치자. 그렇다면 주가지수 상품보다 더 낮은 수익률을 올린 것은 이상한 일이 아니다. 그러나 당신이 주가지수 상품과 동일한 위험을 갖는 포트폴리오에 투자했는데 수익률이 더 낮다면, 이때는 '투자 성과가 좋지 않다'고 평가할 수 있다.

예를 들어 당신이 지난 1년 동안 투자한 포트폴리오의 체계적 위험이 베타(β)였다고 치자. CAPM에 따르면 '적정' 수익률은 $\beta \times \mathrm{Rm}$이다. 당신이 실제로 얻은 수익률, 즉 실제수익률(R)은 적정수익률($\beta \times \mathrm{Rm}$)보다 더 높을 수도 있고 낮을 수도 있다. 여기서 실제수익률과 적정수익률 간의 차이를 알파(α)라고 부른다면, R을 다음과 같은 식으로 나타낼 수 있을 것이다.

$$R = \alpha + \beta \times \mathrm{Rm}$$

R이 적정수익률보다 크면 알파는 '양의 값'이고, 작으면 '음의 값'이다. 이미 설명했듯이 베타는 (체계적) 위험의 수준을 나타낸다. 알파가 양수이면 해당 위험 수준에서 얻어야 마땅한 정도의 수익률($\beta \times \mathrm{Rm}$)을 초과하는 좋은 성과를 올렸다는 뜻이다. 알파가 음수이면 해당 위험 수준에서 얻어야 마땅한 정도의 수익률조차 얻지 못했다

▲ 시장을 대표하는 여러 주식에 투자해서 수익을 얻는 금융상품으로 그 수익률이 시장수익률을 반영한다.

는 뜻이다. CAPM에서는 이 알파를, 해당 위험 수준(β)에서 요구되는 적정수익률($\beta \times Rm$) 이상의 투자 성과를 내게 한 수익률이라는 의미에서 '위험초과수익률'이라고 부른다. 여기서 '초과'란 양의 값(수익)일 수도 있고 음의 값(손실)일 수도 있다.

이처럼 CAPM은 위험과 수익률의 적정한 관계를 알려줄 뿐만 아니라 투자전략과 투자 성과 평가 등에도 다채롭게 쓰이는 중요한 모형이다.

이제 액티브 투자와 패시브 투자 개념을 CAPM에 적용해보자. 알파는 액티브 투자의 영역이다. 양의 값을 갖는 알파는 위험으로 설명할 수 없는, 다시 말해 시장을 이긴 결과로 얻는 수익률이기 때문이다. 반면 베타는 패시브 투자의 영역이다. 위험을 초과하는 수익에는 별 관심 없이 시장이 가는 대로 자신이 선택한 체계적 위험에 대한 보상만큼의 수익률만 원할 때 중요한 것은 베타다. 투자자들은 적절한 알파와 베타의 조합을 얻기 위해 오늘도 부지런히 과거 데이터를 분석한다.

그러나 무엇보다도 CAPM의 중요성은 '효율적 시장' 논쟁에 어떤 기준점을 제공한다는 점에 있다. 여기서 효율성이란 '정보 효율성informational efficiency'을 의미한다. 즉, 어떤 정보가 시장에 도착했을 때 주가가 그 정보를 '빠른 시간'에 '반영'하는 시장을 '효율적 시장'이라고 부른다. 예컨대 '반도체시장이 어려워질 것이다'라는 믿을 만한 뉴스가 나오면 효율적 시장에서 관련 주가는 빠르게 하락한다.

설명은 간단하지만 사실 효율적 시장은 보통 애매한 개념이 아니다. 우선 얼마나 빨라야 '빠르다'고 표현해도 되는지 알 수 없다. 장기적이고 느긋한 투자자라면 앞으로 몇 개월 동안 반도체 업황이 어떻게 되든 크게 신경 쓰지 않아도 된다. 그러나 그날 산 주식을 그날 장이 마감하기 전에 정리하고 나오는 당일매매자daytrader들에겐 하루, 또는 장이 열려 있는 오전 9시부터 오후 3시 30분까지의 여섯 시간 30분이 그리 짧은 시간이 아닐 수 있다. 고빈도 거래자high-frequency trader들에게는 심지어 1초도 영겁의 시간이다. 10억 분의 1초인 1나노초 동안에도 알고리즘을 통해 수천만 달러 규모의 상품들이 거래된다. 참을성 없는 투자자라면 미국 연준의 테이퍼링tapering▲ 이슈가 수 개월 간 시장에 영향을 미치는 것을 보면서 '시장이란 것은 참 비효율적이야'라고 생각할지도 모른다.

그러나 정보가 시장에 반영되는 속도 문제보다 더 어려운 것이 있다. 도대체 주식가격이 어느 정도까지 조정되어야 반영이 끝났다고 볼 수 있을까? 이는 적정가격의 문제다. 적정가격을 모르면 속도도 의미가 없다. 예컨대 지금 7만 3600원인 삼성전자 주가의 적정가격이 10만 원인지 6만 원인지 알아야 실제 시장의 주가가 그 가격에 도달하는 시간을 두고 '빠르다' '느리다' 평가하는 것이 가능해진다. CAPM은 적정가가 어느 수준인지에 대한 중요한 기준($\beta \times Rm$)을 알려준다. 이와 같은 이유로 CAPM은 위험과 수익률을 이용한 투자전략이 미국 월가에서 주도적인 위치를 차지하는 데 큰 영향을 끼쳤다. 특히 모형이 간단하고 직관적이라서(이는 이론적 모형에 대한 최대의 찬사다) 인기가 높았다.

▲ '점점 가늘어지다'라는 뜻을 가진 단어로 미국 연준이 양적완화정책의 규모를 점진적으로 축소해나가는 것을 말한다.

CAPM, 그 한계를 넘어

이 모형이 나온 1960년대 이후 50년이 지난 지금까지도 여러 경제학자들이 실제 데이터를 통해 CAPM을 검증해오고 있다. 그러나 이런 연구들의 결과가 일관되지는 않는다.

'효율적 시장' 연구로 2013년 노벨 경제학상을 수상한 시카고대학의 유진 파마Eugene Fama는 1935년부터 1968년까지 뉴욕 주식거래소에 상장된 보통주들의 수익률을 분석한 1973년 논문에서 CAPM이 엄밀한 분석을 통해 실증적으로 뒷받침된다고 발표했다.[2] 베타가 큰 주식일수록 기대수익률이 높았다는 사실을 통계적으로 유의하게 발견할 수 있었던 것이다.

그러나 약 20년 뒤인 1992년, 파마가 이번에는 다른 동료인 케네스 프렌치Kenneth French와 함께 뉴욕 주식거래소뿐 아니라 나스닥까지 포함한 1963년부터 1990년의 데이터를 통해 실행한 실증연구는 투자자들의 CAPM에 대한 인식에 핵폭탄을 터뜨렸다. 기대수익률과 베타의 관계가 통계적으로 유의하지 않다는, 다시 말해 '수익률이 체계적 위험과 상관이 없다'는 놀라운 결과를 담고 있었기 때문이다.[3] 더구나 이런 결과가 다른 사람도 아니고 '효율적 시장' 이론의 아버지라 불리던 파마 교수 자신으로부터 나왔다는 데서 충격은 더 컸다. 〈뉴욕타임스〉는 "수익률을 설명하는 유일한 변수로서의 베타는 죽었다"라고 말한 파마의 인터뷰를 전했다.[4] 이를 훗날 누군가는 "교황이 '신이 죽었다'고 말한 셈"이라고 빗댔다.[5]

실증연구 결과들이 엇갈린다고 해서 CAPM의 권위가 손상되는 것은 아니다. CAPM은 여전히 자본자산가격결정에서 가장 중요한 모델이다. 이 모델을 기초로 여러 가지 모형들이 제안되고 또 쓰이고 있기 때문이다. 당장 파마와 프렌치 교수 자신들도 CAPM을 시총과 주가순자산비율PBR(주가를 주당순자산으로 나눈 값)로 보완한 3요인 모델Three-Factor Model을 들고 나왔다.

CAPM의 베타를 보는 시각은 다양하다 못해 극단적인 경우도 없지 않다. '퀀트 투자'*로 높은 수익률을 꾸준히 내오는 것으로 유명한 서울대학교 컴퓨터공학과의 문병로 교수는 포트폴리오이론이나 CAPM 등이 '공허한 이론'에 불과하다고 생각한다. 따라서 자신이 운용하는 포트폴리오의 베타가 얼마냐고 물으면 언제나 "우리는 베타값을 측정하지 않습니다"라고 대답한다고 한다.[6] 그에게 베타는 죽은 것이나 마찬가지다. 아니, 과연 살아 있었던 적이 있기나 했을까 싶다. 그렇다고 그가 위험을 무시한다고 생각한다면 천만의 말씀이다. 다만 베타로 측정하지 않을 뿐이다. 투자는 스스로 책임지는 것이다. 자신이 감당할 수 있는 수준의 위험에 맞는 적절한 수익률을 주는 투자안을 선택하는 것. 장기든 단기든 분산투자든 집중투자든 여기에서 모든 것이 시작된다.

▲ 측정할 수 있는quantitative 지표를 이용한 투자를 뜻하는 용어로, 수치화된 자료를 바탕으로 수학과 통계를 활용해 투자하는 방법을 말한다.

'이야기의 힘'이
주식시장에 미치는 영향

19 ▸ 348 ▸ 90 ▸ 41 ▸ 265 ▸ 194

이 숫자들의 단위는 미국 달러다. 각각 2020년 말 ▸ 2021년 1분기 최고(1월 27일) ▸ 100달러 아래로 추락(2월 2일) ▸ 1분기 최저(2월 19일) ▸ 3월 최고(3월 10일) ▸ 3월 22일의 주가다.

어느 주식 종목인지 맞히기는 그렇게 어렵지 않을 것이다. 게임스톱GME이다. 이 주식을 2월 초에 주당 90달러에 샀다고 치자. 사고 나서 불과 2주 정도 만에 반토막이 났다. 포기하지 않고 이를 악물고 3주를 버텨 3월 중순이 되니 주가는 매입 가격의 세 배로 뛰어올랐다.

나도 처음엔 '저런 주가의 움직임을 다른 데서 본 적이 있었던가' 하고 곰곰이 생각했다. 그러나 시간이 지나면서 해석이 불가능한 현상으로 결론 내리며 고개를 내젓고 말았다.

효율적 시장: 주가는 펀더멘털을 반영한다

회사가 미래에 벌어들일 것으로 '기대되는' 모든 현금(배당)들을 현재 가격으로 환산(할인)해서 더한 값을 펀더멘털fundamental 또는 내재가치intrinsic value 라고 한다. 펀더멘털과 떨어져 있던 가격이 점차 펀더멘털로 수렴하는 과정을 가격 발견price discovery이라 부르며, 이 과정을 거쳐 주가는 적정가격에 이르게 된다. 새로운 정보가 빠르게 반영되어 적정가격에 이르는 시간이 짧은 효율적 시장에서는 주가가 펀더멘털 주변에 머무른다. 주가가 펀더멘털에서 벗어나면 차익거래arbitrage의 기회가 생긴다. 차익거래자들은 주가가 장기적으로는 펀더멘털로 회귀할 것이라고 생각한다. 그래서 현재 주가가 펀더멘털보다 낮으면 주식을 사고 높으면 공매도한다. 주식을 사려는 세력이 크면 주가는 오른다. 주식을 매도하려는 세력이 크면 주가는 내린다. 모두 펀더멘털로의 회귀다. 이렇게 차익거래가 이루어지는 덕분에 주가는 펀더멘털에서 많이, 오래도록 벗어나지 않는다. 차익거래는 효율적 시장을 유지시키는 중요한 장치다.

주가가 단기적으로 펀더멘털에서 벗어나는 이유는 다양하다. 그중 가장 널리 받아들여지는 이유는 그 주식을 사고자 하는 수요와 팔고자 하는 공급, 즉 '수급'의 변화다. 또 시장에 어떤 새로운 뉴스가 도착하면 몇 차례 가격조정price correction 과정을 거쳐야 주가는 제자리를 찾아간다.

타이완의 반도체 파운드리(위탁생산) 회사인 TSMC가 가뭄으로 인해 생산성이 반으로 줄어들 것(가상의 수치다)이라는 예측을 실은 뉴스가 시장에 도착했다고 치자. 그로 인해 삼성전자 주가가 5000원 올라야 할지 3000원 떨어져야 할지 시장에서 결정되기까지는 시간이 걸린다. 다만 시장의 효율성이 높다면 새로운 정보를 반영한 적정가격을 찾는 데 그리 오랜 시간이 걸리지 않는다. 여기까지가 경제학 교과서에 나오는 '효율적 시장'과 관련된 핵심 내용들이다.

그러나 게임스톱 주가의 '광란적 변동성(적당한 표현이라고 본다)'에서 볼 수 있듯이 금융시장은 자주 불안정하고 일관성 없는 모습을 보여준다. 효율적 시장의 틀만으로는 도저히 이해할 수 없는 움직임이 자주 포착되는 것이다. 그런 주가 움직임을 두고 '사람들의 경제적 의사결정은 미래 배당의 기대가치와 기대확률을 이용한 예측을 가중평균한 뒤 그 값을 현재 주가와 비교해서 이뤄지는 것'이라고 까다롭게 설명해봤자, 이런 이야기를 누가 믿겠는가. 심지어 해당 기업이 20년 후에 벌어들일 것으로 기대되는 현금이 얼마일지 지금 이 시점에서 예측한다는 것도 불가능에 가까운 일일 터인데 말이다.

'이야기'가 만들어내는 이탈: 비효율적 시장

존 메이너드 케인스John Maynard Keynes는 이런 식의 접근이 마음에 들지 않았다. 그가 생각하기에 경제의 주된 동력은 인간의 합리성보다는 불안감과 자신감, 착각 등 불안전성이나 비이성적인 면에 있었다. 그가 '야성적 충동animal spirits'이라고 명명한 이 같은 성질들은, 효율적 시장 이론이 주장하는 것과는 대조적으로, 가격이 아주 오랫동안 펀더멘털에서 벗어난 상태에 머무르게 할 수 있었다. 여기서 더 나아가 노벨 경제학상을 수상한 로버트 실러Robert Shiller와 조지 애컬로프George A. Akerlof 같은 경제학자들은 경제학이 '인간이 합리적이고 이성적으로 의사결정을 한다'는 '가정'에서 벗어나 야성적 충동을 직접 모델링해야 한다고 주장한다.

게임스톱 사태와 관련해 우리가 주목할 부분은 야성적 충동을 이루는 한 요소인 '이야기' 서사, 또는 내러티브(사실이나 허구를 이야기하는 구조적 형식)에 관한 것이다.▲ 이야기는 게임스톱 사태를 자주 '영웅 무용담saga'이라는 표현과 합쳐 게임스톱사가GameStop Saga라고 부르는 중요한 이유가 된다.▲ 이야기는 바이러스와 같아서 입소문을 타고 '전염되는 성질(바이럴viral)'이 강하게 나타난다. 특히 인터넷이나 소셜네트워크 등과 결합하면 훨씬 강화된 영향력을 갖게 된다.

실러 교수는 이미 그의 저서《비이성적 과열》에서 어떻게 투기적 버블이 촉발되고 증폭되는지, 여기에 인터넷 등 정보기술 혁명이 어떤 작용을 하는지 보여준 바 있다. 그가 2017년 미국 경제학회장으로서 행한 연설인 '내러티브 경제학'은 그 연장선상에서 '대중 내

▲ 야성적 충동의 다섯 가지 요소는 자신감, 공정성, 부패/악의, 화폐착각(화폐가치에 대한 심리적 평가), 이야기다.

▲ 2021년 초 온라인 증권거래 플랫폼 로빈후드의 개인투자자들이 헤지펀드의 공매도 투자를 비난하며 비디오게임 유통업체 게임스톱의 주식 매수를 결의한 사건이다. 이후 게임스톱의 주가는 오랫동안 커다란 변동성을 보이며 춤렸다.

러티브'가 '바이럴'을 통해 '경제 내러티브'로 전환되면, 주가가 펀더멘털에서 크게 벗어난 상태로 오랫동안 머무를 수 있음을 보여준다. 이야기의 힘에 의해 주가가 극단으로까지 몰릴 수 있다는 얘기다. 그리고 750만 회원을 거느린 월스트리트베츠WallstreetBets▲ 같은 플랫폼은 동호인 단체가 내러티브를 형성, 발전시키는 일뿐만 아니라 그 내러티브를 적극 퍼뜨리는 것을 용이하게 해준다. 이런 요소들이 1500만여 명이 사용하는 플랫폼인 로빈후드와 결합된 결과가 우리가 경험한 게임스톱의 커다란 주가 변동성이다.

노벨 경제학상을 수상한 심리학자 대니얼 카너먼Daniel Kahneman 교수는 어떤 일을 처리하는 과정이 다양할 수 있다는 이중처리이론dual process theory에 기반해서 인간의 두 가지 사고체계를 소개한다. '시스템 1'로 명명된 체계는 즉각적이고 자동적인 빠른 사고체계를 의미한다. 이에 비해 '시스템 2'는 논리적이고 많은 노력이 수반되는 사고체계다.

게임스톱 사태는 많은 사람의 시스템 1을 촉발시킨 대표적 사례다. 사람들이 엄청난 규모의 돈, 심지어 전 재산이 걸린 일들을 즉각적이고 빠르게 결정하는 경우가 실제로 꽤 있다. 이런 사실이 다소 의아하게 느껴질 수도 있다. 카너먼 교수는 대형 은행의 최고투자책임자CIO조차 수천만 달러 규모의 투자를 '육감적'으로 결정하는 사례가 있다며 그의 책《생각에 관한 생각》에서 다음과 같이 주장한다.

▲ 미국 개인투자자들이 금융시장 정보를 공유하는 토론방

과거보다 감정이 우리의 직관적 판단과 선택을 이해하는 데 훨씬 더 비중이 커졌다는 사실이야말로 중요한 발전이다. CIO의 이러한 결정은 오늘날 판단과 의사결정이 숙고나 논리와 상관없이 호불호의 감정에 직접적 영향을 받는 '감정 휴리스틱affect heuristic'의 사례다.[1]

실러 교수에 따르면 감정적인 요소들에 기반해 투자하는 행위는 개인의 심리에 바탕한 의사결정을 넘어 '사회적 행동social activity'이다. 어떤 조사에 따르면 개인투자자는 다른 사람들에게서 직접 전해 들은 정보에 기반해 투자하는 성향이 강한데 이 같은 성향은 심지어 기관투자자나 펀드 매니저 같은 투자 전문가에게서도 나타나는 것으로 밝혀졌다.[2]

교육수준이 높거나 재산이 많을수록 주식투자에 참여할 가능성이 높다는 사실은 잘 알려져 있다. 그러나 이런 요인뿐 아니라 투자 관련 서적을 읽고 토론하며 누군가의 투자 성공이나 실패에 대해 한담을 늘어놓는 즐거움도 주식투자를 하는 이유가 된다. 사교적인 사람일수록 입에서 입으로 전해지는 주식투자 관련 정보를 많이 습득할 수 있을 뿐만 아니라 단지 시장에 대해 이야기하는 것의 즐거움pleasure from talking 때문에라도 주식투자를 할 가능성이 더 높아진다는 것이다.[3]

한 실증연구에 따르면 교육이나 소득수준을 통제한 이후에도 교회에 다니는 등 이웃과 소통이 활발한 사람일수록 그렇지 않은 사람보다 주식투자를 할 가능성이 4%포인트 높았다. 특히 조사 대상을 교육과 소득수준이 높은 백인으로 한정할 경우 사교적인 사람의 참여 가능성은 그렇지 않은 사람보다 8%포인트나 더 높았다.[4] 웹이나 앱 기반 거래로 대표되는 정보기술의 발전은 사교적인 사람이 주식시장에 참여하도록 더욱 독려하는 효과를 가져온다. 사람들의 상호 교류를 크게 증대시키기 때문이다. 이 논문의 저자들은 여기에 '사교승수 효과social multiplier effect'라는 멋진 이름을 붙여주었다.

게임스톱 주식과 관련해서 '밈 주식meme stock'이라는 다소 생소한 용어가 자주 언급된다. 밈은 어떤 개체나 집단에서 특정한 성질이 언어, 모방 등 비유전적 속성을 통해 다른 개체로 전이되는 것을 뜻하는 용어다. 리처드 도킨스가 《이기적 유전자》에서 처음 쓴 말이라고 한다. 밈 주식은 사람들의 이야기에, 특히 인터넷을 통해 접하는 이야기에 민감하게 반응하는 주식을 뜻한다. 그러니 밈 주식이라는 용어 자체가 주식시장과 관련해 이야기가 갖는 중요성을 강조한다고 볼 수 있다.

정보는 체계적으로 왜곡된다

2020년 여름 미국 재무학회 회장 연설에서 행태경제학의 대가인 데이비드 허슐라이퍼David Hirshleifer 교수는 '사회적 전이 편향social transmission bias'을 모델링한 새로운 경제학 이론을 들고 나왔다.[5] 큰 틀에서 보면 이는 야성적 충동이나 내러티브 경제학의 아이디어가 확장된 것이다. 그의 논문은 개인들이 서로 관찰하고 대화하는 사회적 상호작용-social interaction 또는 사교 행위들이 사회 전반적으로 나타나는 경제적 사고나 행위에 실제로 영향을 미친다고 주장한다. 또한 사람들이 상호작용하는 와중에 발생하는 '사회적 전이 편향'이 중요한 역할을 한다고 강조한다.

좀 더 구체적으로, 사회적 전이 편향이란 사람들 사이에 정보가 옮겨지는 과정에서 일어나는 '정보의 체계적인systematic 왜곡'을 의미한다. 이를테면 유쾌했던 경험을 다른 사람에게 이야기할 때 어느 정도의 과장을 섞게 되거나 혹은 '내가 옛날에 꽤 잘나갔다'고 떠벌리면서 자신의 과거를 좀 더 화려하게 치장하는 행위 등은 '사회적 전이 편향'의 흔한 사례다.

사회적 전이 편향은 '체계적'으로 나타난다. 누구에게나 나타나는 편향이지 특정한 일부에게서만 나타나는 편향이 아니라는 의미다. 또한 이런 편향들은 그 체계적인 성질로 인해 '사회적으로 발현'될 수 있으며, 그러면 단지 개별적 편향들의 총합으로만 환원될 수 없는 성질을 갖는다. 예를 들어, 군대 개미들army ants은 무리를 지어 '집단적으로' 움직일 때 계속 앞의 개체들을 따라가며 행군을 멈추지 않아 땅에 파인 구멍 속에 빠져 죽기도 한다. 이와 같은 성질은 개체로서 움직일 때는 나타나지 않는다.

허슐라이퍼 교수는 이 같은 성질을 경제시스템과 금융시장에 적용해본다. 개개인의 선호도, 전략, 투자 성과 등은 신호왜곡signal distortion(정보전달 과정에서 나타나는 내용의 과장이나 축소)과 선택 편향selection bias(성과가 좋을 때는 남들에게 자랑스럽게 알리지만 좋지 않을 때는 침묵하는 것) 같은 사회적 전이 편향을 통해 사회적으로 발현된다.

이 이론으로 설명할 수 있는 현상들이 많다. 예를 들어 역사적으로 보면 기관투자자가 아니라 개인이 '액티브 투자'를 선택하면 손해를 보는 경우가 많았다. 그런데도 현실에서 액티브 투자를 선호하는 개인은 굉장히 많다. 이런 현상의 원인은 무엇일까? 선택 편향으로 인해, 개인들이 '성공적인 투자에 대한 이야기'를 실패한 투자에 대한 것보다 많이 섭하기 때문으로 볼 수 있다. 그런데 액티브 투자는 보통 패시브 투자보다 훨씬 변동성이 크다. 그러니 '성공한' 액티브 투자는 성공한 패시브 투자보다 수익률이 훨씬 큰, '대박 성공'일 가능성이 높다. 그리고 개인들은 이런 대박 성공에 관한 이야기를 들으며 액티브 투자가 더 유리한 전략이라고 생각하게 된다. 이런 '편향된 정보 유입'은 반복되며 사람들 사이의 피드백을 통해 증폭된다. 따라서 처음에는 정보교환에서 발생하는 미미한 정도의 편향으로 시작하지만 점점 더 그 영향력을 무시할 수 없도록 커진다.

여기서 중요한 것은 개인들의 활발한 액티브 투자가 단지 각각의 액티브 투자 선호 성향으로 인해 생기는 것이 아니라 그와는 무관하게 '사회적으로 발현'된 것이라는 점이다. 지금까지의 경제학은 어떤 현상을 경제주체의 선호 추구와 그에 따른 효용 증대로 설명해왔다. 그러나 이 모델은 설령 개인들에게 어떤 특정한 선호 성향이 없다고 하더라도 소통 과정에서의 사회적 전이 편향을 통해 사회 전반적으로는 어떤 강력한 특정 선호가 나타날 수 있다는 것을 보여준다.

'보임 편향visibility bias(보이는 것에만 의존해 판단하는 것)' 또한 이 이론으로 설명이 가능하다. 당신이 스타벅스 앞에 길게 늘어선 줄을 보고 '사람들이 저축보다 소비를 많이 한다'고 생각하면, 실제로 당신도 저축을 줄이고 소비를 늘리게 된다는 것이다. 역시 여기서도 중요한 것은 이 같은 결과가 개개인이 과소비를 선호하는지와는 무관하다는 것이다. 이런 편향들은 그저 사회적으로 또는 집합적으로 발현된다.

게임스톱 사태의 전말

허슐라이퍼 교수의 이론에 따르면 게임스톱 사태는 다음과 같이 설명될 수 있다.

개인들이 월스트리트베츠에 모여 집단적인 소통을 시작한다. 2008년 금융위기 때 투자은행들의 투기 행위로 경제위기가 왔고 그로 인해 고통받았던 피해자들의 인간 드라마가 이런 소통을 통해 공유된다. 개인들의 적개심과 분노가 집단적으로 발현된다.

드라마의 공유와 재생산은 처음엔 약한 수준이지만 어느 정도의 편향을 갖고 있을 수밖에 없다(투기세력이 만들어낸 금융위기의 결과로 집에서 쫓겨난 눈물겨운 경험을 편향 없이 이야기할 수 있는 사람이 있을까?). 그러나 상호작용이 반복되면서 사회적 전이 편향이 누적되고 증폭된다. 다시 말해 토론방 참여자들이 서로 나누는 정보들 가운데 '월스트리트 금융자본을 성공적으로 공격한 영웅적 무용담'이 실패한 경험보다 더 많이, 더 깊이 편향적으로 공유되며 집단적으로, 또 반복적으로 증폭되는 것이다. 이때 각 개인이 더 낙관적 자세를 취하

그림 4-1 | 사회적 전이 편향의 누적과 증폭에 따른 주가 변동 추이

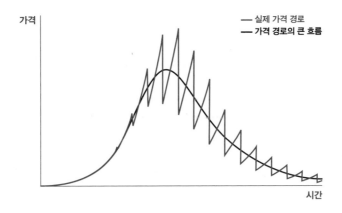

거나 더 용감해지는 것은 필요하지 않다. 이는 집단 차원에서 벌어

지는 사건이다.

위의 그래프[6]는 사회적 전이 편향의 누적과 증폭에 따른 주가 변

동 추이를 나타낸 것이다. 이런 상황에서 일단 시작된 집단적인 초

기 투자는 점점 더 많은 투자자를 끌어모아 가격을 점점 더 빠른 속

도로 밀어 올린다(곡선의 왼쪽 부분, 가격이 빠르게 증가하는 초기 단계). 이

단계에서 개인들은 점점 더 많은 정보를 접하게 되고 이 과정에서

편향 또한 급속도로 증가한다. 예컨대 게임스톱 주식의 가격 상승

은 토론방 참여자들이 집단적으로 갖는 낙관적 믿음 또한 더욱 강

화시킨다. 이제 과도한 낙관overoptimism이 조성된다.

가격 상승은 정기·비정기 공시를 비롯해 여러 가지 소스를 통한

정보공개가 있을 때마다 '부분적으로' 진정된다. 다시 말해 가격이

조금 하락한다. 이는 투자자들의 지나친 낙관을 제어한다. 시간이

지나며 공개된 정보('현재 주가가 상당히 고평가되어 있다')들이 쌓이면 그만큼 가격 하락을 부추기는 힘이 세지지만, 편향된 정보 유입 또한 누적되어 가격을 계속 위로 밀어 올리려 하는 힘도 강해진다. 이같은 힘겨루기에 의해 가격은 꼭대기 근처에서는 좀 더 천천히 증가한다. 주가가 펀더멘털보다 너무 많이 높아졌다는 정보들이 누적되면서 투자자들의 낙관성이 줄어들기 시작하니 가격 상승 속도가 느려지는 것이다.

주가가 정점을 지나면 정보가 더욱 누적되며 가격이 진정(하락)되기 시작한다. 곡선의 꼭대기에서 오른쪽으로 내려가는 부분은, 가격이 빠르게 하락하는 가격조정 단계라고 볼 수 있다. 결국 마지막 단계에서는 가격이 천천히 펀더멘털에 수렴하게 된다(곡선의 오른쪽 아랫부분).

그런데 이와 같은 가격 변동은 실제로는 부드러운 곡선으로 이루어지는 것이 아니라 단기적으로 상당한 변동성을 수반하며 이루어진다(그래프의 파란색 선 부분). 이는 투기적 거래가 급증하기 때문이다. 시간이 지날수록 누적된 공개 정보의 양이 많아지면서 정보와 편향 사이에 갈등이 발생하고 이에 따라 투자자들 사이의 의견 불일치 역시 늘어나게 된다. '지금의 주가'가 너무 비싸거나 싸다고 믿는 사람들로 의견이 크게 갈린다는 의미다.

투자자들 사이에서 의견이 갈리면 거래량이 증가한다. 의견이 똑같다면, 다시 말해 시장참여자들이 모두 '저 주식은 비싸'라고 생각한다면 아무도 그 주식을 사려 하지 않을 것이다. 이에 따라 거래도 일어나지 않게 된다. 거래량은 주가에 관한 다양한 의견이 시장에 존재하기 때문에 나타나는 것이다.

또한 시장가격이 펀더멘털에서 벗어난 정도가 커졌다는 것을 깨달은 투자자들은 주식을 사거나 공매도하는 등 투자를 늘리는데, 이때 자기 과신에 기초한 비이성적 투자가 대폭 증가하게 된다. 이렇게 투기적 거래가 급증하니 주가가 큰 변동성을 띠며 요동치지 않을 수 없다.

게임스톱 주가뿐 아니라 역시 광풍이라는 말이 어색하지 않은 비트코인의 급격한 가격 변동 또한 이 모델로 설명이 가능하다. 물론 사회적 전이 편향의 새로운 재료들이 계속 공급되면 가격 변동은 훨씬 더 복잡해질 수도 있다.

게임스톱 사태가 우리 사회에, 특히 경제학에 던지는 메시지는 결코 가볍지 않다. 게임스톱 사례는 '이야기의 힘'이 경제에 미치는 영향을 보여주는 교과서적인 사례로 남았다. 그러나 우리가 사는 현시대에서 자본시장의 중요성을 생각해볼 때, 수백 년 동안 발전시켜온 자본시장이 이토록 취약할 수 있다는 점만은 못내 큰 씁쓸함으로 남는다.

수익률이
내 마음 같지 않은 이유

코로나19 팬데믹이 터진 2020년. 그해 코스피지수의 연간수익률은 무려 32%였다. 그러나 다음 해는 달랐다. 연초 대비 수익률 1%를 간신히 넘겼을 뿐이다.

주식에 투자한 분이라면 돌이켜보시라. 손실이 난 주식인데 언젠가는 오를 것으로 믿으며 끝없이 들고 있지는 않았는지? 주가 상승을 기다리다 지치는 바람에 조금 올랐을 뿐인데 바로 팔아버리진 않았는지? 하루에 수십 번씩 주가를 확인하며 환호하고 탄식하지는 않았는지?

위로가 될지 모르겠지만 이러한 투자 행태investment behavior는 당신만의 것이 아니다. 많은 투자자에게 체계적으로 나타나는 편향이라서 오래전부터 많은 경제학자와 심리학자가 관심을 갖고 연구해온 거대한 주제다.

심리 게임 1: 소득과 행복감은 정비례하지 않는다

이런 게임을 해보자. 당신은 하루하루 주가가 오를 날만을 기다린다. 만약 오늘 주가가 오르지 않았다면, 다시 말해 내려가거나 어제의 주가와 같았다면, 하루를 더 기다릴 수 있다. 하루를 기다렸는데도 주가가 오르지 않는다면 그다음 날까지 대기하면 된다. 이런 식으로 주가가 오를 때까지 기다린다.

게임을 더욱 단순하게 만들어보자. 주가가 오를 확률과 내릴 확률이 반반이라고 하면 더 쉽겠다. 또한 이 게임에서 당신은, 주가가 오르기까지 기다린 날짜 수만큼 2를 곱한 값을 상금으로 받게 된다. 첫째 날에 주가가 오른 경우, 기다린 날짜는 0일이니 1원(2^0=1)을 상금으로 받는다. 둘째 날에 올랐다면 하루를 기다렸으니 2를 한 번 곱해 2원(2^1=2)이다. 셋째 날에 올랐다면 이틀을 기다렸으니 4원(2^2=4), 넷째 날에 올랐다면 8원(2^3=8)이다.

이 게임의 상금은 하루마다 두 배씩 오른다. 간단한 공식으로 정리하면 다음과 같다. 'N번째 날에 주가가 처음으로 올랐다면, 당신은 2^{N-1}원을 상금으로 받는다.' 10일째에 주가가 처음 오르면 512원(2^{10-1}원)을 받을 수 있다. 푼돈 같지만 그렇지 않다. 30일째엔 상금(2^{29}원)이 5억 원 이상이다. 50일째라면 563조 원이다. 하루 뒤인 51일째에 주가가 처음 오르면 563조 원의 두 배인 1126조 원 정도를 상금으로 받는다. 상금은 주가의 첫 상승을 기다리는 날이 길어질수록 빠른 속도로 증가한다.

이 게임의 기댓값(모든 '실현 가능한 값'에 '각각의 값이 나올 확률'을 곱한 뒤, 해당 수치들을 모두 합산한 것)은 1000억 원도 100조 원도 아니다. 그야말로 '무한대'다. 수식으로 나타내면 다음과 같다. (확률론에 익숙하지 않은 독자라면 아래 공식이 잘 이해되지 않을 수 있다. 여기서는 일단, 이 게임을 할 때 '받을지도 모를 상금이 확률론에서는 무한대로 추정된다'는 점만 인식하고 넘어가도 좋겠다.)

$$(1/2)^1 \times 2^0 + (1/2)^2 \times 2^1 + (1/2)^3 \times 2^2 + (1/2)^4 \times 2^3 + \cdots$$
$$= 1/2 + 1/2 + 1/2 + 1/2 + \cdots = \infty$$

기대수익이 무한대라면 이 게임을 하지 않을 이유가 없다. 그러나 하나 걸리는 점이 있다. 이 게임에 들어가려면, 참가비를 내야 한다는 것이다. 자, 당신은 얼마까지 낼 용의가 있는가?

이 게임은 통계학과 수학의 거장 다니엘 베르누이Daniel Bernoulli가 골머리를 앓았던, '상트페테르부르크의 역설'이라고 불리는 유명한 문제다. 기댓값이 무한대라면, 아무리 참가비가 커도(100만 원이든 1000억 원이든 1조 원이든) 이 게임을 하지 않을 이유가 없다. 그러나 좀 더 곰곰이 생각해보면 큰 액수의 참가비를 내는 것은 바보 같은 짓임을 금방 알 수 있다. 재수 없게(?) 첫째 날에 주가가 올라버리면 당신은 겨우 1원만 받은 채 참가비를 모두 날리게 될 테니 말이다(100만 원을 냈다면 99만 9999원 손해). 만약 당신이 참가비로 큰 액수를 낼 의향이 없다면 다른 사람들도 그럴 것이다. 이는 엄청나게 큰 상금에 대한 사람들의 선호도가 그 정도로 크지는 않다는 것을 알려준다.

간단해 보이는 이 게임에서 현대 경제학의 바탕인 '기대효용이론'이 탄생한다. 사람들은 무한대의 금액을 벌 수 있는 게임에도 아주 큰돈을 걸지는 않는다. 이 역설을 이해하려면, '금액'과 '효용'을 구분할 필요가 있다. 예를 들어, 월 소득 1000만 원일 때 추가로 100만 원을 벌어들임으로써 커진 행복감(효용)은, 월 소득이 200만 원일 때 같은 금액(100만 원)을 더 벌어 커진 행복감보다 훨씬 작을 것이다. 소득이 클수록 행복도가 추가로 더 버는 금액보다 느리게 증가한다. 예컨대 아마존 창업자인 제프 베이조스Jeff Bezos가 1억 원을 더 번다고 엄청나게 더 행복해하지는 않을 것이다. 이를 경제학에서는 '한계효용체감'이라고 부른다.

　한계효용체감의 법칙은 재화 한 단위를 더 소비할 경우 발생하는 추가적인 만족감은 소비가 늘어남에 따라 감소한다는 것이다. 당신이 가진 돈이 많을수록, '효용을 한 단위 올리기 위해(일정한 정도의 행복감을 느끼기 위해) 추가로 벌어야 하는 금액'은 더 커야 한다는 의미다. 예컨대, 월 소득 200만 원인 사람이 100만 원을 추가로 벌었을 때 커진 행복감이 '10'이라고 치자. 월 소득이 1000만 원인 사람이 '10'의 행복감을 얻으려면 100만 원보다 더 큰 추가 소득을 벌어야 한다(이 사람은 100만 원을 더 벌어봤자 예를 들어 '2' 정도의 행복감밖에 맛보지 못한다).

　이는 당신의 위험선호risk loving 성향에 영향을 미친다. 소득이 200만 원 안팎이라면 당신은 100만 원이 주는 (큰) 행복감을 얻기 위해 어느 정도의 위험을 무릅쓸 용의가 있을 것이다. 그러나 당신의 소득이 1000만 원이라면 100만 원이 주는 (작은) 행복감을 얻기

그림 5-1 | 소득과 효용 사이의 관계

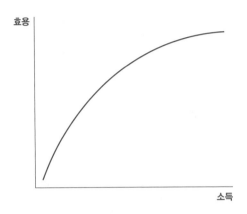

위해 같은 정도의 위험을 무릅쓰려고는 하지 않을 것이다. '위험회피' 성향이 작동하는 것이다. 이처럼 한계효용체감은 위험회피 성향과 같은 말이 된다.

지금까지의 설명을 위의 **그림 5-1**로 표현할 수 있다. 소득과 효용 사이의 관계를 표현한 곡선이 오목한concave 궤적을 그리고 있다. 소득이 커지는 속도보다 효용의 증가 속도가 느리기 때문에 이런 곡선이 나타나는 것이다. 다시 말해 소득이 높아질수록, 추가로 벌어들이는 일정 금액(추가 소득)에 의한 효용 증가 정도가 작아진다는 의미다. 효용 증가 정도가 작아지므로 위험을 무릅쓰려는 성향도 줄어든다.

투자자들의 위험회피적 성향이 포트폴리오이론의 중요한 가정임은 이미 2장에서 밝힌 바 있다. 기대효용이론은 수많은 경제학 모델에서 가장 기본적이고 중요한 바탕이다. 그러나 당연하게 들려는 기대효용이론은 심리학자들로부터 거센 공격을 받게 된다.

심리 게임 2: 인간은 이익보다 손실에 더 민감하다

또 다른 게임을 해보자. 뭔가를 잘한 덕분에 상을 받게 되었다. 상을 받는 방식은 선택할 수 있다. 두 방법 중 하나를 고르면 된다.

(1) 100% 확률로 300만 원을 받는다.
(2) 80%의 확률로 400만 원을 받지만, 20%의 확률로 한 푼도 받지 못한다.

골랐다면 일단 당신의 선택을 기록해두시라. 이제 문제를 살짝 바꿔보자. 뭔가를 잘못한 탓에 벌금을 내야 한다. 벌금을 내는 방식은 선택할 수 있다. 두 방법 중 하나를 고르면 된다.

(3) 100% 확률로 300만 원을 벌금으로 낸다.
(4) 80% 확률로 400만 원을 내지만, 20% 확률로 벌금이 면제되어 한 푼도 내지 않을 수 있다.

당신의 선택은 어떤가?
위의 실험은 대니얼 카너먼과 아모스 트버스키Amos Tversky 교수가 1979년, 경제학 최고 권위 학술지인 〈이코노메트리카〉에 게재한 논문 〈전망이론: 불확실성하의 의사결정〉에 등장한다(화폐단위만 바꿨다). 대다수의 선택은 (1)번과 (4)번이다(수업 시간에 학생들을 대상으로 이 실험을 해보면 거의 한결같이 논문에서와 일치하는 결과가 나온다).

(1)과 (3)은 '확실'한 대안이다. '위험이 없다'는 뜻이다. 따라서 (1)이나 (3)을 선택하는 것은 '위험회피' 성향을 반영한다. 반면 (2)와 (4)에는 '불확실성'이 있다. 위험한 대안이라는 의미다. 따라서 (2)나 (4)를 선택하는 것은 '위험선호' 성향을 반영한다.

기대효용이론으로는 (1)을 선택한 사람들이 동시에 (4)를 선택하는 것을 설명할 수 없다. 위험을 회피하면서 동시에 선호할 수는 없기 때문이다. 기대효용이론에 따르면 (1)을 선택한 사람은 위험회피적이므로 (3)과 (4) 중에서는 (3)을 선택했어야 한다. 마찬가지로 (4)를 선택했다면 (1)과 (2) 중에 (2)를 선택했어야 한다. 다시 말해 사람들은 (1)과 (3)을 함께 선택하거나 혹은 (2)와 (4)를 동시에 선택해야 한다.

그러나 실험 결과는 그렇게 나오지 않았다. (1)과 (4) 혹은 (2)와 (3)을 선택한 사람들이 유의미하게 많았던 것이다. 이는 경제학의 기본적인 토대를 뒤흔든 초대형 사건이 됐다. 2002년에 심리학자인 카너먼에게 노벨 경제학상이 주어진 이유다(트버스키는 1996년에 세상을 떠나 안타깝게도 수상하지 못했다).

실험 결과를 조금 더 음미해보자. (1)은 '좋은 것'을 확실하게 챙기고 싶어 하는 심리를 반영한다. 이는 설령 좀 더 나은 대안((2)의 기댓값은 320만 원으로 (1)의 300만 원보다 크다)이 있다 하더라도 그것을 선택하기 위해 굳이 위험을 감수하지는 않겠다는 뜻이다. (1)는

'나쁜 것'을 없앨 수만 있다면 어느 정도의 위험은 기꺼이 감수할 용의가 있다는 뜻이다. 종합해보면 이는 '전망이 좋은 일(상을 받는 일)'에 대해서라면 사람들은 위험을 회피하고자 하지만, '전망이 나쁜 일(벌금 내는 일)'에 대해서라면 오히려 위험을 추구하고자 한다는 말이다. 이처럼 '전망'에 따라 사람들의 위험에 대한 태도risk attitude가 달라진다는 이유로 이 이론은 '전망이론Prospect Theory'으로 이름 지어졌다.

전망이론에 따르면, 사람은 어떤 경우엔 위험을 회피하다가 일정한 '기준점reference point'을 지나면 오히려 위험을 추구하게 된다. 그리고 이 '기준점'은 사람마다 다르다. 좀 모호하다면 다음과 같이 얘기해보자.

당신이 이번 달에 100만 원을 벌었다면 얼마만큼 더 행복해질 것이라고 생각하는가? 이에 답하려면 '기준점'이 필요하다. 만약 지난달에 150만 원을 벌었다면 당신은 오히려 불행해졌을 것이다. 100만 원은 150만 원이라는 기준점 대비 50만 원 '손실'이기 때문이다. 그러나 당신이 지난달에 번 소득이 70만 원이었다면 이번 달에는 기준점보다 30만 원의 '이익'을 본 것이다. 같은 금액이라도 기준점에 따라 이익이 될 수도 있고 손실이 될 수도 있다. 중요한 것은 100만 원이라는 금액을 벌었다는 것이 아니라 그 금액이 어떤 것, 즉 기준점에 비해 큰지 작은지에 달려 있다.

중고등학교 때 수학 시험에서 단 한 문제를 틀렸다고 눈물 찔끔 대던 모범생(?)들을 혹시 기억하는가? 누구는 하나'밖에' 안 틀렸다면 만세를 부를 참인데, 약 올리는 것도 아니고! 하지만 재수 없다고 욕할 일만은 아니다. 수학 시험에 대한 그 모범생의 기준점이 100점이었기 때문에 찔끔대는 것이니 어쩌겠는가?

이처럼 기준점에 따라 '손실 구간'과 '이익 구간'이 나뉜다. 그리고 이익 구간에서는 위험을 회피하는 반면 손실 구간으로 넘어가면 오히려 위험을 선호하는 경향이 있다고 전망이론은 설명한다. 그렇다면 **그림 5-1**은 이익 구간에서 나타나는 위험회피 현상을 그래프로 나타낸 것으로 한계효용체감의 법칙을 나타낸 그래프와 차이가 없다. 그러나 손실 구간에서는 다른 그래프가 그려지게 된다. 이를 살펴보기로 하자.

이를테면, '누적 손실'이 1000만 원인 상태(이미 1000만 원의 손실을 본 상태)에서 추가로 잃는 10만 원은 그다지 큰 손실로 느껴지지 않을 수 있다('효용 감소'가 작다). 그러나 100만 원을 잃은 상태에서 10만 원을 더 잃게 된다면 이는 위의 경우에서보다 훨씬 더 큰 손실로 느껴질 것이다('효용 감소'가 크다). 똑같은 10만 원 손실이지만 누적 손실이 작을수록 효용이 더 크게 감소하는 것이다. 이는 1000만 원을 잃고 나서 10만 원을 벌었을 때 늘어나는 행복감(효용)보다 100만 원을 잃은 상태에서 10만 원을 벌었을 때 늘어나는 행복감이 훨씬 더 클 것임을 암시한다.

이제 **그림 5-2**를 보자. 기준점을 중심으로 오른쪽은 '이익 구간'이고 왼쪽은 '손실 구간'이다. S자 모양의 선은 손실 구간과 이익 구간에서 위험선호도가 다르다는 것을 보여준다. 이익 구간의 곡선에서는 위험회피 성향(한계효용체감)이 나타난다(그림 5-1과 같다). 이에 비해 손실 구간의 곡선은 이익 구간보다 곡선의 기울기가 더 가파

그림 5-2 | 손실/이익에 따른 위험선호도의 변화

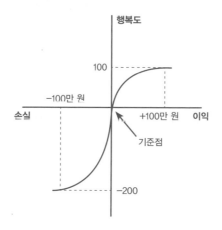

르게 떨어지며 위험선호 성향(한계효용체증)을 보여준다. 이는 당신 의 행복감(효용)이 이익보다 손실에 더 민감하다는 의미다.

그림 5-2를 더 살펴보자. 여기서 당신의 기준점을 일단 0원이 라고 치자. 그림 5-2를 보면, 당신이 기준점보다 100만 원을 더 벌 었을 때 추가로 행복해지는 정도는 100이다. 그러나 같은 액수인 100만 원을 손해 보는 경우, 당신의 행복도는 100이 아니라 200이 나 떨어진다. 이 같은 성향에 따라, 당신은 '100만 원 이익으로 가 능한 효용 증가를 얻으려 할' 때보다 '100만 원 손실에 따른 효용 감소를 회피하려 할' 때, 더 큰 위험을 추구하려 할 것이다.

이 같은 손실회피loss aversion 성향에 대한 이해는 후일 '처분 효과 disposition effect'▲에 관한 이론과 실증연구들로 발전되어 경제학이 맞

▲ 처분 효과란 투자자가 가격이 오른 주식을 지나치게 빨리 팔고 손해 본 주식은 지나치 게 오래 보유하는 경향을 말한다.

닥뜨린 많은 난제를 이해하는 데 큰 역할을 했다. 투자자들이 '손절매'를 하지 못하는 이유는 손실이 주는 상실감이 너무 커서 이를 실현시키고 싶어 하지 않는 '손실회피'의 결과로 나타난다. 헤어지면 '내'가 죽을 것 같은 연인과 이별하는 일은 그만큼은 아닌 연인과 이별하는 것보다 훨씬 어려운 법이다. 이득이 발생했을 때 더 기다리지 못하고 실현시키려는 것도 이익보다 손실에 민감하기 때문이다. 예를 들어, 갖고 있던 주식이 한껏 주가가 떨어져 고민인 와중에 가격이 올라가면 그 틈에 주식을 팔아 '처분'해버리고 싶어지는 것이다. 그 결과, 투자자들은 손실이 난 주식을 이익이 난 주식보다 더 오랫동안 보유하게 된다.

멀리 생각하지 않으면 가까이에서 근심이 생긴다

이제 주식을 사놓고 얼마나 자주 그 주가를 확인하는지가 어떻게 투자 성과에 영향을 미치는지 살펴볼 차례다. 자주 들여다본다고 해서 수익률이 바뀔 리는 없다. 그러나 놀랍게도 투자수익률이 좋지 않은 이유가 당신이 너무 자주 주가를 들여다본 탓일 수 있다. 이해하기 어렵게 들리지만 이제 위에서 살펴본 지식을 바탕으로 이 점을 살펴보자.

치킨 가게 주인인 당신은 '하루'에 30만 원어치의 치킨을 파는 것을 목표로 한다. 오늘은 운이 좋았다. 단체주문 덕분에 오전에 목표 액수를 채웠기 때문이다. 그래서 오늘은 가게 문을 일찍 닫을 참이다. 또 다른 치킨 가게 주인이 있다. 그의 목표는 매일 얼마를 벌든 상관없이 '한 달' 동안 매출 1000만 원을 달성하는 것이다. 그렇다면 설령 오전에 30만 원어치 매출을 올렸다 하더라도 일찍 가게 문을 닫지는 않을 것이다. 장사가 잘되는 날일수록 부지런히 벌어봐야 한 달 목표를 채우는 데 도움이 되기 때문이다. 물 들어올 때 노 저어야 한다.

이 간단한 사례는, 목표가 '장기적(한 달 매출)이냐, 단기적(일일 매출)이냐'에 따라 당신의 의사결정이 달라질 수 있다는 것을 말해준다. 단기적 목표를 달성했다고 가게 문을 닫는 것은 장기적인 비전을 희생한 '편협한' 목표치에 집중하는 행위가 될 수 있다. 이는 '편협한 프레이밍narrow framing'*으로 불리는 체계적인 심리 편향 중 하나다.

치킨 가게 운영이 아니라 주식투자를 한다고 하더라도 마찬가지다. 편협한 프레이밍을 갖고 있다면 당신에게는 아마도 그날그날의 수익률이 중요할 것이다. 그래서 당신은 매일 주가를 확인한다. 심지어 오전에만 열 번 넘게 확인할 수도 있다. 하지만 당신이 장기투자자라면 매일매일의 주가 변동은 그다지 중요하지 않다. 만약 중요한 것이 1년 동안의 수익률이라면 몇 개월 동안은 아예 투자한 사실을 잊고 지내도 될 것이다.

매일 주가를 확인하면 날마다의 손실과 이익을 직접 '확인'하게 된다. 만약 1년의 거래일인 250여 일 동안 125일은 주가 상승, 나

▲ 전체를 보지 않고 개별 사건에만 집중하여 확률과 기댓값을 잘못 계산하는 것

머지 125일엔 주가 하락이 나타났다고 하자. 손실회피 성향으로 인해 당신은 이익보다 손실에 훨씬 민감하다. 따라서 설령 똑같은 정도로 이익과 손해가 반반씩 일어난다고 하더라도 당신 머릿속에는 손실이 더 크게 자리 잡는다. 그러니 손실에 민감한 당신은 자주 주가를 들여다볼수록 위험을 '덜' 감수하고 싶어진다. 이를 '근시안적 손실회피myopic loss aversion'라고 부른다. 그 결과, 당신은 지나치게 적은 위험만 감수하는 성향을 갖게 된다. 이제 당신은 주가가 조금만 올라도 주식을 팔게 된다. 손실회피 성향으로 인해 손실이 난 주식들은 팔지 않고 갖고 있으면서 말이다. 결국 당신의 투자수익은 나빠진다.

2021년 여름에 나온 자본시장연구원 김준석 연구위원의 보고서 〈주식시장 개인투자자의 행태적 편의〉는 동학개미들의 투자 성향을 이런 이론들이 잘 설명한다는 걸 보여준다.[1] 보고서는 2020년 3월부터 10월까지 개인투자자 약 20만 명의 거래 내역을 분석했다. 이들은 보유 기간에 상관없이 이익이 난 주식을 손실이 난 주식보다 두 배 정도 많이 매도하고 있었다. 이익이 난 주식들을 팔아치우는 반면 손실이 난 주식들은 계속 들고 있었던 것이다. 그 결과, 표본조사 만기 시점에는 이들이 보유하고 있던 주식들의 70% 정도는 손실이 난 상태였다.

그러니 하루하루 주가가 오르기를 기다리지 않는 것이 좋겠다. 살펴보았듯이 매 순간 스마트폰 주식 창을 들여다보는 것은 결코 좋은 투자 습관이 아니다.

편협한 프레이밍이 성과를 해치는 것이 비단 치킨 가게나 주식 투자에서만은 아닐 것이다. 선거철이 되면 정치권뿐만 아니라 유권자들도 가시 돋친 미움의 말들을 거침없이 쏟아낸다. 죽도록 미운 누군가를 응징하는 것이 목표라면 그것의 달성 여부는 적어도 선거일 다음 날 새벽이면 결정된다. 그러나 응징이 아니라 대한민국의 발전에 좀 더 공헌할, 또는 좀 덜 해악을 끼칠 후보를 뽑겠다면 보다 긴 호흡으로 당선 이후를 따져보아야 한다. 공자께서 말씀하시기를 "사람이 멀리 생각하지 않으면 반드시 가까이에 근심이 생긴다人無遠慮 必有近憂"하셨다(《논어》 위령공 편). 편협한 프레이밍에서 벗어나라고 2000여 년 전에 하신 말씀이다. 어른 말씀 잘 듣자.

2부

자본시장을
둘러싼 논쟁들

코로나 시기 투자 열풍을 타고 수많은 개인투자자가 자본시장에 모여 들었다. 그러나 자본시장은 만만한 곳이 아니다. 자본시장은 아주 자주 잡아먹고 먹히는 야생의 그림을 보여준다. 시장에서 살아남기 위해 가장 중요한 것은 정보. 불행히도 개인투자자들은 기관이나 외국인투자자들에 비해 기업이나 거시적 환경 또는 글로벌 경제에 대한 정보 열위에 있다. 특히 기업들은 자신들에게 긍정적인 정보는 대놓고 광고하지만 부정적인 정보는 꼭꼭 숨기려는 경향이 있어 시장에서는 부정적인 정보의 반영이 느려지거나 감춰지는 경우가 다반사다. 주가가 과대평가되는 경향이 심할 수 있다는 뜻이다. 따라서 기업의 부정적인 정보를 밝혀내 이익을 추구하는 공매도의 역할이 중요하다. 또 정보 열위에 있는 투자자는 펀드 투자 등 간접적인 투자를 통해 이를 어느 정도 극복할 수 있다. 최근 사모펀드 시장에서 발생한 범죄적 사건들에 관심을 기울여야 하는 이유다. 이번 장에서는 시장이 정한 규칙이 누구에게나 공정하게 적용되어야 한다는 것, 그리고 이를 통해 시장을 더 효율적으로 만들어야 한다는 것의 중요성을 살펴본다. 정보 불균형이 가장 극명하게 드러나는 경우는 기업공개IPO 사례들에 잘 나타난다. IPO 열풍에서부터 정보 불균형의 폐해, 공매도 논란, 그리고 사모펀드 사태까지 살펴본다.

SK바이오팜의 공모가는
왜 그렇게 낮았을까

2020년 7월 초, 증권시장의 관심은 온통 SK바이오팜에 쏠렸다. 기업공개 첫날, 1주당 공모가(4만 9000원)의 두 배인 9만 8000원을 시초가(당일 최초로 형성된 가격)로 처음 얼굴을 드러내더니 하루 동안 최대치인 30%나 올라 12만 7000원으로 마감한 것이다. 증권가에선 이처럼 상장 첫날 공모가의 두 배로 시초가를 기록하고 그날 시초가 대비 상한가로 마감하는 경우, 이를 '따상'이라고 부른다고 한다. 아마도 공모가에 주식을 배정받은 투자자들이 상장 첫날 최대한의 수익을 얻는 걸 부러워한 누군가가 붙인 이름일 터이다. SK바이오팜은 이에 그치지 않고 둘째 날에도 상한가를 이어가며 2015년 가격 변동 폭이 30%로 확대된 이후 코스피 사상 처음으로 상장 첫날 따상에 이어 이튿날 상한가를 기록한 종목이 되었다. 이 회사는 시가총액(12조 9216억 원) 기준으로 단숨에 코스피 21위에 올랐다. 당연히 우리사주를 배정받은 임직원과 공모가에 주식을 배정받은 투자자들에 대한 부러움 섞인 탄성이 쏟아졌다. 공모가 대비 수익률이 단 하루 동안 160%, 이틀 사이에 237%에 달했으니 어찌 부럽지 않겠는가.

그런데 조금만 더 생각해보면 뭔가 이상하다는 것을 알 수 있다. 상장 첫날 가격이 그렇게 높게 형성될 주식이었다면 왜 굳이 공모가를 턱없이 낮은 가격인 4만 9000원으로 책정했을까?

파는 사람이 싼값을 부르는 수수께끼

귀신이 아니니 상장 첫날 종가를 정확히 맞히지는 못한다 하더라도 10만 원을 훌쩍 넘길 주식가격이 애초에 5만 원 이하로 결정된 것이 너무 형편없는 가치평가valuation가 아니라면 무엇이란 말인가. 만약 12만 7000원에 공모가를 산정한 뒤 첫날 거래량인 70만 주를 팔았다면, SK바이오팜은 540억 원 이상을 추가로 조달할 수 있었을 터였다. 총 공모주식 수인 1960만 주를 기준으로 본다면, 추가 조달 금액은 무려 1조 5000억 원을 뛰어넘는 액수가 된다. 빤히 얻을 수 있는 이득을 챙기지 못할 때 '테이블에 돈을 놔둔다leaving money on the table'라고 표현을 하는데, 이런 경우야말로 거금을 굳이 놔두고 나온 모양새가 아닌가?

공모가를 잘못 산정해 회사가 손해를 보았다면 당연히 기업공개 주관사underwriter인 투자은행에 따져야 할 것이다. 2011년 5월 미국의 비즈니스 인맥 사이트 링크드인LinkedIn이 공모가보다 무려

110% 높은 가격에 상장 첫날 거래를 마쳤을 때, 〈뉴욕타임스〉 칼럼은 '링크드인이 투자은행가들에게 사기를 당했다scammed'라는 격한 표현까지 동원했다. 모건스탠리 등 주관사들이 고객들과 관계를 돈독히 해서 이후에도 계속 투자를 받을 수 있도록 공모가를 확 낮추어 주식을 제공했을 가능성을 겨냥한 의심이었다. 그러나 정작 우리는 공모가가 상장 첫날 주가보다 낮았다는 이유로 법적 다툼이 발생했다는 이야기를 별로 들은 적이 없다. 주관사에 책임을 묻지 않는 것이다. 그 이유는 뭘까?

기업공개 첫날 주가가 공모가보다 높은 사례들은 특별한 것이 아니라 시장에 널리 존재하는 일반적 현상이다. 이를 보통 '공모주 저평가IPO underpricing'라고 부른다. 기업공개 시 공모가를 낮게 책정하는 관행을 일컫는 용어다. 최고의 IPO 전문가로 '미스터 IPO'라 불리는 플로리다주립대학의 제이 리터Jay Ritter 교수에 따르면, 2000년부터 2019년까지 미국에서는 2100건에 이르는 기업공개가 이루어졌다. 이 기업공개 사례들을 분석해본 결과 상장 첫날 주가는 공모가보다 평균 15% 오른 상태에서 마감했고, 이런 식으로 '테이블에 놓아둔(공모주 저평가로 인해 조달하지 못한 금액을 가리키는 관용적 표현)' 액수는 모두 720억 달러에 달했다. 한국의 경우에는 1980년부터 2018년까지 공모주 저평가 정도가 대부분의 경우 20%를 훌쩍 넘겼다.

물론 상장 첫날 주가가 공모가보다 낮은 '공모주 고평가' 사례가 없는 것은 아니다. 2019년 5월 상장한 차량 공유 서비스 회사 우버Uber가 좋은 사례다. 상장 첫날 종가가 공모가 45달러에 못 미치는

41.57달러에 불과했다. 이 같은 우버의 기업공개를 두고 미국의 경제 뉴스 미디어인 〈마켓워치〉는 '지난 24년간 최악의 IPO 5건 중 하나'라며 비아냥댔다.

공모주 저평가는 한국이나 미국 등 특정 국가에만 나타나는 것도 아니다. 리터 교수가 연구한 54개국을 대상으로 살펴보면 분석 기간이 나라마나 다소 차이가 있지만 공모주 저평가의 정도가 대부분 5% 이상이다. 그중 27개국에서는 20%를 훌쩍 넘기며 심지어 270%에 이르는 경우도 있다. 다시 말해, SK바이오팜의 상장 초기 주가 상승이 무서운 기세이긴 하지만 지난 수십 년 동안의 전 세계 사례들과 비교해보면 그리 특별한 경우도 아니라는 이야기다.

이제 이전의 질문으로 돌아가보자. 많은 회사가 심하게 저평가된 공모주를 발행한 이후에도 '그들의 돈을 테이블에 놓고 방을 나와버린' 주관사들을 비난하기는커녕 같은 주관사에 다음 유상증자를 또다시 맡기곤 한다. 세심한 경제학자들은 뭉텅이 돈이 속절없이 사라졌는데도 아무런 불평이 나오지 않는 이 '말도 안 되는 수수께끼'의 이유를 찾기 위해 열심히 연구했다. 그리고 그 실마리가 될 수 있는 논문을 다수 발표했다. 연구의 대부분은 '주관사들이 자신의 고객과 좋은 관계를 유지하기 위해 사기를 친다'는 것과는 다른 내용들을 담고 있다. 수많은 연구 중 경제학에서 중요한 연구 주제인 정보 비대칭information asymmetry 문제에 기반한 몇 가지 연구를 간략히 살펴보면 다음과 같다.

공모주 저평가, 투자자와 기업의 윈윈게임

시장에 IPO를 고려 중인 회사의 '실제 가치'를 비교적 정확히 알고 있는 투자자('아는 자'라 하자)와 그렇지 않은 투자자('모르는 자'라 하자)가 공존한다고 가정하자. 아는 자들은 공모가가 실제 가치보다 높을 경우에는 공모에 참여하려 하지 않고 낮을 경우에만 참여하려할 것이다. 그렇다면 상황이 어떻게 될까? 공모가를 낮게 책정하면 모르는 자는 물론 아는 자도 공모에 참여한다. 그러나 공모가를 높게 책정하면 오로지 모르는 자들만 공모에 참여하게 된다. 다시 말하자면, 모르는 자들은 공모가가 실제 가치보다 높은 경우에 발생하는 손해를 모두 떠안아야 하지만 공모가가 실제 가치보다 낮은 경우의 이득은 아는 자들과 함께 나누어야 한다는 것을 의미한다. 결국 모르는 자들은 공모에 참여할 경우 평균적으로 손해를 볼 수밖에 없다. 이러한 상황을 깨달은 모르는 자들은 아예 공모에 참여하지 않는 편이 낫다고 생각해 공모시장을 떠나게 된다. 이러면 결국 공모시장에는 아는 자들만 남게 될 것이다. 주식시장에 아는 자들만 남아 있다면, 기업과 증권사가 공모를 통해 투자자들에게 배정하고 싶은 물량을 모두 팔기는 어렵다. 따라서 주관사는 모르는 자들이 공모시장에서 떠나지 않도록 인센티브를 줄 필요가 있다. 그리고 그 인센티브는 낮은 공모가, 즉 공모주 저평가로 나타난다. 다시 말해 공모주 저평가는 더 많은 투자자를 확보하기 위해 필요하다는 것이다.[1]

또 다른 설명도 있다. IPO에서 공모가는 '북빌딩book building'이라는 과정을 거쳐 결정된다. 북빌딩이란 공모가 산정을 위해 사전에 공모주식 수요를 파악하여 공모가격을 결정하는 과정으로, 보통 주관사인 투자은행이 맡는다. 이들은 비상장사인 기업을 잠재적 투자자들에게 소개하고 적절한 공모가를 산정하기 위해 많은 기관투자자를 상대로 설명회roadshow를 갖고 그들이 생각하는 적정가격을 제시하도록 유도한다. 만약 공모가가 너무 높은 수준에서 결정될 것으로 믿는다면 많은 기관투자자는 입찰을 포기할 것이다. 반대로 공모가가 낮은 수준에서 결정될 것으로 믿는다면 더 많은 기관투자자가 공모에 참여하게 될 것이다. 더 많은 기관투자자가 참여하면 주관사는 그들로부터 더 많은 정보를 수집해 좀 더 펀더멘털에 가까운 공모가를 산정하는 데 도움을 얻을 수 있다. 결국 낮은 공모가는 투자은행이 더 많은 정보를 얻기 위해 제공하는 인센티브일 수도 있다는 이야기다.

다소 놀랍게 들릴 수도 있겠지만, 공모주 저평가가 심할수록 해당 기업은 더 건실한 회사일 수 있다. 비상장회사는 상장회사에 비해 베일에 싸여 있어 투자자들이 그 회사가 얼마나 좋은 회사인지 가늠할 수 없는 경우가 많다. 이때 낮은 공모가는 그로 인한 손해를 충분히 감당할 수 있는 회사라는 자신감을 시장에 보여주는 신호가 될 수도 있다. 이를테면, 외모만 보아서는 싸움을 전혀 못할 것 같은 사람이 자신의 몸이 쇠와 같이 단단하다는 것을 보여주기 위해 그걸 모르는 누군가에게 '나를 때려보라'고 할 수도 있을 것이다. 그러나 실제로 몸이 약한 사람들은 이런 행동을 흉내 낼 수 없다.

비상장사는 IPO를 통해 거래소에 등록함으로써 상장사가 된다.

상장사가 되면 투자자 풀pool이 크고 다양해져 기업이 자금조달하기가 한결 편해진다. 기업들은 더 쉽게 자금을 조달하고 투자자들은 투자의 과실을 더 많이 나누어 가질 기회를 얻는 윈윈게임이 만들어진다. 기업들이 IPO를 하는 일반적인 이유다.

SK바이오팜 사례는 일반투자자를 대상으로 한 청약에서 323대 1, 기관투자자 대상 북빌딩에서 835.7대 1이라는 놀라운 경쟁률을 기록하고, 국내 IPO 사상 최대 규모인 31조 원에 달하는 청약증거금*을 모은 초대형 딜deal이다. IPO 공모에 참여하는 것은 당연히 공모주 저평가를 이용해 수익을 얻겠다는 의지의 표현이다. 한편 상장을 앞둔 회사들의 입장에서는 시장에 알려진 정보가 많지 않아 공모시장에서의 경쟁률 자체가 회사의 건실함과 성장 가능성을 보여주는 대안 지표로 기능할 공산이 크다. 경쟁률이 높다는 것은 그만큼 그 회사의 미래 가능성을 높게 판단한 투자자들이 많음을 반영하는 것이다. 기업의 성장을 돕고 그 과실을 나누어 가질 좋은 투자 기회는 많을수록 좋다. 이는 IPO의 본래 취지에도 잘 들어맞는다.

안타깝게도 주식 토론방에서는 벌써부터 SK바이오팜과 삼성전자를 비교하는 댓글이 난무하고, '가진 걸 모두 주식에 쏟아붓고 기도하고 있다'는 간절한 바람들도 눈에 띈다. 기본적으로 투자의 책임은 투자자 스스로가 지는 것이다. 투자수익은 본인이 부담하고 싶은 만큼, 그리고 부담할 수 있을 만큼 지고 가는 위험 수준에 의해 결정된다. SK바이오팜 임직원들이 지나온 지난한 시간들을 떠올

---

* IPO에 참여한 투자자들이 주식을 사기 위해 계약금 형식으로 내는 돈

려보자. 그리고 그들과 주주들이 회사와 함께 맞닥뜨리게 될 앞으로의 많은 위험요소들도 상상해보자. 그러면 SK바이오팜의 기업공개를 보며 마냥 부러워하기보다 앞으로도 좋은 기업에 투자할 기회가 시장에 적지 않다는 위로를 받을 수 있을지도 모른다. 사실 그렇게 생각하는 쪽이 마음도 편하고 심지어 폼도 더 난다.

공짜 정보가
경제를 흔든다

지난 미 대선은 초접전 끝에 바이든의 당선으로 끝이 났지만 정치적 불확실성은 끝나지 않았다. 트럼프 대통령은 자신이 패배한 거의 모든 주에서 부정선거가 일어났다고 주장했다.

대통령 당선자가 누구냐에 따라 평화, 경제, 외교, 문화, 환경 등거의 모든 영역이 달라진다. 그리고 정치적 불확실성은 거대한 사회적 비용을 수반한다. 극단의 정치적 양극화는 정치적 불확실성의 원인이자 결과일 터이다. 최근의 한 연구에 따르면, 미국 민주당과 공화당은 심지어 '확실한 것'에 대해서도 동의하지 않는다.[1] 극렬 지지자들은 서로 상대 후보를 지지하는 이유를 도저히 이해하지 못한다. 노골적으로 자신을 지지하는 사람들과 그렇지 않은 사람들로 미국을 두 동강 낸 트럼프 대통령이 비록 졌지만 7400만 표 이상을 얻었다는 것은 의미하는 바가 크다(바이든은 8100만 표를 얻었다). 이런 지독한 정치적 양극화는 두대체 어디서 오는 걸까.

양극화를 강화하는 공짜 정보, 공짜 정보를 찾는 양극화

공화당파가 될지 민주당파가 될지 알 수 없는 사람들이 있다고 하자.[2] 이들은 처음에 트럼프의 치적과 과오를 짚어내는 수많은 정보 중 일부를 습득한다. 이 정보들은 이들의 트럼프에 대한 어떤 '최초의 믿음'을 형성하는 데 중요한 역할을 한다. 트럼프의 인기가 높은 시기에 정보를 접한 사람들은 그에 대해 좋은 인상을 갖게 될 가능성이 크다. 반대의 경우라면 트럼프를 싫어하는 방향으로 초기의 믿음이 만들어질 수 있다. 다시 말하자면 '최초의 믿음'은 그저 우연이 형성되었을 가능성이 높다. 그러나 최초의 믿음이 형성된 이후 사람들은 모두 자신의 믿음에 부합하는 증거에만 귀를 기울인다. 잘 알려진 '확증 편향confirmation effect'이다. 트럼프가 미국을 위대하게 만든다고 생각하는 집단과 그렇지 않다고 생각하는 집단 각자의 믿음을 공고하게 만드는 정보들이 쌓여간다.

공화당파나 민주당파로서 갖는 확신이 더 깊어짐에 따라 정보 선택 편향 또한 심해진다. 정보를 습득하는 것이 공짜가 아니기 때문에 벌어지는 일이다. 이를테면 트럼프가 나쁘다고 믿는 사람들은 굳이 양질의 비싼 정보를 돈을 주고 사거나 시간을 들여 찾아 트럼프가 왜 나쁜지 공부하려 들지 않는다. 페이스북이나 블로그 등 소셜네트워크 서비스에서는 비용이 거의 들지 않는, 그러나 부정확할 가능성이 높은 정보를 손쉽게 접할 수 있다. 그중에서 자신의 믿음에 부합하는 정보들만 취사선택하는 쪽이 더 편리하다. 자신의 믿음과 반대되는 정보를 받아들이는 데는 자신의 믿음을 강화하는 정보를 받아들이는 것보다 훨씬 더 큰 비용이 든다는 이야기다. 이를 '자기만족 편향complacency effect'이라 부른다.

만약 트럼프가 나쁜지 아닌지 확인하는 것이 비용이 아주 많이 들고 복잡하고 어려운 일일 경우에는 확증 편향과 자기만족 편향이 더욱 강력하게 작동할 것이다. 심해지면 아예 새로운 정보에 귀를 막는 '셧다운' 현상이 일어난다. 자신을 둘러싼 정보가 새로운 정보의 접근을 막는 '에코체임버echo chamber' 효과다. 그냥 '나 믿는 대로 살 테니 건들지 말라'는 것이다. 이렇게 처음에는 아무런 차이가 없었던 사람들마저 양극으로 치닫게 된다. 지난 미국 대선 토론회는 거의 '난장판'이었다고 전해진다. 정치적 양극화의 당연한 결과다. 난장판 토론회는 불확실성을 키운다. 양극화가 심하면 토론회를 통해 다른 이들을 설득하는 일이 효과를 내기 어렵고, 따라서 토론회 자체가 별 영향력이 없게 된다. 대선 광고가 별 효과 없는 것도 마찬가지다.[3] 양극화가 심해지면 이렇게 새로운 정보를 습득하는 길이 막혀버린다. 사실 이 모델은 정치적 양극화뿐 아니라 여러 다른 영역에도 적용할 수 있다. 이를테면 처음에 정의감에 불탔을 검사들이 정치검사가 되어가는 과정도 이 모델로 어렵지 않게 설명할 수 있다.

정치적 양극화는 선거 이후 경기 전망을 어둡게 만든다.[4] 민주·공화 지지자 두 그룹은 자신의 지지 후보가 당선되면 경제가 좋아지겠지만, 상대 후보가 당선되는 경우엔 재앙이 올 거라고 철석같이 믿는다. 적어도 단기적으로는 '누가 대통령이 되었느냐'와 경제는 거의 상관이 없는데도 말이다.[5] 불행히도 선거 결과가 나온 뒤의 전체적 경제 전망은 다소 비관적일 수밖에 없게 된다. 그 이유는 이렇다. 선거 이전에는 양쪽 지지자 집단 모두 자신의 후보가 당선될 것을 기대하므로 '전체적'으로 일정 수준의 경기 전망이 형성된다. 그 경기 전망의 수준은 승자와 패자가 갈리는 선거 이후엔 내려갈 수밖에 없다. 예컨대 민주당 후보가 승리하면 그 지지자들은 '앞으로 경제 상황이 개선될 것'이라는 믿음을 그대로 유지한다. 그러나 공화당 지지자들은 이후 경제가 폭망할 것이라고 생각한다. 따라서 전체적 또는 평균적으로 보면 선거 이후의 경기 전망은 그 이전보다 더 비관적일 수밖에 없다.

여론조사 결과는 확연한 정치적 양극화를 보여준다. 미국인들을 대상으로 한 광범위한 조사에서, 민주당 지지자 87%가 바이든의 승리를, 공화당 지지자 84%는 트럼프의 승리를 예측했다. 심지어 공화당 지지자의 약 20%와 민주당 지지자의 15%는 자신이 지지하는 후보의 승률을 100%로 봤다.

유권자들이 선거 결과를 이토록 극단적으로 전망하는 이유는 무엇일까? 답은 60% 정도로 추정되는 극성 지지자들에게 있다. 이들은 선거에 깊이 몰두한다. 그리고 이들에게는 선호하는 뉴스 매체가 있다. 폭스뉴스는 트럼프 지지자의 50%, 바이든 지지자의 17%가, CNN은 바이든 지지자의 40%, 트럼프 지지자의 23%가 선호한다. 정치적 양극화가 일어나는 이유 중 하나다.

미디어의 편향성은 정치적 양극화를 부추기는 주범으로 오래전부터 지목되어왔다. 학계에서는 이미 오래전부터 미디어가 투표자의 심리에 미치는 영향이 생각보다 지대하며, 정치인이나 미디어

업체의 대주주 또는 경영진이 미디어를 조작할 가능성을 경고해왔다.[6] 한 연구는 폭스뉴스가 케이블 채널에 편입된 도시들을 분석해 2000년 미국 대선에서 공화당이 1996년 대선 때보다 0.4~0.7% 포인트 더 득표했다는 것을 실증적으로 보여줬다.[7] 이 차이는 당시 대선이 박빙 승부였다는 것을 감안할 때 결정적인 역할을 할 수 있는 크기다. 더욱이 폭스 채널의 영향력은 보다 광범위해서 어떤 특정 선거의 특정 후보자에게만 미치는 것이 아니라 투표자들의 일반적인 정치 성향에까지 영향을 미쳤다. 이는 인물이 크게 조명받는 대선에 비해 인물이 부각되지 않는 상원의원 선거 결과를 분석하면서 드러났다. 폭스뉴스가 투표율을 늘리고 공화당이 표를 얻는 데 유의미한 기여를 했던 것이다. 공화당원이 아닌 시청자들의 3~8%까지도 공화당에 투표하도록 할 만큼 폭스의 영향력은 막강했다. 이들의 연구는 최근의 다른 연구에서도 재차 확인되었다. 폭스뉴스는 근래 더 우경화되고 상승한 시청률이 입증하듯 그 영향력도 확대되어왔다. 이는 실질적 효과로 이어졌다. 폭스뉴스를 시청한 사람들이 공화당을 찍는 경향이 더 강해진 것이다.[8]

경제 영역 전반에 드리우는 불확실성의 그림자

투자회사 뱅가드 그룹의 한 수석 이코노미스트에 따르면 정치적 불확실성은 '불확실성에 물리는 세금uncertainty tax'을 양산한다.[9] 직접적인 경제 피해를 유발한다는 이야기다. 정치적 양극화는 정치저 볍

확실성을 증가시키고 이는 다시 경제적 불확실성을 높여 주가에 큰 영향을 미친다. 시카고대학의 루보스 패스터Lubos Pastor와 피에트로 베로네시Pietro Veronesi 교수는 정치적 불확실성이 클수록 주가 변동성이 증가하며(다시 말해 위험이 커지며), 이렇게 커진 위험으로 인해 주가가 떨어지게 된다는 것을 증명했다.[10]

'정치적 불확실성과 경제적 불확실성이 어떤 관계를 맺는가'는, 학술 연구에서도 매우 어려운 주제다. 어느 쪽이 원인이고 결과인지를 파악하기가 쉽지 않기 때문이다. 높은 정치적 불확실성으로 인해 경제적 불확실성이 커질 수도 있지만, 반대로 높은 경제적 불확실성이 정치적 불확실성을 증가시킬 수도 있다. 연구자들은 이 문제를 넘어서기 위해 '선거'라는 이벤트를 자주 활용한다. 선거 시기나 결과는 기업(경제 영역의 변수)이 결정하는 것이 아니다. 또한 선거가 끝나면 보통 정치적 불확실성이 크게 줄어든다. 그러므로 선거 이전(정치적 불확실성이 크다)과 이후(정치적 불확실성이 비교적 작다)를 비교하면, 정치적 불확실성이 줄어들 때 경제적 불확실성이 어떤 영향을 받는지 검증할 수 있다.

미국 대선의 불확실성은 미국만의 문제가 아니다. 2019년에 나온 한 연구는 미국에 선거가 있는 경우, 전 세계 50개국에서 주가가 떨어지고, 시장 변동성이 증가하며, 화폐가치 하락 및 국채 가격 상승이 나타난다는 것을 보여준다. 이를 간단히 설명하면 정치적 불확실성이 투자자들의 위험회피 성향을 증대시켜 주식에 투자한 포지션을 정리하고 보다 안전한 국채 등으로 투자를 옮기도록 부추겼기 때문이다.[11] 이 같은 현상은 미국 선거 양상이 박빙이라서 불확실성이 높거나 해당 국가의 주식시장에 외국인 투자자가 많이 투자하고 있는 경우 더욱 강하게 나타났다.

정치적 불확실성은 기업의 투자 결정에도 영향을 미친다. 1980년부터 2005년까지 48개국의 선거를 살펴본 한 연구는 선거가 있는 해에는 다른 해에 비해 투자 지출이 4.8%쯤 감소했다는 사실을 보여준다.[12] 기업들이 선거가 끝나 정치적 불확실성이 없어질 때까지 투자를 보류하기 때문이다. 이를 통해 우리는 정치적 불확실성이 실물경제에 직접적으로 영향을 미친다는 것을 알 수 있다. 선거가 박빙일 경우와 현직자가 시장친화적인 경우 투자 감소는 더 심하게 나타났다. 시장친화적인 현직자가 선거를 통해 보다 좌파적인 인사로 바뀔 가능성이 있으면 그만큼 투자에 부정적일 것으로 보았기 때문이다. 정부의 성격으로 보면 권력이 약하거나 정부 지출이 큰 국가 등에서 이 같은 현상이 더 강력하게 나타났다. 모두 경제적 불확실성을 키우는 특성이다. 선거 이듬해에는 기업들이 투자를 다시 늘렸다. 그러나 아주 약간 늘리는 것이어서 선거 이전의 투자 감소분을 회복할 정도는 아니었다. 기업들은 선거 전에 투자를 줄여 아낀 현금을 내부에 쌓아놓고 불확실성에 대비하고 있었다. 이 같은 결과는 한국에서도 확인된다. 1987년부터 2012년까지 분석해본 결과 대통령 선거가 있었던 해에 민간소비, 설비투자, 경제성장률 등이 평균적으로 줄었다.[13]

정치적 불확실성과 투자 감소의 관계는 미국의 대선뿐 아니라 주지사 선거 전후를 살펴봐도 나타난다. 미국 주지사 선거 전 투자는 5%가량 감소했다. 특히 정치적 불확실성에 민감한 주식들, 에를 들면 투자를 철회할 때 더 큰 비용을 감수해야 하는 회사들은 15%나 투자를 줄였다.[14] 선거가 박빙일수록 투자 감소 폭은 더 컸다. 주지사 선거 이후엔 투자가 얼마나 회복되었을까? 기존 주지사가 재당선되면 선거 이후 투자가 늘어나면서 선거 이전 투자 감소분을 거의 회복하는 수준이었다. 그러나 새로운 주지사가 당선된 경우에는 선거 이후에도 투자가 회복되지 않았다. 이는 재선된 주지사가 별다른 불확실성을 가져오지 않는 반면(이미 알고 있는 사람이니까), 새로운 주지사의 경우 불확실성이 증가함에 따른 것이다(저 사람이 과연 잘할 수 있을까?).

투자가 줄어드니 선거가 예정된 해에는 주식이나 채권의 발행이 연기되기 일쑤다. 그런 해에는 특히 유상증자를 해도 이를 통해 조달된 자금이 바로 투자로 이어지지 않았다. 보통은 투자 개시와 유상증자가 같은 해로 예정된 경우가 많은데도 말이다. 기업들은 또한 선거가 있는 해에 만기가 되는 즉, 원리금을 상환해야 하는 장기채 발행을 회피하고 있었다. 선거가 끝난 이듬해에는 유상증자가 10% 증가했다.[15]

유상증자뿐 아니라 IPO 역시 정치적 불확실성의 영향을 받는다. 결론부터 말하면, 주지사 선거가 있는 주에선 선거가 있는 해에 IPO가 줄어든다.[16] 또 IPO를 한 기업이라도 공모가가 더욱 저평가되는 경우가 많았다. 정치적 불확실성에 대한 프리미엄 때문이다(더 싼값에 공모해야 투자자들을 모을 수 있다). 선거가 예정된 주state에 비즈니스가 집중되어 있거나 가치평가를 하기 어려운 기업일수록 IPO가 줄고 공모주 저평가도 더 강하게 나타났다.

다른 나라에서도 정치적 불확실성이 주가에 미치는 영향은 크다. 2012년 중국의 보시라이 스캔들▲은 후진타오에서 시진핑으로의 평화적 권력이양이 달려 있는, 정치적 불확실성을 급증시킨 중요한 사건이었다. 이 스캔들은 주가 하락을 가져왔다. 특히 정치적으로 민감한 주식들의 주가가 많이 하락했다. 중앙은행의 지급준비율 변동에 크게 영향을 받거나 보시라이와 정치적 연줄을 가진 기업 등이다.[17]

2016년 11월, 트럼프가 대통령으로 당선되었을 때 유력 매체들은 온갖 걱정거리들을 쏟아냈다.[18] 학계에서는 미국인들이 더욱 공격적으로 바뀌었다는 논문이 나왔다.[19] 트럼프의 대통령 당선이 예의와 정중함이라는 공동체 규범을 파괴했다는 내용이다. 논문은 트럼프 당선 이후 개인들이 더욱더 비협조적으로 되었으며, 공격적인 전략을 쓰는 일이 많아졌고, 따라서 의견 일치에 이르는 경우도 줄었다고 주장한다. 논문에 따르면 이러한 현상은 주로 남성들이 여성들에게 더 공격적으로 변하면서 이루어졌다. 대선과 같은 광범위한 정치적 이벤트는 관대함이나 협력 같은 개인의 행위에 영향을 미친다는 기존 연구와 일치하는 결과다.

트럼프 대통령에 대한 선호 여부를 차치하고라도 대통령 선거가 끝났는데 불확실성이 커지는 것은 확실히 예외적 현상으로 보인다.

▲ 보시라이 전 충칭시 당서기의 심복 왕리쥔이 충칭시 공안국장에서 직위해제된 후 미국으로 망명을 시도했고, 그 과정에서 보시라이의 비리가 드러나며 그 이면에 작용한 정파 간 권력 투쟁을 잘 보여준 중국 최대의 정치 스캔들.

선거가 양극화를 치유하지 못했기 때문이다. 트럼프 대통령의 정치 철학이나 통치 스타일 등을 통칭하는 트럼피즘Trumpism의 불씨는 선거가 끝났음에도 꺼지지 않았다. 다행히 아직까지는 많은 국가에서 주가가 폭락한다거나 변동성이 급등하는 것 같은 현상은 감지되지 않았다. 트럼프 대통령 첫 임기 4년 동안의 학습효과로 그가 어떤 식으로 행동해도 놀라지 않을 만큼 내성이 생긴 것일지도 모른다. 그러나 앞에서 살펴본 바와 같이 정치적 양극화로 인한 정치적 불확실성은 매우 큰 경제적 비용을 수반한다. 요즘은 정말 절반으로 갈라진 나라가 지구상에 너무 많아진 듯하다.

P.S. 2022년 3월, 정치 초년생 윤석열 후보가 대한민국 대통령으로 당선되었다. 이후 배우자인 영부인의 논문 표절, 주가조작 의혹 등이 온 나라를 흔들고 있으며 대통령의 자질에 관한 수많은 의문점이 공격적으로 표출되고 있다. 정치적 불확실성은 오히려 대선 이후에 더 커진 듯하다. 한국은 정치적 불확실성에 더해 정치적 양극화의 큰 비용까지 함께 지불하고 있는 중이다.

내부고발자,
효율적 시장의 파수꾼

변호사 하비 피트Harvey Pitt는 머릿속으로 열심히 계산기를 두드리고 있었다. 그가 변호를 맡은 월가의 거물 이반 보스키Ivan Boesky(1980년대 월스트리트에서 이름을 날린 투자업자)에게는 증권거래위원회SEC로부터 이미 소환장이 발부된 상태였다. 보스키가 내부자 정보를 이용한 불법적인 합병차익거래*로 막대한 돈을 벌어들였다는 사실이 만천하에 드러나는 것은 시간문제로 보였다. 보스키에게 관련 정보를 전달하던 협력자가 내부자거래 혐의로 이미 체포된 상황이었다. 그 협력자는 '보스키 수사'에 협력하는 대가로 자신의 형량을 줄이는 사법 거래(플리바겐plea bargain)에 나설 가능성이 컸다.

피트 변호사는 한참을 생각한 끝에 루돌프 줄리아니Rudolph Giuliani 당시 맨해튼 연방 검사장(후일 뉴욕 시장을 역임하고 공화당 대선 경선에

▲ merger arbitrage, 다른 회사에 합병될 것으로 예상되는 기업 주식을 산 뒤 합병 발표 이후 주가가 인상되면 팔아서 수익을 올리는 투자전략

오른 바로 그 인물) 및 증권거래위원회가 군침을 흘릴 만한 거래를 생각해냈다. 당시 월스트리트의 최고 거물로 투자은행 드렉설버넘램버트Drexel Burnham Lambert의 수석 트레이더이자 '정크본드(투기등급 채권)의 황제'라고 불린 마이클 밀컨Michael Milken을 팔아넘기는 대가로 보스키의 감형을 얻어내는 것이었다. 법정에서 무죄를 다투기보다 훨씬 현실성 있는 방책으로 보였다. 1980년대 월스트리트를 뒤흔든 세기의 스캔들은 이처럼 내부자들의 고발로 시작되고 마무리되었다.[1]

"기업범죄에 관대한 나라, 한국"

노벨 경제학상 수상자인 게리 베커Gary Becker에 따르면, 사람들이 범죄를 저지르는 이유는 간단하다. 범죄로 얻는 편익이 처벌에서 비롯되는 비용(잡힐 확률×처벌의 정도)보다 크기 때문이다. 그는 범죄를 인종, 가정환경, 교육수준, 경제적 상황 등이 아니라 다수의 경제행위들과 마찬가지로 '비용과 편익의 틀'에서 분석 가능한 대상으로 본다. 그렇다면 범죄 예방을 위한 해법은 범죄의 편익보다 비용을 늘리는 것, 즉 처벌 강화가 될 것이다.[2]

기업범죄도 같은 틀로 볼 수 있다. 시카고대학의 루이지 징갈레스Luigi Zingales 교수는 2004년 〈워싱턴포스트〉 기고문에서 다음과 같이 단언한다. "기업범죄가 늘어나는 이유는 죄를 저지르기가 쉬울 뿐 아니라 수익도 짭짤하기 때문이다."[3] 이를테면 어떤 주식의 주가수익비율PER이 40배라고 치자. 이는 해당 기업의 주당순이익 EPS(당기순이익을 총발행 주식 수로 나눈 값)을 1달러만 높이는 쪽으로 '조작'하면 주가를 40달러 올릴 수 있다는 의미다. 조직이 방대하고 복잡할수록 조작을 밝혀내기는 더욱 어렵다. 즉, 범죄의 비용은 작은데 그 편익이 크다 보니 기업범죄는 늘어난다.

2016년 7월 〈뉴욕타임스〉는 '한국은 기업범죄에 놀라우리만치 관대한 나라'라는 기사를 내보냈다.[4] 기사는 영유아 등 사망자 수만 140여 명에 달했던 가습기살균제 사건을 인용한다. 판매사인 옥시레킷벤키저가 한국 정부로부터 받은 처벌은 제품이 안전하다는 '허위광고'에 대한 벌금 4만 5000달러가 전부였다. 기사는 검찰이 뒤늦게 직원들을 구속기소한 것이 오히려 정부가 할 수 있는 일이 별로 없었다는 반증으로 보인다는 한 전문가의 인터뷰를 실었다.▲

기업 관련 정보는 하루에도 수천 개씩 나온다. 기업들은 자사에 이로운 긍정적 정보는 '소음noise'으로 오해받지 않기 위해 명확한 신호signal로 전달하려 한다. 그러나 부정적 정보는 숨기거나 소음으로 포장해 내보내고 싶어 한다. 소음은 대개 신호보다 해석하기 어렵다. 이에 따라 주가는 부정적인 정보를 긍정적인 정보보다 느리

▲ 한국에선 범죄 처벌도 피고가 재벌이냐 아니냐에 따라 다르다. 경북대학교 최한수 교수는 2019년 학술지 〈법경제학연구〉에 발표한 논문 〈법원은 여전히 재벌(범죄)에 관대한가〉에서 2000~2014년 동안 유죄판결을 받은 기업범죄 사건 관련 738명 피고인의 양형을 분석해보았다. 재벌 피고인의 경우 비재벌 피고인보다 집행유예를 선고받는 경우가 유의하게 많았다. 범죄로 얻은 이득이나 피해변제 여부 등 양형에 미치는 다양한 요인들을 통제하고 난 뒤에도 그랬다. 그리고 특이하게도 재벌의 경우 1심에서보다 항소심에서 집행유예를 받는 경우가 많았다

게 반영한다. 대니얼 카너먼과 아모스 트버스키 교수의 전망이론 Prospect Theory에 따르면, 대다수 사람들은 특정 규모의 소득이 주는 기쁨보다 같은 금액의 손실이 주는 불행을 더 크게 느낀다. 이에 따라 손실회피 성향을 갖게 된다.

기업도 마찬가지다. 부정적 정보를 숨기려는 이유는 그것이 드러났을 때 감수해야 할 손실을 회피하고 싶기 때문이다. 그러나 경영자는 부정적 정보를 숨길 경우 주주들에게 고소당할 위험이 커지고 자신의 '평판'도 망칠 수 있다는 점에서 부정적 정보라도 적극적으로 공시할 동기가 있다. 예컨대 실적이 기대치에 훨씬 못 미치는 어닝쇼크가 일어나면 대개 주가가 크게 하락하고 이에 따라 주주들이 소송을 걸 위험이 커진다. 그러나 경영자들이 부정적 정보를 미리 공시해 실적 기대치를 낮추었다면 어닝쇼크는 피할 수 있을 것이다. 사실 부정적 정보를 스스로 밝히면 경영자는 특히 신뢰성 면에서 좋은 평판을 얻거나 유지할 수 있다. 1994년 발표된 한 연구에 따르면, 어닝쇼크에 선행하는 부정적 정보 공시가 실적이 기대치를 상회하는 어닝서프라이즈에 선행하는 긍정적 정보 공시의 경우보다 더 많았다.[5]

그런데 좀 더 최근의 연구들은 경영자의 평판 및 경력 관리로 인해 부정적 정보의 공시가 오히려 줄어들 가능성을 보여준다. 부정적인 정보를 최대한 숨기는 대신 긍정적인 정보는 바로 공시하는 것이 경영자의 평판을 높여 승진이나 보너스를 얻는 데 도움이 될 수도 있다는 것이다. 오랫동안 숨길 수 있다면 부정적 정보는 이후 발표될 또 다른 기업 이벤트에 가려져 잊힐지도 모른다!

내부자들이 폭로를 하는 진짜 이유, 돈!

부정적 정보의 '끝판왕'은 아마도 기업범죄일 것이다. 기업범죄는 누가 밝혀낼까? 시카고대학 징갈레스 교수 팀이 1996년부터 2004년까지 미국 기업범죄 사례 200여 건을 통해 이를 분석했다.[6] 규제 당국이나 감사기관 등은 기업범죄 중 7~10% 정도를 밝히는 데 그쳤다. 주가 하락으로 먹고사는 공매도자들은 4~15%까지 밝혀냈다. 미국 식품의약국, 연방에너지규제위원회 같은 산업 규제기구(13%)나 미디어(13%) 역시 중요한 역할을 했다. 특히 범칙금 규모를 기준으로 볼 때 미디어가 드러낸 기업범죄는 전체의 24%로 증가했다. 미디어는 규모가 큰 범죄일수록 더 잘 밝혀낸다는 뜻이다. 그러나 가장 중요한 고발자는 역시 기업 내부자들(17%)이었다.

그렇다면 내부자들은 도대체 왜 '휘슬을 부는whistle-blowing(소속 조직의 약점을 폭로하는)' 걸까? 해고될 위험을 감수하면서까지 말이다. '내부고발'의 비용은 결코 작지 않다. 그렇다면 큰 비용을 압도할 만한 거대한 편익이 존재하기 때문에 내부고발이 이뤄지는 것일까? 그 편익이 불의에 항거했다는 명예나 평판은 아닐 가능성이 크다. 징갈레스 교수의 연구에 따르면, 명예나 평판은 언론인에겐 중요한 보도 동기였지만 내부자들에게는 그렇지 않았다.

사실 내부자들이 고발을 통해 얻을 수 있는 가장 중요한 이점은 자신이 기업범죄에 연루되었을 경우 검찰이나 규제 당국과의 거래를 통해 법적 책임을 경감받을 수 있다는 것이다. 보스키는 밀컨을 고발하는 대가로 정부가 공식적으로 벌집에 대해 발표하기 건 지 신의 펀드 내 주식들을 비밀리에 매도할 수 있도록 허락받았다. 심지어 자신을 재판할 판사를 선택할 권한까지 얻어낼 수 있었다. 그가 얻은 부당이득은 2억 달러 이상이었지만 그 절반인 1억 달러만 벌금으로 내는 것으로 상황을 마무리지었다. 사법 거래로 사실상 엄청난 특혜를 받은 셈이다.[▲7] 그러나 이 같은 경우가 흔하지는 않다. 게다가 한국에선 사법 거래 자체가 법적으로 허용되지 않는다.

미국에서는 특히 정부 조달이 수익의 많은 부분을 차지하는 보건의료산업의 경우 공공이익을 위해 내부고발을 중시한다. 이에 따라 내부고발자는 고발로 인한 손해를 금전적으로 보상받는다. 징갈레스 교수가 밝혀낸 바에 따르면 이 산업의 경우 내부고발자에 의해 밝혀진 기업범죄가 41%로 다른 산업의 14%보다 월등히 높았다. 내부고발자가 엄청난 비용을 무릅쓰고 폭로에 나서는 이유는 역시 돈이었다는 이야기다.

한국에선 어떨까? 2021년 6월, 현대제철 등 제강사 일곱 곳의 고철 구매 가격담합 관련 정보를 당국에 알린 제보자가 포상금으로 17억 5000만 원을 받게 되었다.[8] 2005년 신고포상금 제도 도입 이후 역대 최대 금액이다. 이 금액은 충분한 보상일까, 아닐까?

만약 당신이 회사의 비리를 꾹 참고 버틴다면 앞으로 수(십)년 동

▲ 당연히 사법 거래의 부작용이 없을 수 없다. 2021년 6월, 이탈리아 마피아 두목 조반니 브루스카Giovanni Brusca가 25년 형을 다 살고 만기출소했다. 그는 마피아 소탕에 앞장선 판사를 비롯해 100명이 넘는 사람들을 살해하고, 자신을 배신한 조직원의 열한 살 아들을 납치 살해한 후 시신을 산성용액으로 녹여 형체조차 남기지 않은 끔찍한 범죄를 저지른 자다. 그는 복역하는 동안 마피아 관련 정보를 경찰에 제공해 조직 소탕을 도운 덕분에 종신형을 면할 수 있었다고 한다.

안 회사로부터 급여와 보너스를 받을 수 있다. 폭로한다면 이 돈을 포기하는 비용을 치러야 한다. 또한 폭로로 인해 직장 동료 등 많은 사람에게서 조직과 공동체를 배신한 자라는 낙인이 찍힌 채 평생을 살아야 하는 것도 비용이다. 당신은 이런 비용에 대해 어느 정도의 금전적 보상을 받아야 폭로에 나서겠는가?

2021년 4월 1일, 서울시장·부산시장 등을 뽑는 재보궐 선거를 코앞에 두고 LH 사태가 온 나라를 흔드는 와중에 국민권익위원회는 반부패·청렴을 위한 10대 과제를 추진하겠다고 발표했다. 과제로는 '공익 신고를 받아 부동산 투기 적발' '내부고발자 철저 보호' '공직사회 내부고발 활성화' 등이 제시되었다. 이를 위해 '공공기관 사규 집중점검' '청렴도 측정평가 기준에 사익 추구 등의 평가항목 추가' '윤리와 준법 경영 가이드라인 마련' 등을 추진하겠다고도 했다.[9] 그러나 내부고발자를 어떻게 보호할 것인지, 또 그들에게 어떤 보상을 줄 것인지에 대한 내용은 없었다.

강력한 고발자 프로그램을 운영하는 나라들

내부고발은 반드시 필요한 것이지만 때로는 꽤 비싼 대가를 요구한다. 2021년 5월 〈월스트리트저널〉은 미국 당국이 고발자들에게 포상으로 지급하기 위한 펀드가 한도에 다다라 펀드 자금을 더 확보할 필요가 있다는 기사를 냈다.[10] 2012년 7월 전 세계 금융계를 발칵 뒤집었던 '리보금리(국제금융거래의 기준 중 하나인 런던은행 간 단기

자금 금리) 조작 사건'을 고발한 도이치은행의 중간 간부에게 지불할 보상금이 천문학적인 액수였기 때문이다. 도드-프랭크 법Dodd-Frank Act▲에 의해 2010년 만들어진 '고발자 보호 및 보상 프로그램Whistleblower Program'에 따르면, 고발자는 피고발자가 내는 벌금의 10~30%를 포상금으로 지급받을 수 있다.

리보금리 소작 사건으로 도이치은행이 내는 벌금은 8억 달러였다. 따라서 미국 상품선물거래위원회CFTC가 이 전직 도이치 간부에게 지급해야 하는 돈은 1억 달러를 웃돌 것이었다. 이는 CFTC가 이 프로그램을 위해 준비한 자금을 고갈시키는 수준이다. 보통 고발자에게 지불하는 금액은 벌금을 모아둔 펀드에서 꺼내는데, 해당 펀드의 설정 한도는 1억 달러에 불과했기 때문이다(이 금액을 넘어서는 벌금은 펀드에 쌓아둘 수 없어 미국 재무부 계좌로 들어간다).[11] CFTC는 일본 가전업체 파나소닉 미국 지사의 뇌물 및 회계부정을 폭로한 사람에게 이미 2800만 달러를 지불하기도 했다. 이런 상황으로 인해 펀드가 고갈되면 고발자 프로그램을 가동할 수 없다. 결국 CFTC는 고발자 보상을 위한 자금 설정 한도를 1억 달러 이상으로 올리거나 이를 보완할 다른 자금원을 찾아야 했다. 다행히 미국 의회가 발 빠르게 움직였다. 같은 해 6월 1일, 미국 상원은 고발자 프로그램의 펀드가 고갈되어도 재무부에 별도로 준비된 계정을 통해 포상금을 지급할 수 있도록 하는 법안CFTC Fund Management Act을 만장일치로 통과시켰다.[12]

▲ 오바마 정부 시절 2008년 글로벌 금융위기와 같은 사태의 재발을 막기 위해 만든 금융규제법

유럽도 바쁘게 움직인다. 2018년 4월 유럽연합 집행위원회는 당시까지 각국마다 다르게 시행·적용되던 고발자 보호 프로그램을 유럽연합 차원에서 통합해 시행할 공통 기준을 만들자고 제의했다. 이후 2019년 상반기에 유럽 의회와 유럽연합이사회가 범유럽연합 차원의 고발자 보호 관련 규제안을 채택했다. 같은 해 12월 16일부터 '고발자를 보호하기 위한 유럽연합 명령EU Whistleblower Directive'이 시행되었다.[13] 해당 명령은 고발자뿐 아니라 고발 조력자도 보호 대상에 포함했다. 또한 고발자에 대한 해고, 강등, 차별 등 일체의 보복 행위를 금지한다. 또 직원 50명 이상의 회사는 앞으로 4년 이내에 회사 내부에 고발 채널을 두는 것이 의무화되고, 기업에게는 내부고발자 신원을 비밀리에 보호해야 할 의무가 부여된다.

미국의 사례를 실증연구한 한 논문에 따르면 내부고발자가 있는 경우, 고발당한 회사는 더 큰 벌금을 물게 되고, 책임자는 더 오랜 기간 감옥에 있어야 하며, 규제 당국의 조사도 더 빠르게 진행되는 것으로 나타났다. 명확한 인과관계가 아니라 상관관계 분석에 그친 한계는 있지만 내부고발자 프로그램이 꽤 효과적이었다고 볼 여지를 제공하는 증거다.[14]

한편 내부고발 프로그램보다 경영자에 대한 사후적·금전적 보상이 경영자가 기업에 불리한 정보를 공시하도록 만드는 동기가 될 수도 있다. 이를테면 자신의 경력 관리를 위해 부정적 정보를 숨기고자 하는 유인은 경영자의 퇴직금을 넉넉히 산정해 미리 계약해 둠으로써 어느 정도 제어할 수 있다. 실제로 경영자들이 경력 단절 시 거액의 퇴직금을 받을 수 있도록 계약된 경우 부정적 뉴스를 늦게 발표하는 일이 현저히 줄었다는 연구 결과가 회계학 분야 최고 권위 학술지에 실렸다.[15] 거액의 퇴직금이 부정적 뉴스를 빠르게 공시하도록 하는 메커니즘으로 작용하는 셈이다. 또 거액의 퇴직금은 성과가 나쁜 경영자가 자신이 만신창이로 만든 회사를 시끄러운 다툼 없이 비교적 조용히 떠날 수 있도록 만들어주기도 한다.

정의에만 기대는 사회는 정의롭지 않다

부정적인 정보가 제대로 반영되지 않으면 주가는 해당 기업의 펀더멘털보다 높은 상태에서 형성된다. 그리고 효율적 시장에서 과대평가된 주가는 반드시 떨어진다. 과대평가된 주식을 매입한 이후 주가가 떨어져 고통받는, 흔히들 말하는 '상투 잡는' 투자자들이 나오는 주된 이유 중 하나는 주가가 긍정적 정보보다 부정적 정보를 더 느리게 반영하기 때문이다. 불행히도 이러한 투자자들이 특히 정보에 더 취약하고 덜 부유한 경우가 적지 않다. 하락하는 주가엔 자비가 없다. 그러니 부정적인 정보를 만천하에 명백히 드러내는 것은 투자자 보호를 위해서도 꼭 필요한 일이다.

내부고발자들은 바로 이 지점에서 때론 그 누구도 할 수 없는 아주 중요한 역할을 한다. 하지만 고발의 비용이 크다면 옳지 못한 일이라도 보지 못한 체하며 넘어가는 것이 누구에게라도 합리적인 의사결정일 것이다. 부정한 일을 혹여 알게 될까 봐 미리 자신의 눈과 귀를 막아버릴 수도 있다. 자신이 정의로운 사람으로 남을 가장 좋은 방법은 부정한 일이 될 가능성이 조금이라도 있는 일의 근처에 조차 가지 않는 것일 테니 말이다.

그러니 이제 기업의 잘못을 고발하는 내부자를 배신자라고 낙인 찍는 일은 그만두자. 고발의 비용을 줄여야 한다. 그게 힘들다면 고발의 대가로 이들에게 엄청난 액수의 보상이 주어지는 것을 받아들이자. 고발자는 성스러운 투사가 아니고 그럴 필요도 없다. 인격에 대해 포상하는 것이 아닌 바에야 설령 비열하고 자기 잇속만 차리는 사람이 고발자라 하더라도 그게 무슨 문제가 되겠는가. 고발자에겐 아마도 자신과 가족의 일생이 걸린 일일 터이다. 당연히 보상을 해주어야 한다. 사회적으로도 더 큰 편익을 위해서 큰 비용을 감수하는 것이 옳다. 여기에 굳이 베커 교수까지 인용할 필요는 없을 것이다. 세상에 공짜가 없다는 것은 굳이 경제학자가 아니더라도 다 아는 상식일 테니 말이다. 희생을 무릅쓴 누군가의 정의로운 폭로에만 기대는 사회가 정의로운 사회일 수는 없다.

액티비스트 공매도의
두 얼굴

한때는 스타벅스랑 맞짱 뜬다고 했다. 진짜 그렇게 대단한 회사인
줄 알았다. 2019년 중반 나스닥에 최초 상장된 이후 주가가 최고치
인 50.02달러를 찍은 2020년 1월 중반까지도 그랬다. 같은 달 말,
강력한 '펀치' 한 방이 날아들기 전까지는! 그날부터 이 회사의 주
가는 5개월여 뒤인 6월 말 1.38달러까지 곤두박질쳤다. 결국 상장
후 1년여가 흐른 2020년 6월 29일 상장폐지되었다. 이미 유명해
진 루이싱커피Luckin Coffee 사례다.

　루이싱커피의 주주들은 그 펀치가 겨우 89쪽짜리 보고서 달랑
하나였다는 점, 그리고 그 보고서를 배포한 회사가 겨우 직원 수
7명 규모의 리서치업체에 불과했다는 점에 열받아 피를 토했을지
도 모른다.

액티비스트 공매도의 개념

보통 액티비스트activist(행동주의 투자자)란, 타깃 기업의 지분을 대량으로 매입한 뒤 그 기업의 경영의사결정이나 배당정책 등에 깊숙이 관여하는 방식으로 수익을 내는 투자자를 가리키는 용어다. 기업사냥꾼으로 알려져 있는 칼 아이컨Carl Icahn이나 그린라이트캐피털Greenlight Capital의 데이비드 아인혼David Einhorn 등이 좋은 예가 될 것이다. 그러나 액티비스트 공매도activist short-selling는 특히나 한국에선 다소 낯선 개념이다. 일반적인 액티비스트와 달리 이들은 배당을 더 끌어내거나 혹은 이사회에 자신에게 유리한 사람을 채워 넣는 것에는 별로 관심이 없다. 간단한 예를 들면, 액티비스트 공매도자들이 주가 10만 원인 타깃 회사의 주식 1만 주를 '빌린'다. 이 1만 주를 10억 원(1만 주×10만 원)에 판다. 그런 다음, 타깃 회사의 약점을 적극적으로 밝혀내면서 끝까지 물고 늘어져 주가 폭락을 유도한다. 주가가 5만 원으로 내려가면, 이 가격으로 빌린 1만 주를 5억 원(1만 주×5만 원)으로 매입한 다음 자신에게 빌려준 사람이나 기관에게 돌려준다(숏커버링). 이로써 액티비스트 공매도자는 큰 수익(5억 원)을 얻는다.

이들이 일반적인 공매도자와 다른 점은 훨씬 더 적극적이라는 데 있다. 일반적인 공매도자들이 할 수 있는 일은 주식을 빌려서 판 뒤에 해당 주가의 하락을 기대하는 것 정도다. 그러나 액티비스트 공매도자들은 매우 시끄럽다. 이들은 특히 소셜미디어 플랫폼을 이용해 대중과 적극 소통하며 그들을 설득해내려 한다.

만약 이들의 공격(캠페인)이 성공적으로 진행되면, 겁먹은 주주들로부터 '다른 주주들이 팔기 전에 내가 먼저 팔아야 한다'는 강력한 패닉 셀링panic selling을 이끌어낼 수 있다. 일반적인 공매도의 경우보다 '액티비스트 캠페인'으로 인한 주가 하락이 훨씬 큰 이유다. 이들은 보통의 공매도자처럼 과대평가된 주식을 타깃으로 삼지만 그중에서도 주로 투명성이 낮아 불확실성이 높은 기업을 선호한다. 액티비스트 공매도자의 캠페인이 이런 특성을 가진 기업들에 더 큰 영향을 줄 것이기 때문이다.

이들의 활약(?)은 최근 들어 더 눈에 띈다. 액티비스트 공매도 데이터를 제공하는 유료 서비스인 브레이크아웃포인트Breakout Point에 따르면 2020년 상반기에만 관련 캠페인이 91건 벌어졌다. 이전 해 (2019년) 같은 기간의 84건에서 조금 더 늘어났다. 또한 8개 액티비스트 공매도자가 전체 캠페인 중 절반 이상(54%)을 진행하고 있었다. 제이캐피털리서치J Capital Research가 가장 성공적인 액티비스트 공매도 캠페인을 벌였다. 이들의 타깃이 된 4개 회사는 캠페인 시작 이후 주가가 평균 28% 하락했다.

2021년 1분기에도 액티비스트 공매도 캠페인 45개가 새로 시작되었다. 울프팩Wolfpack, 머디워터스Muddy Waters, 아리스티데스 Aristides, 보니타스Bonitas, 힌덴부르크Hindenburg 등이 이끈 캠페인이다. 이들의 타깃은 주로 미국 회사들(캠페인 타깃 중 미국 회사의 비중이 2020년에 55%였으나 2021년에는 73%로 늘었다)인데 중국 및 오스트레일리아 회사들도 포함하고 있다. 타깃이 된 종목들은 주가가 평균 19% 하락했고, 특히 힌덴부르크가 공격한 4개 회사는 평균 21%

떨어졌다. 국가별로는 중국 회사들의 주가 폭락이 컸다. 무려 평균 31% 하락으로 나타났다.[1]

액티비스트 공매도의 영향은 단기적으로 끝나지 않는다. 학계의 한 연구에 따르면, 이들의 공격을 받으면 평균적으로 공격받은 이후 3일 동안 11.2%, 2개월 후 14.5%, 그리고 6개월 후 22.6%까지 주가가 하락했다. 그리고 액티비스트 공매도의 타깃이 된 회사들은 캠페인 이후 거의 절반이 상장폐지 또는 거래정지 되거나 부도가 났다.[2]

현상금 사냥꾼이라는 오명 뒤의 활약

액티비스트가 아니더라도 일반적인 공매도 투자자들이 기업 범죄를 잡아내는 '고발자' 역할을 한다는 것은 이미 잘 알려져 있다. 이를테면 1988년부터 2005년까지 미국 증권거래위원회에 적발된 454개 금융사기 사례를 살펴본 연구에 따르면, 해당 업체들에 대한 공매도는 금융사기 사실이 대중에게 처음으로 알려지기 무려 19개월 전부터 꾸준히 증가했다. 또한 공매도 포지션이 클수록 금융사기가 더 빨리 발견된 것으로 나타났다.[3]

'현상금 사냥꾼'이라는 달갑지 않은 별명을 갖고 있긴 하지만 액티비스트 공매도자들의 활약은 만만치 않다. 이미 잘 알려져 있는 오리엔트페이퍼Orient Paper 나 루이싱커피의 사례처럼 주가가 실제 가치보다 크게 부풀려진 회사를 고발하는 건 투자자 보호 및 기본시장의 건전한 발전에 꼭 필요한 일이다. 또한 액티비스트 공매도자들의 캠페인은 그 내용이 이후 사실로 밝혀질 때뿐 아니라 진위가 밝혀지지 않은 경우에조차 법적인 감시와 규제 체계의 효율성을 높이는 데 기여하는 것으로 나타났다.[4]

액티비스트 공매도자들이 고발자 역할만 하는 것은 아니다. 이들은 타깃 회사들의 투자나 배당정책에까지 실질적 영향을 미친다. 투자자들의 관심을 불러일으켜 모니터링을 증대하고, 경영자들이 주가 변동을 통해 기업가치를 새롭게 깨닫도록 만들어 적정 수준의 투자와 배당 등을 이끌어내는 데 도움을 주기도 한다.

이와 관련해, 최근의 한 연구는 캠페인이 시작되기 8분기 이전과 이후의 실적을 비교하면서 다분히 논란을 불러일으킬 만한 결과를 보여준다. 이 기간에 타깃 회사의 투자, 자금조달, 배당이 각각 7.2%, 24.5%, 7.6% 줄었다. 이 연구자들은 이를 액티비스트 캠페인의 직접적 효과로 제시한다. 이를 테면, 액티비스트 캠페인이 회사가 벌어들일 미래 현금흐름에 대한 불확실성과 투자자들의 불안감을 증대시켜 자금조달을 더 어렵게 만든 것이다. 액티비스트 공매도는 이런 영향을 통해 캠페인 이전에 '너무 높은 수준에 있었던' 투자, 자금조달, 배당 등을 정상으로 회귀시킨다.[5]

상당수 액티비스트 공매도자들은 1인 기업이거나 직원이 겨우 몇 명에 불과한 '부티크' 회사인 경우가 많다. 그런데 어떻게 이런 작은 회사가 그렇게 큰 영향을 끼칠 수 있을까? 그 이유는 이들이 '큰 회사'들의 움직임을 이끌어내기 때문이다. 어떻게? 이들은 타깃 회사의 주가가 과대평가되었음을 적극적이고 강력하게 선전한다.

집중 또는 과잉 광고media hype를 통해 최대한 대중의 관심을 끌어내는 건 기본이다. 자신들이 힘들게 연구해 얻어낸 리서치 결과를 웹에 띄우거나 이메일 서비스 등을 통해 공짜로 마구 뿌려댄다. 최근에는 헤지펀드에 리포트를 판매하는 경우도 눈에 띈다. 덩치 큰 헤지펀드들의 영향력을 이용하고, 만약 소송 등 법정다툼이 있을 경우 보호막 효과를 기대할 수도 있어서 이런 사례가 늘어나는 추세다.[6]

액티비스트 공매도자들의 주장이 믿을 만한 것일수록 시장참여자는 이들의 캠페인을 더 많이 신뢰하게 된다. 그에 따라 타깃 회사의 주주는 주식을 더 많이, 더 빨리 팔게 된다. 이렇게 되면 가격 하락은 더 빨라지고, 액티비스트들은 그만큼 더 빨리 자신들의 공매도 포지션을 정리하고 나올 수 있다. 액티비스트 입장에서는 주가 하락(가격 발견)까지 걸리는 시간이 길수록 마진콜(손실 보전금) 위험이 높아진다. 그리고 주가 하락이 지연되다 보면 오히려 일시적으로 주가가 오르면서 손해를 볼 수도 있다. 즉, 공매도 기간(주식을 빌려서 팔고, 이후 하락한 가격으로 다시 그 주식을 사서 주식 대여자에게 돌려주는 기간)이 길수록 공매도자들은 더 높은 비용을 감당해야 한다.

더욱이 액티비스트들은 공매도를 실행하기 어려운 종목을 주 타깃으로 삼는다. 주식을 빌리기 어렵거나 빌리는 비용이 높고, 또는 풋옵션* 가격이 높은 종목이다. 이런 주식이야말로 과대평가되어 있을 가능성이 높으며, 이는 공매도가 성공하는 경우 더욱 큰 수익

---

* 옵션 만기일에 특정 상품을 정해진 가격대로 판매할 수 있는 권리로, 주가가 떨어질 때 수익을 내어 공매도를 대체할 수 있다.

을 올릴 수 있다는 의미이기 때문이다. 또한 이들은 공매도가 어려운 종목이라 할지라도 해당 회사 주주들의 대량 매도를 이끌어낼 수 있다.[7] 어떻게?

최근 프랑스 파리의 HEC 경영대학원 교수들은 171개 회사를 타깃으로 6개 액티비스트 공매도자들이 발표한 383건의 공매도 리포트에 쓰인 언어를 분석한 결과를 발표했다.[8] 이들에 따르면 답은 '이야기의 힘'(4장 참조)에 있다.

사실 액티비스트 공매도 회사들은 그 이름부터 이야기의 힘을 끌어내는 데 적합하도록 지어졌다. 고담시티리서치Gotham City Research는 〈배트맨〉의 배경이 된 어두운 도시의 이미지와 함께 정의와 슈퍼히어로를 떠올리게 한다. 그리고 시트론리서치Citron Research는 싸구려 품질의 상품을 연상케 한다. 머디워터스(흙탕물)는《손자병법》에 나오는 혼수모어混水摸魚, 즉 물을 혼탁하게 해서 고기를 찾는다는 의미를 담고 있다. 아이스버그리서치Iceberg Research(빙산 리서치)는 세상에 드러난 기업의 모습이 깊숙이 숨겨져 있는 음모의 일부임을 암시한다.

보고서들은 이야기의 힘을 최대한 끌어내기 위해 로고스(논리), 에토스(신뢰), 파토스(감성)에 호소하는 언어들을 종횡무진으로 구사하고 있었다. 화려한 레토릭도 효과를 발휘한다. 사람들이 확인되지 않은 사실을 바탕으로 거래하는 일은 결코 드물지 않기 때문이다. 더욱이 이 액티비스트 공매도자들의 리포트는 발표 이후 85% 정도가 미디어에서 재생산되었다. 이야기가 증폭되는 데 필요한 당연한 순서를 밟았다는 뜻이다.

2021년 6월, 오스트레일리아 증권거래위원회ASIC는 앞으로 타깃 기업이 대응할 시간을 갖도록 공매도 리포트를 장외 시간에 발표하고, 보고서에서 감정적인 언어를 사용하지 말도록 액티비스트 공매도자들에게 '충고'했다. 그러나 이는 공식적인 가이드라인도 아니고 법적으로 강제되는 것도 아니다. 증권거래위원회가 겨우(?) 충고를 들고 나온 건 그만큼 이를 규제하는 것 자체가 까다롭기 때문이다.[9]

로스쿨 교수 12인의 탄원서가 의미하는 것

1969년 6월, 재무 칼럼니스트였던 알렉스 캠벨Alex Campbell은 아메리칸시스템스American Systems라는 회사의 주식 매수를 추천하는 칼럼을 썼다. 그리고 자신의 칼럼이 발표되기 이틀 전 해당 주식 5000주를 매입하고, 칼럼이 발표된 바로 다음 날 이 중 2000주를 팔았다. 칼럼 덕분에 가격이 폭등한 후였다. 이 행위는 시세조종 등을 증권 사기로 처벌토록 규정한 미연방 증권거래법 10b-5항의 적용 여부를 두고 법정에서 논란을 불러일으켰다. 이후에는 스캘핑scalping의 폐해와 관련된 중요한 사례로 거론되고 있다.[10] 스캘핑은 스스로 영향력을 행사할 수 있는 채널로 자신이 매수한 주식을 추천해 가격을 올림으로써 이득을 챙기는 행위를 말한다.

스캘핑의 폐해는 매수뿐만 아니라 공매도에서도 나타난다. 최근엔 소셜미디어와 결합한 부정적 액티비즘negative activism의 폐해가 주목받는다. 근거가 빈약하고 사실 여부가 불투명한 공매도 리포트를 내고 이로 인한 시장의 혼란으로 주가가 떨어지면 이득을 얻는, 일종의 치고 빠지기 작전인 '숏 치고 비틀기short-and-distort'가 성행하고 있다. 어떤 주식의 가치를 띄우거나 폭락을 유도해 이익을 보는 작전은 소셜미디어의 파워가 강한 요즘 같은 시대에 과거에 비해 성공할 가능성이 높다. 그렇지만 정보의 사실 여부도 확인하지 않고 퍼뜨리는 행위는 당연히 많은 폐해를 낳을 것이다. 2006~2015년에 88개 액티비스트 공매도자들의 캠페인 159건을 분석한 연구에 따르면, 실제로 액티비스트 공매도자들이 제기한 혐의 중 겨우 30% 정도만이 나중에 사실로 밝혀졌다.[11]

이 같은 폐해가 늘어나자 2020년 2월 미국 로스쿨 교수 12명은 증권거래위원회에 다음과 같은 두 가지 탄원을 냈다.

첫째, 만약 공매도자들이 공매도를 시작했다고 공시했다면, 그 포지션의 정리 또한 제때 공시되어야 한다. 그렇지 않을 경우 이들이 공매도 포지션을 계속 유지하는 것으로 착각한 시장참여자들이 공매도 리포트를 더 많이 신뢰할 가능성이 있기 때문이다.

둘째, 캠페인 시작 이후 타당한 이유 없이 서둘러 공매도 포지션을 정리하는 경우, 미연방 증권거래법 10b-5항에서 규정한 시세 조종 등 증권 사기로 처벌할 수 있도록 해야 한다. 이는 10b-5항의 적용을 스캘핑에서 공매도까지 확대하자는 것이다.

정리하자면 액티비스트 공매도자들이 '말하는 것'과 '행동하는 것'의 차이를 줄여 시장참여자들이 공매도 리포트에 과도하게 반응하지 않도록 하기 위한 탄원인 셈이다.[12]

액티비스트 공매도 규제 이슈는 미국에서만 제기되는 것이 아니다. 캐나다 캘거리에 있는 굴착 서비스 회사 배저데이라이팅Badger Daylighting(이하 '배저')의 사례를 보자. 2017년 5월 12일 미국의 액티비스트 공매도자 마크 코호데스Marc Cohodes는 배저가 '독극물을 불법적으로 덤핑한다'고 공격했다. 바로 그날, 배저의 주가는 14% 하락했고 그다음 주에는 28%까지 폭락했다. 2018년 8월, 규제 당국은 공매도자인 코호데스에게 배저의 주식거래를 중지하고 잘못된 정보의 배포를 금지하라는 임시 명령을 내렸다. 2021년 3월 1일 배저의 최고경영자와 이사회 의장은 규제 당국에 다음과 같은 규제를 요청했다.

"액티비스트 공매도자들은 보고서를 시장에 공개하기 전에 해당 기업에 제공해서 보고서의 사실 여부를 확인하고 대처할 수 있도록 시간을 줘야 한다. '공격자들이 어떤 업체인가'는 물론 그들의 공매도 포지션의 변화를 캠페인 시작부터 종료까지 매일 업데이트해 공시해야 한다. 시장에 영향을 줄 만한 정보를 퍼뜨리는 경우 공매도 포지션을 시작한 이후 최소 10일 동안 그 포지션을 유지하도록 해야 한다. 만약 이들이 허위사실을 유포한 것으로 밝혀질 경우 보상청구권recourse을 보장해야 한다."[13]

아이러니하게도 이 요청 사항 중 '숏 치고 비틀기'를 막기 위해 최소 10일 동안 그 공매도 포지션을 유지해야 한다는 것은 공격 당사자인 마크 코호데스가 이미 그 1년 전에 제안했던 것이다.[14] 만약 액티비스트 공매도자들이 밝힌 정보가 제대로 된 것이라면 시장은 그 정보가 사실임을 알게 될 것이고 가격 하락으로 반응할 것이다.

만약 잘못된 정보로 판명난다면 액티비스트 공매도자들은 이득을 얻을 수 없을 뿐 아니라 큰 손실까지 입을 수 있다. 그러니 약간의 공매도 유지 기간을 두는 것만으로도 액티비스트 공매도자들이 치고 빠지기 작전을 실행할 유인을 줄일 수 있다.

그럼에도 불구하고 이를 법적으로 규제하기는 쉽지 않아 보인다. 공매노 포지션을 잡은 후 거짓 정보를 흘리는 액티비스트 공매도자들을 처벌하려면 그들이 퍼뜨린 정보가 사실이 아니거나 오해의 소지가 있다는 정도를 밝혀내는 것만으로는 충분치 않다. 이에 더해 주가에 유의한 영향을 끼칠 것이 합리적으로 기대되어야 한다. 다시 말해, 만약 보고서가 주가에 큰 영향을 미치지 못할 것으로 보이는 경우 액티비스트 공매도자들은 발표 자료나 성명이 거짓이었다 하더라도 법적 제재를 빠져나갈 수 있다. 그러니 이들의 캠페인에 의해 왜곡된 방향으로 가격이 실제로 움직인 경우뿐 아니라 시장을 왜곡할 '의도'가 있었다는 사실만으로도 처벌이 가능하도록 만들 필요가 있다. 쉽지 않은 일이다.

한국도 예외는 아니다

한국 기자가 '한국 기업을 액티브하게 공매도할 생각은 없느냐'고, 누구나 궁금해할 만한 내용을 머디워터스의 카슨 블록Carson Block 대표에게 물었다. 그는 한국은 '애국 투자'가 대세라며 "노No"라고 잘라 말했다고 한다. 외국인들의 공매도에 대항하는 것을 무슨 애국적인 투쟁을 하는 듯이 생각하는 시장에는 관심이 없다는 것이다.[15] 그러나 블록이 그렇게 말했다고 해서 한국의 주식시장이 액티비스트 공매도자들의 캠페인과 관련이 없으리라고 속단하는 것은 옳지 않을뿐더러 위험한 일이기도 하다. 아무 준비가 없는 상태라면 피해가 더욱 클 수 있다. 그러다가는 평소에 넋을 놓고 있다가 부작용과 비난이 쇄도할 때에야 미적미적 제도적인 손질을 시작하는 잘못을 되풀이하게 될 것이다.

한국은 사실 액티비스트 공매도자들에게 매력적인 시장이 될 수 있다. 역설적이지만, 공매도에 대한 투자자들의 적개심이 비정상적으로 높고, 공매도 거래가 다른 선진국에 비해 매우 미미한 수준에 그치기 때문이다. 더욱이 공매도 인프라가 미비한 데다 풋옵션 등 공매도 대체 시장 역시 활성화되어 있지 않다. 액티비스트 공매도자들은 이런 특성들에 따라 '한국은 주식이 고평가될 수 있는 다양한 조건이 갖춰진 시장'이라고 판단할 수 있다. 주식이 고평가되어 있다는 것은 공매도가 성공하면 그만큼 큰 이익을 얻게 된다는 의미이기도 하다. 더욱이 인터넷이나 소셜미디어가 세계 어느 곳보다 발달한 나라가 한국이다. '이야기의 힘'은 또 얼마나 강한가! 작은 사실들이 증폭되어 여론을 출렁대게 하는 경우가 드물지 않다.

한국에 액티비스트 공매도자들이 들어오지 않는다고 하더라도 우리와 영 상관없는 문제인 것은 아니다. 나스닥에 상장된 의료기기업체 나녹스Nano-X는 SK텔레콤이 지분율 5.8%로 2대 주주의 지위를 가진 업체다. SK텔레콤을 제외해도 한국인 투자자들이 이 회사에 보유한 주식의 액수가 1억 달러를 웃돈다.[16] 2020년 9일 미디워터스 등 액티비스트 공매도자들의 캠페인이 시작된 후 이 회사 주가는 곤두박질쳤고 '서학개미'를 걱정하는 기사가 넘쳐났다.

지금부터라도 액티비스트 공매도에 대한 논의를 시작해야 한다. 그 성장세가 나 몰라라 할 수준을 한참 넘었다. '투자자 보호'란, 앞으로 닥쳐올 가능성이 있는 일들에 선제적으로 대응하는 것이다. 미리 준비를 시작해서 나쁠 것이 없다. 이는 공매도가 한국의 자본시장에 잘 정착하기 위해서도 꼭 필요한 일이다.

'공매도 제한 연기'라는
'포퓰리스트'의 주장

누군가 자기 뒤를 캐고 다니는 걸 좋아할 사람은 없다. 그것도 조용히나 할 것이지, 만나는 사람들에게 기회가 있을 때마다 자기 욕을 해대는 사람을 적대시하지 않을 사람은 없다. 가능하면 끝까지 숨기고 가리고 싶은 게 자신의 약점이다. 그러나 크든 작든 약점 없는 사람은 없다. 그러니 그걸 건드리는 사람을 누가 좋아하겠나.

기업도 마찬가지다. 누군가 꼭 어떤 기업의 나쁜 점에 대해서만 캐고 다닌다면 그걸 좋아할 기업인은 없다. 그 기업의 주주들도 당연히 싫어할 것이다. 이들은 당신 회사의 주가를 떨어뜨리는 데 목숨을 건다. 사생결단의 각오로 동네방네 스피커를 대놓고 회사의 나쁜 점만 골라서 아예 방송을 하고 다닌다. 주가만 떨어뜨릴 수 있다면 무슨 짓이든 한다. 그러나 크든 작든 약점 없는 회사는 없다. 그러니 그걸 건드리는 사람을 누가 좋아하겠나.

자신의 약점을 스스로 드러내 광고하고 다니는 사람 역시 없다.

자신의 약점은 자신이 제일 잘 안다. 그러니 나만 입 다물면 아마 아무도 모를 것이다. 기업도 마찬가지다. 약점을 스스로 드러내 광고하고 싶은 회사는 없다. 회사의 약점은 경영자가 가장 잘 안다. 경영자만 입 다물면 아마 아무도 모를 것이다.

내 약점에 대해 내가 입 다무는 거야 내 자유지만 기업은 다르다. 좋건 나쁘건 회사와 관련된 모든 정보는 숨김없이 드러내도록('공시'하도록) 법으로 규제해놓았기 때문이다. 기업에 불리한 정보가 알려지면 주가는 떨어진다. 당연히 숨기고 싶겠지만 그랬다간 감옥에 가야 할지 모른다. 그러므로 드러내기는 하되 최대한 애매모호하게 할 일이다. 가능한 한 사람들이 잘 안 보는 곳에 살짝만 얘기를 올려놓는 식으로 말이다. 나중에 문제가 생기면 '나는 숨긴 적이 없고 다만 사람들이 잘 이해하지 못한 것'이라고 에두르면 된다.

잘했으면 100점 맞았다고 수치까지 들어서 분명히 얘기하지만 못했으면 '조금 망쳤어'라고 애매하게 얘기하는 게 사람이다. 분기 당기순이익 예상치를 발표하면서 성과가 좋았으면 주당순이익이 100원이 될 것이라고 분명히 얘기하지만, 성과가 나빴으면 지난 분기보다는 '약간 내려갈 것'이라고 애매하게 얘기하는 게 회사다.

사실 기업들이 불리한 정보를 최대한 애매하게 공시한다는 건 새롭지도 않다. 그래서 기업이 애매하게 공시하면 시장은 이를 경영자가 무언가를 숨기는 것으로 간주한다. 그 결과 주가는 떨어진다. 애매한 공시에 물리는 페널티다. 그러나 얼마나 나쁜 정보가 숨어 있는지 알 길이 없으니 정확히 얼마가 떨어져야 적당한지 알 수 없다. 게다가 기업이 기를 쓰고 숨기려 하는 정보를 일반투자자들이 찾아내기란 불가능에 가깝다. 나중에 일이 터지고 나서야 그때는 왜 몰랐을까 한탄하지만, 사실 그건 당신 잘못이 아니다. 애당초 당신이 할 수 있는 일이 아니었기 때문이다. 이런 때 누군가가 나서서 기업이 숨기고자 하는 정보가 어떤 것이며 얼마나 되는지, 그 회사의 참가치는 얼마인지 알려준다면 얼마나 좋을까?

공매도자들이 그런 일을 한다. 주가가 떨어져야만 돈을 벌 수 있는 공매도자들은 기업에 불리한 정보를 기어코 찾아내 이를 한 사람에게라도 더 많이 알리기 위해 동네방네 떠들고 다닌다. 더구나 애써 찾은 정보를 공짜로 나눠준다. 아니, 오히려 자기 돈을 써가며 광고한다. 한편 기업의 좋은 점은 최대한 숨긴다. 주가를 떨어뜨리기 위해서라면 뭐든지 한다. 도대체 뭐 이런 경우가 다 있나 싶겠지만 분노하기 전에 우리는 공매도에 대해 조금 더 알아봐야 한다.

공매도의 오명

공매도는 오늘 주식을 '빌려와서' 팔고, 내일 주식을 사서 빌려준 사람에게 갚아 청산하는 투자를 말한다. 질문 하나가 떠오를 것이다. 갖고 있지도 않으면서 굳이 빌려서라도 오늘 팔겠다는 이유가 뭘까? 갖고 있지도 않은 주식을 굳이 팔고 싶은 건, 오늘 팔아야 더 비싸게 팔 수 있기 때문이다. 다시 말해서 내일은 오늘보다 가격이 더 떨어질 거라는 얘기다. 이는 오늘 주가가 과대평가되어 있다는 말과 같다. 그러니 과대평가된 주식을 이용해 이익을 만들고 싶다면 주가가 떨어질 때 이득을 얻는 공매도를 해야 한다. 이것은 과소평가된 주식을 이용해 이익을 만들고 싶은 경우 주가가 올라야 이득을 얻는 매수 거래를 하는 것과 같은 자연스러운 투자다.

그런데 공매도는 매수 거래보다 훨씬 더 위험하다. 예를 들어 오늘 어떤 회사의 주가가 1만 원이라고 치자. 당신은 그 가격에 오늘 한 주를 샀다. 이 거래로 인해 내일 당신이 입을 수 있는 최대 손실은 1만 원이다. 주가가 0원으로 떨어질 때 감내해야 할 손실이다. 그렇지만 내일 당신이 얻을 수 있는 최대 이익은, 적어도 이론적으로는 무한대다. 주가는 0원 밑으로 내려갈 수 없지만 위로는 얼마든지 오를 수 있기 때문이다. 이처럼 가격이 올라야 돈을 버는 포지션을 매수 또는 롱long 포지션이라고 부른다.

이제 공매도의 경우를 보자. 오늘 당신이 1만 원에 한 주를 공매도했다면 내일 당신이 벌 수 있을 것으로 기대되는 최대 이익은 1만 원이다. 주가가 0원으로 떨어졌을 때 벌게 될 수익이다. 반면 최대 손실은 무한대다. 주가가 오르면 오른 만큼 당신은 더 비싼 돈을 주고 주식을 사서 빌려준 사람에게 갚아야 하니 손실이 커진다. 이처럼 가격이 '떨어져야' 돈을 버는 포지션을 공매도 또는 숏short 포지션이라고 부른다. 정리하자면 '롱'은 가격이 올라야 돈을 벌고 최대 손실이 제한적이며 최대 이익이 무한대인 반면, '숏'은 가격이 떨어져야 돈을 벌고 최대 손실은 무한대이며 최대 이익은 제한적인 투자다. 이렇듯 '숏'은 아주 위험한 투자다.

그럼 그렇게 위험한 '숏'을 하고 싶다면 당신은 어떤 주식을 고르겠는가? 당신이 아무리 어떤 회사의 주가가 과대평가되어 있다고 생각해도, 그 회사에 대한 당신의 생각이 틀렸다는 시장의 믿음이 굳건하다면 공매도했다가 크게 손해를 볼 수 있다. 최근 사례도 있다. 2001년 미국 석유회사 엔론Enron의 몰락을 예견하고 그 주식을 미리 공매도해 거대한 수익을 올렸던, 아마도 세계에서 가장 유명한 공매도 투자자일 짐 채노스Jim Chanos는 몇 년 전부터 전기차업체인 테슬라에 대량의 공매도 포지션을 잡아놓고 있었다. 그러나 테슬라 주가가 얼마나 올랐었는지 우리는 잘 알고 있다. 결국 2021년 초 채노스는 테슬라 주가가 너무 올라서 무척 고통스러웠다며 꼬리를 내렸다. 그러니 공매도를 하고 싶다면 과대평가되어 있는 게 확실한, 다시 말해 앞으로 가격이 떨어질 것이 분명하다고 생각되는 주식을 잘 골라야 한다.

공매도 투자자들이 과대평가된 주식을 골라서 공매도한 것이라면 설령 공매도 이후에 주가가 떨어지더라도 그것이 공매도 때문에 그렇게 된 것이라고는 말할 수 없다. 공매도 투자자들은 그저 앞으로 가격이 하락할 주식을 잘 골라낸 것일 뿐이니 말이다. 그럼에도 불구하고 불행히도 공매도는 바로 이 지점에서 수많은 투자자의 격렬한 분노를 산다. 주가가 폭락해서 정신이 아득한데 그때마다 공매도가 엄청나게 늘어나 있는 것이다. 공매도만 없었어도 주가가 안 떨어졌을 거라고 생각하니 화가 치민다. 그러나 그렇게만 생각할 수는 없다. 공매도가 없었더라도 과대평가된 주식이었다면 주가는 떨어졌을 것이다. 비가 와서 우산을 펴는 것이지, 당신이 우산을 폈기 때문에 비가 오는 것이 아니다. 우산을 없애버리면 비가 오지 않을 거라고 믿을 수는 없다.

다만 공매도가 없었다면 주가는 '훨씬 느리게' 떨어졌을 것이다. 더 고약하게는 '한참 더 오른 후에' 한참 더 추락할 수도 있다. 어차피 떨어질 거라는 걸 안다면 어디쯤에서 떨어지는 것이 낫겠는가. 적정 높이가 20미터라면 100미터까지 올랐다가 그 높이에서 추락하는 것보다 차라리 30미터 정도에서 떨어지는 게 덜 아프지 않겠는가. 물론 당신이 25미터 정도에서 내려올 줄 아는 사람이라면 제일 좋겠지만 말이다.

어떤 회사의 '펀더멘털'이 1만 원이라고 치자. 여기서 펀더멘털은 적정주가fair price를 말한다. 그리고 주가는 지금 그 열 배인 10만 원이라고 치자. 공매도 공격을 받은 이후 상장폐지된 루이싱커피처럼 온갖 거짓으로 주가를 뻥튀기했다고 생각하자는 거다. 공매도가 시작된다. 이곳저곳에서 저 주식의 가격은 과대평가된 거라며 떨어뜨리려고 발악을 해대는 소리가 들린다. 신문이나 방송에 뉴스거리로 제보하고, 인터뷰하고, SNS로 욕하고, 규제 당국에 고발하는 등 가능한 한 모든 채널을 동원해 그 주식 욕하기에 바쁘다. 오지랖도 넓다. 당연히 주주들은 공매도자들이 밉고 싫다. 내가 갖고 있는 주식의 주가를 떨어뜨리려고 저 난리를 치는데 어떻게 밉지 않을 수가 있겠나. 주가가 꺾이기 시작한다. 10만 원에 산 주식이 결국 1만 원이 된다.

공매도자들은 '원래' 그렇게 한다. 그게 그 사람들 일이다. 그러나 잘 생각해보자. 기업에 부정적인 정보는 기업가들이나 대주주들이 기를 쓰고 숨기려 하고 따라서 보통 사람들은 이런 정보를 얻기 힘들다(왜 루이싱커피 사태가 최근에서야 벌어졌을까). 앞에서 말했지만 이런 정보를 어렵게 찾아내 세상에 알려주는 게 공매도다.

만약 공매도를 금지한 덕분에 10만 원도 과대평가된 거라고 떠드는 투자자들이 없어져서 예로 든 주식의 주가가 40만 원까지 오른다 치자. 그 수준까지 주가가 오르는 동안 정보가 부족한 개인투자자들은 매수 욕구를 계속 참았다가 결국 꼭대기에서 '저지르게' 될지 모른다. 20만 원이 되니, 15만 원일 때라도 사둘걸 하는 후회가 든다. 30만 원이 되니 아, 이건 사야 한다는 생각이 든다. 혹시라도 나만 '벼락거지(주식으로 부자가 된 친구가 있으면 열심히 일해 월급을 받아 현상 유지 중이던 나는 갑자기 거지가 된 기분이 든다)'가 되는 건 싫어서다. 40만 원 되니 만세를 부르고 싶다. 앞으로 영원히 오를 것 같아 전세를 월세로 바꾸어 더 많이 샀다. 펀더멘털은 1만 원이라고 했다. 40만 원이었던 주가가 이제 무섭게 떨어지기 시작한다. 1만 원까지. 효율적 시장엔 자비가 없다.

공매도 때문에 10만 원을 못 넘고 주가가 꺾이면 화가 날 수밖에 없다. 나 같아도 그럴 거다. 하지만 그 '덕분'에 30만 원, 40만 원일 때 주식을 사서 나중에 더 큰 피눈물 흘릴 사람들이 그 피눈물을 피할 수도 있다. 구제되는 사람들 중에 40만 원일 때 대량으로 매입할 뻔한 자신이 포함될 수도 있다. 그런데 10만 원에서 가격이 꺾이는 건 '눈에 보이는' 일이지만 공매도 덕분에 30만 원에 주식을 사서 나중에 피눈물 흘릴 사람들이 구제되는 건 눈에 '보이지 않는다'. 이렇게 공매도는 저주의 대상으로 샘솟는다. 그러니 이제 다시 묻겠다. 어떤 것이 정말로 투자자들의 피눈물을 닦아주는 거라고 생각하는가?

원하는 것이 반드시 옳은 것은 아니다

포퓰리스트들은 여기에 어떻게든 숟가락을 올리려 한다. 그들은 거품이 주가를 아무리 천정부지로 밀어 올려도 선거 이전에만 추락하지 않는다면 신경 쓰지 않는다. '영끌'해 주식시장에 뒤늦게 합류한 투자자들이 거품을 타고 날아올라 까마득한 절벽의 꼭대기에서 천 길 낭떠러지 밑으로 떨어지든 말든 관심이 없다. 꼭대기로 올라가지 말라고 경고하며 마땅히 해야 할 일인 방어벽을 치는(이 역할을 공매도가 한다) 대신 주가가 위로 위로 계속 올라가도록 돕는다. 음악이 연주되는 동안이라면, 사람들은 춤을 출 것이다. 그러니 포퓰리스트들은 계속해서 음악이 연주되도록 한다. 춤추는 사람들을 위하는 척하지만 그저 자신의 잇속을 챙기는 행위일 뿐이다. 음악이 연주되는 동안 가장 큰 이득을 챙기는 건 자신일 수 있지만, 음악이 멈추었을 때 가장 먼저 나락으로 떨어지는 건 개인투자자들이지 자신이 아닐 것이기 때문이다. 그럼에도 '이제 그만!'이라고 외치는 정직하고 용감한 정치인들은 찾아보기 힘들다.

경제학자 맨서 올슨Mancur Olson의 이론에 따르면, 포퓰리스트들이 판치는 정치판은 국민들 스스로가 자신이 잘못 행사한 한 표의 가치를 '합리적으로 무시'할 수 있다고 생각하는 데서 나온다. 부적절한 국회의원이 뽑힌 것은 내가 한 표를 잘못 행사했기 때문이 아니다. 내 한 표가 누군가의 당락을 결정할 가능성은 제로이니 말이다. 그래서 투표자들은 후보들의 정책이나 사람됨에 대한 정보를 굳이 시간이나 노력 등의 비용을 지불하면서까지 얻으려 하지 않는다.

넘치는 공짜 정보들이 얼마나 많은가. 확증 편향까지 더해지면 입맛에 맞는 정보만 취사선택할 수 있어 내 선택은 확고해진다. 정치인들은 투표자들의 이런 성향을 잘 알고 있다. 그러니 정책 개발에 시간을 쏟는 것보다 그저 인기에 영합하는 게 유리할 터이다.

정책은 그저 사람들이 원하는 대로 만들면 안 된다. 그래서 어지간한 자본주의 국가들은 경제금융정책이 인기에 영합하는 정치인들의 입김으로부터 자유로울 수 있도록 관련 기관에 독립성을 부여했다. 이에 따르면 금융위원회가 공매도 재개를 결정한 것이 총리를 무시한 거라고 입에 거품을 무는 21세기 대한민국 어느 국회의원의 분노는, 그가 기초적인 경제 상식도 제대로 이해하지 못하는 철부지임을 공짜로 알려준다. 그의 주장대로라면 앞으로 기준금리는 한국은행이 아니라 국민 여론을 수렴한 뒤에 총리가 결정하면 될 것이다. 하긴 2020년 가을, 공매도 금지 연장은 여론을 수렴한 후 경기도지사가 결정하다시피 했다.[*] 그러니 이번에 금융위원회의 결정을 포퓰리스트들이 막아선다 한들 이상할 것도 없다. 포퓰리스트들은 여론을 방패 삼아 궁극적으로는 국민에게 해가 될 정책을 자신들을 위해 밀고 나간다. 포퓰리스트들은 '원래' 그렇게 한다. 그게 그 사람들 일이다.

정의로운 생각만으로 정의를 이룰 수 있다면 얼마나 좋을까. 문제는 어떤 '악덕'은 정의를 위해 꼭 필요한데도 이를 기꺼이 감수하는 정치인을 찾기 어렵다는 점이다. 정치인뿐 아니라 지식인이라

---

[*] 2021년 2월 한 차례 더 연장 끝에 5월에 재개되었다.

불릴 만한 다른 이들도 대개 그렇다. 그러나 악덕과 대비해 자신의 정의로움을 부풀려 자랑하고 싶은 포퓰리스트들은 넘쳐난다. 그리고 포퓰리즘엔 대가가 따른다. 혜택은 그들이 가져가고 비용은 국민이 치르는데, 많은 사람들은 그게 '시장'인 줄 안다.

최근 한국에서 공매도에 관한 인식이 많이 나아져 적어도 이를 아예 폐지하자는 무지한 목소리를 내는 정치인은 드물다. 그럼에도 개인투자자들이 죽도록 미워하는 게 공매도이니 그들은 이런 식으로 말한다. '나는 바보가 아니다. 공매도의 순기능을 알 정도로는 똑똑하다. 공매도가 순기능이 있지만 외국인들이 판을 치고 개인들이 절대적으로 불리한 기울어진 운동장이니 이를 바로잡고 무차입공매도[*]도 잡아내 처벌할 수 있도록 제도를 정비하는 게 먼저다. 더구나 개인들은 기관이나 외국인에 비해 절대적인 정보 열위에 있다. 그러니 이걸 고치지 않고 공매도를 재개하면 개인들만 피를 보게 된다.' 요약하자면 제도를 고치는 것이 공매도 재개의 전제조건이라는 말이다.

구구절절 옳은 말씀으로 들리지만 포퓰리스트들의 전형적인 기회주의 행태를 포착할 수 있다. 저런 제도적 정비는 당신들이 벌써부터 했어야 하는 것이다. 자신들이 벌써 했어야 할 일을, 준비가 안 되었다면서 유체이탈을 해댄다. 그렇다면 지금까지 무차입공매도를 막기 위해 당신들은 무얼 했나? 무엇을 어느 정도까지 처벌할 수 있어야 준비가 된 것인가? 어느 정도까지 평평해져야 더 이상 기울

---

[*] 주식을 빌리지 않고 신용으로 매도부터 하는 거래 형태로, 한국에서는 불법이다.

어진 운동장이 아닌가? 하필 지금에야 부족한 부분들이 눈에 보인 다면 당신들 눈에 낀 터럭을 살펴볼 일이다. '선거가 코앞으로 다가 와 있을 때만'이라는 음모론을 듣기 싫다면 더더욱 말이다. 나 역시 그런 음모론까지 믿고 싶은 생각은 없다. 나폴레옹도 '무능력으로 충분히 설명이 되는 일을 굳이 어떤 음모라고 생각하지는 말라'고 했다.

기울어진 운동장이라는 착각

'기울어진 운동장'이라는 말은 예전에는 공매도 기회가 외국인들 과 개인들에게 차이가 난다는 의미로 언급되어왔다. 그러나 요즘엔 그 의미가 뭔지 분명치 않다. 개인들에게 공매도 기회를 확대해주 자는 의견에 반대하면서도 기울어진 운동장 얘기를 계속하는 자들 이 있기 때문이다. 꼭 그래서만은 아니지만 나는 기울어진 운동장 이라는 말을 들을 때마다 한국의 자본시장이 갈 길이 멀다는 생각 을 떨치지 못한다. 외국인투자자들도 주주다. 우리는 너무 자주 이 간단하고 명확한 사실을 잊어버린다. 외국인과 기관이 벌면 개인이 손해 나는 줄 안다. 그렇지 않다. 주식시장은 제로섬 게임 시장이 아 니기 때문이다. 외국인들 주가와 개인들의 주가가 따로 있는 게 아 니다. 외국인 주가가 올랐다고 개인들 주가가 떨어지는 것이 아니 라는 말이다. 이를테면 외국인들끼리 주식을 빌려주고 공매도 투자 를 하면 그들 중에서도 이익을 얻는 투자자들과 손해를 보는 투기자들이 가려진다. 개인투자자들과 아무런 상관이 없이도 말이다.

삼성전자 주식이 총 100주 있다고 하자. 최근의 지분율을 대입하면 대략 개인투자자들이 7주, 국민연금이 11주, 국민연금을 제외한 기관이 7주, 그리고 외국인투자자들이 55주를 갖고 있는 셈이다(나머지 20주는 삼성 일가 등 특수관계인 지분이다). 흔히 개미투자자들이 빋는 내로 외국인들이 공매도로 주가를 떨어뜨릴 수 있다고 치자. 그러면 공매도로 인해 가장 손해를 보는 것은 개인이 아니라 오히려 가장 많은 지분을 갖고 있는 외국인들 아닐까? 대주주들은 또 어떤가? 외국인들이 외국인들 손해를 줄이려 외국인 지분율이 낮은 주식들만 골라서 공매도한다는 증거가 있었던가?

우리가 '외국인들'이라고 싸잡아 얘기하는 투자자들도 다양한 층위를 갖는다. 예를 들어 외국인들이 모두 합해 100억 원을 벌었고 개인들이 모두 합해 100억 원을 손해 보았다 치자. 사정이 이렇다 하더라도 이것이 항상 아직도 중상주의에 물들어 사는 애국자들(?)이 입에 거품을 물 만한 일인 건 아니다. 외국인들 중 단 한 명이 1000억 원을 벌고 나머지 100명이 각각 9억 원씩 모두 합해 900억 원을 잃었다는 뜻일 수도 있다. 그리고 개인들의 손해의 경우도, 한 사람이 1000익 원을 잃은 대신 다른 100명이 각각 9억 원씩 모두 합쳐 900억 원을 벌어들인 데서 나온 것일 수 있다. 통계에서 자주 얘기하는 소위 '평균의 함정'이다. 손해를 본 외국인이 100명이고 이득을 본 개미들이 100명이라면 이런 말이 나올 만하다. 이거 외국인들이 유리하도록 기울어진 운동장 맞나?

정치인을 공매도할 수는 없을까

기울어진 운동장이라는 말이 개인들이 기관이나 외국인에 비해 정보 열위에 있다는 말을 가리키면 아예 코미디 같은 상황이 연출된다. 정보 열위의 불공정성을 극복해 개인들도 정보를 균등하게 가질 수 있게 만들어놓은 후에야 공매도를 허용할 수 있다는 '정의로운' 얘기는, 그러나 불행히도 아예 술주정 쪽에 가깝다. 기업이 기를 쓰고 숨기고자 하는 정보를 도대체 무슨 수로 개인이 알아내는가. 개인의 정보 열위를 극복하기 위해 꼭 필요한 게 공매도라고 앞에서 말하지 않았나. 그런데 공매도 없이 정보 열위를 도대체 어떻게 해결하자는 건가.

공매도는 주가가 펀더멘털에 비해 과대평가되어 있다는 사실을 알려준다. 그럼 포퓰리스트들을 공매도할 수 있다면 어떨까. 정치인들을 공매도할 수 있는 시스템이 없으면 포퓰리스트들은 자신의 펀더멘털 위에서 과대평가될 것이다. 그러나 자신이 공매도당할 수 있다는 걸 알면 저렇게 함부로 떠들지는 못할 것이다.

몰랐다면 무지한 거다. 모르는데 아는 척 떠드는 거라면 무책임한 거다. 알고도 저런 얘기를 하는 거라면 나쁜 거다. 무지하거나 무책임하거나 나쁜 게 일반인이 아니라 국회의원쯤 된다면 그건 심각한 거다. 이참에 우리도 값싼 정의감으로 똘똘 뭉친 무지한 이들에게 완장을 채워주는 게 얼마나 위험한 일인지 깨달아야 하지 않을까. 어떤 정치인들이 얼마나 과대평가되어 있는지 제대로 알지도 못한 채 그들이 맘대로 시장에 끼어들어 문제를 일으키게 너두기엔 자본시장은 너무나 중요한 곳이니 말이다.

P.S. 충분히 예상했던 일이지만 이 글의 후폭풍은 거셌다. 이 글은 수많은 사람의 비난을 산 한편 수많은 사람의 큰 관심과 지지를 받았다. 이후 한동안 수면 밑으로 내려가 잠잠해졌다 싶었던 공매도 논란은 미국 연방준비위원회의 공격적인 금리 인상으로 주식시장이 급락한 2022년 하반기 다시 거칠게 수면 위로 솟아올랐다. 이에 대해 수많은 미디어의 인터뷰 요청을 받았지만 정중하게 거절하고 한 차례도 응하지 않았다. 그리고 이 글을 정독해 인용해줄 것을 부탁드렸다. 노무현 대통령이 예전에 '공은 시장으로 넘어갔다'라고 언급했다지만 공매도에 관련해서는 이제 '공은 정치로 넘어갔다'. 나는 주가 하락에 뿔난 투자자들을 달래기 위해 정치인들이 공매도 이슈를 다시 들먹이는 행태에 맞춰 춤을 추고 싶은 생각이 없다.

시장조성자 규제하면
손해는 투자자에게

금융위원회는 2021년 5월 3일 공매도 거래를 부분적으로 재개하기로 했다. 아울러 공매도 재개 시점까지 그동안 투자자들의 불만이었던 '기울어진 운동장'을 어느 정도 수정·보완하기로 했다. 이러한 노력에 시장조성자 제도가 '남용'되지 않도록 하는 규제들이 담겼다. 시장조성자 공매도에 '업틱룰uptick rule'을 적용하는 것과 시장조성 거래에 대한 거래세 면제 철회 등이 그 내용이다. 이번에는 다소 생소한 개념인 시장조성자market maker가 과연 무엇이고 어떤 역할을 하는지 그리고 왜 시장조성자 규제가 문제인지 알아보자.

시장조성자는 왜 필요한가

주식을 사고 싶다면 주문을 내야 한다. 주문에는 크게 두 가지가 있다. 하나는 '수량'만 내는 시장가 주문market order이다. 지금 시장에 나와 있는 호가(주문 가격) 중에서 가장 좋은 가격(매수라면 가장 싼 가격, 매도라면 가장 비싼 가격)에 체결하라는 뜻이어서 따로 가격은 정해 두지 않는다. 가격조건이 없으니 '즉시 체결'의 장점이 있다. 다른 하나는 수량과 가격을 함께 내는 지정가 주문limit order이다. 만약 삼성전자 주식을 주당 8만 5000원에 100주를 사겠다고 지정가 매수 주문을 내면 이는 당신이 최대 8만 5000원까지 낼 용의가 있다는 뜻이다. 만약 같은 가격에 매도 주문을 냈다면 이는 당신이 8만 5000원 아래로는 팔 생각이 없다는 뜻이다. 즉, 당신의 주문은 당신이 낸 지정가에서 체결될 때까지 '기다리고' 있어야 한다. 이렇게 대기하고 있는 주문들은 '오더북order book'이라고 불리는 플랫폼을 통해 투자자들에게 공개된다. 기본적으로 시장가 주문은 이렇게 대기하고 있는 지정가 주문을 수용해 체결시키는 역할을 한다.

투자자들끼리 주문을 내어 매매 경쟁을 하는 것을 중심으로 거래가 이루어지는 시장을 '주문주도형 시장order-driven market'이라고 한다. 그런데 이러한 시장은 자주 '한쪽으로 쏠림'이 일어나는 문제점이 있다. 이를테면 시장에 앞으로 2차전지산업이 유망하다는 전망이 우세하면 관련 종목을 누구나 사고 싶어 해 매수 쪽으로 주문이 한꺼번에 몰릴 수 있다. 또 거래가 활발하지 않은(유동성이 낮은) 종목들은 투자자들로부터 외면받을 위험이 크다. 한국거래소의 경우 실제로 유동성liquidity이 소수의 종목들에만 집중되어 있는데, 거래대금이 가장 큰 종목들 10%가 코스피 시장 전체 거래에서 차지하는 비중이 무려 78%에 달했다(2019년).¹

거래 부진은 적정주가fair price 추정을 아주 어렵게 만든다. 다양한 의견이 활발한 거래를 통해 주가에 적절히 반영되어야 하는데(이를 '가격 발견price discovery'이라고 한다) 거래가 부진할 경우 이런 효과를 기대할 수 없기 때문이다. 그러니 거래가 많지 않은 주식들은 호가 하나, 뉴스 하나에도 가격이 크게 출렁이게 된다. 자연히 변동성volatility이 커진다. 따라서 가격 폭락 위험crash risk에도 노출된다.

이런 문제점들을 극복하기 위해 거래소는 시장조성자market maker 제도를 도입했다. 시장조성자는 '브로커-딜러'라고도 불리는데 매수와 매도 주문을 연결match해주는 중개자broker 역할과 함께 자신의 자본을 직접 투자해 거래에 참여하는 딜러dealer 역할을 모두 실행하는 금융기관을 말한다.

시장을 조성한다는 것은 적극적으로 호가를 제시함으로써 거래가 활발히 이루어지도록 돕는 행위를 말한다(중개업무는 거래체결을 돕는 것이지만 시장조성은 아니다). 시장조성자들은 시장조성 대상 종목들 중에 자신들이 시장조성을 맡고 싶은 종목들을 골라 거래소와 계약을 맺는다. 그리고 자신이 맡은 종목들에 대해 '시장을 조성'할 '의무'를 수행하는 대가로 거래소로부터 수수료를 받는다. 한 종목에 여러 시장조성자가 경쟁할 수도 있고(경쟁종목), 한 종목에 단 하나의 시장조성자가 있을 수도 있다(독점종목). 현재 한국거래소에는 주식시장을 담당하는 12개사, 파생상품시장을 담당하는 18개사 등 총 22개 회원사가 시장조성자로 참여해 800여 종목의 주식과 200개가 넘는 파생상품에 대해 시장조성 업무를 수행하고 있다. 미래에셋대우, 메리츠증권, 신한금융투자, 골드만삭스 등이 시장조성자의 예다.

시장조성자가 있는 시장을 '호가주도형 시장quote-driven market'이라
고 부른다. 근래에는 주문주도형 시장을 기본으로 시장조성자 제도
를 도입해 호가주도형의 장점을 결합하는 하이브리드 시장hybrid mar-
ket을 지향하는 거래소들이 많다. 미국 뉴욕거래소, 나스닥 등이 그
예이며 한국거래소 역시 여기에 해당한다.

주식거래 체결 메커니즘과 거래비용

이제 이 모든 개념을 종합해 주식시장에서 거래가 체결되는 메커니
즘('시장 미시구조'라고 한다)을 조금 더 자세히 살펴보기로 하자. 거래
매매 앱을 여니 그림 11–1과 같은 정보가 실린 오더북 화면('호가 창')
이 뜬다.

7만 7500원에 10주, 7만 7600원에 200주를 팔겠다는 매도 주
문이 대기 중이다. 매수 쪽에선 대기 물량이 7만 7200원에 20주,
7만 7100원에 150주 있다. 이 오더북에 의하면 당신이 이 주식을
팔 수 있는 가장 비싼 값(최우선 매수 호가best(or highest) bid price)은 7만
7200원이고, 가장 싸게 살 수 있는 값(최우선 매도 호가best(or lowest) offer
(or ask) price)은 7만 7500원이다(당신의 매수 주문이 오더북의 매도 호가
와, 매도 주문이 매수 호가와 매칭되는 것이 헷갈릴 수 있겠다. 당신의 매수는 다
른 사람이 이미 '팔려고 내놓은' 주문을 해소하는 것이므로 오더북에 있는 매도
호가와 연결되어야 한다. 같은 이치로 매도는 매수 호가와 연결된다). 최우선

매수-매도 호가를 영어로는 'BBO Best Bid-Offer'라고 부른다. 그리고 두 값의 차이 300원을 '최우선 매수-매도 호가 스프레드BBO Spread', 또는 간단히 '스프레드'라고 부른다. 이것의 의미는 당신이 이 주식

그림 11-1 | 시장조성자가 없는 오더북

수량	호가	수량
...	...	
200	77600	
10	77500	
	77400	
	77300	
	77200	20
	77100	150
...		...

1주를 사자마자 바로 팔아버리면 300원을 손해 본다는 뜻이다. 이 300원은 이 주식을 편리하게 사고팔 수 있도록 시장을 만들어준 것에 대해 당신이 대가로 지불하는 '거래비용transaction cost' 또는 '유동성 비용liquidity cost'으로 볼 수 있다. 이는 시장조성자들에게는 수익의 원천이 된다.

사실 스프레드는 우리가 주변에서 항상 쉽게 접하는 것이다. 당신이 1000달러를 사기 위해 가까운 은행을 찾았다고 하자. 은행에서는 1달러를 1130원에 팔고('달러를 사실 때' 가격이라고 친절하게 써 있을 거다), 1100원에 사들이고('달러를 파실 때') 있었다. 이는 각각 매도, 매수 호가가 되며 이 경우 스프레드는 30원이다. 당신은 113만 원을 내고 1000달러를 샀다. 만약 이 거래가 체결되고 나서 1초 후에 마음이 바뀌어 사들였던 1000달러를 다시 판다면 110만 원밖에 받지 못한다. 차액 3만 원은 당신에겐 거래비용이 되는 셈이다. 그리고 은행에게는 당신이 쉽게 달러를 사고팔 수 있게끔 해준(즉, 시장을 조성해준) 대가로 얻는 수익이 된다.

위의 오더북을 기초로 시장가 매수 주문 100주를 냈다면 당신이

그림 11-2 | 시장조성자가 있는 오더북

수량	호가	수량
...	...	
200	77600	
10	77500	
100	77400	
	77300	100
	77200	20
	77100	150
	...	...

주문은 7만 7500원에 10주, 그리고 나머지 90주는 7만 7600원에 체결된다. 가중평균 매수가는 7만 7590원(7만 7500×(10/100)+7만 7600×(90/100))이 된다. 만약 시장가 매도 주문 100주를 냈다면 당신의 주문은 7만 7200원에 20주, 그리고 나머지 80주는 7만 7100원에 체결된다. 이때 가중평균 매도가는 7만 7120원(7만 7200×(20/100)+7만 7100×(80/100))이 된다. 이제 여기에 시장조성자가 있다고 가정해보자(그림 11-2).

시장조성자는 7만 7400원에 100주 매도 주문을, 그리고 7만 7300원에 100주 매수 주문을 냈다(비어 있던 두 가격에 수량이 붙으면서 오더북이 더 '촘촘'해졌다). 이제 BBO는 7만 7300원-7만 7400원으로 바뀌었고 스프레드는 100원으로 줄었다. 당신이 주식을 100주 매수하겠다면 7만 7400원에 모두 매입할 수 있다. 또 100주를 모두 7만 7300원에 매도하는 것도 가능하다. 이 수치들을 시장조성자가 없는 경우와 비교해보면 시장조성자 제도의 장점이 확연히 드러난다. 평균 매수 가격은 주당 190원이 줄었고(7만 7590-7만 7400), 매도 가격은 주당 180원이 늘었다(7만 7300-7만 7120). 시장조성자 덕분에, 다시 말해 시장조성자가 스프레드를 줄여준 덕분에 당신이 본 이득이다. 스프레드가 작아지면 거래비용이 줄어서 그만큼 이득이 커진다.

스프레드는 '수급'의 영향을 받는다. 사고자 하는 사람이 많으면 매도 호가 쪽으로 주문이 '쏠리고', 팔고자 하는 사람이 많으면 매수 호가 쪽으로 주문이 쏠린다. 이렇게 되면 스프레드가 커져 거래가 활발하게 일어나지 않는다. 이는 유동성이 낮은 종목뿐 아니라 거래가 많은 대형주에도 해당되는 얘기다.

보통 대형주들은 유동성이 높아 시장조성이 따로 필요하지 않을 거라고 생각하지만 그렇지 않다. 대형주들에도 쏠림이 얼마든지 일어날 수 있기 때문이다(예를 들어, 반도체산업이 극도로 악화될 전망에 관한 믿을 만한 보고서가 나왔을 때 투자자들이 삼성전자 주식에 어떤 반응을 보일지 상상해보자). 이럴 경우 시장조성자는 쏠림을 방지하도록 매수-매도 양방향으로 의무적으로 호가를 제시해 거래를 촉진해야 한다. 거래가 늘면 가격 발견 기능이 좋아져 주가가 적정가격에서 크게 벗어나지 않으며, 당연히 변동성도 떨어져 주가가 좀 더 안정적이 된다.

비싸게 사겠다는데 왜 싸게 파느냐고?

이제 맨 처음에 언급한 시장조성자 '공매도'에 대해 살펴보자. 예를 들어 당신이 어느 주식을 1만 원에 100주 사고 싶다고 치자. 그러나 팔려는 사람이 없다면 거래가 일어나지 않는다. 이때 시장조성자들이 당신의 주문에 대응해 1만 원에 100주를 팔아주었다면 이는 시장이 조성된 것이다.

그런데 만약 시장조성자가 시장을 조성할 물량이 없다면, 다시 말해 당신이 사고 싶은 주식 100주를 갖고 있지 않다면 어떻게 해야 할까? 시장조성자들이 시장이 원하는 물량을 항상 갖고 있는 것은 아니다. 재고비용과 재고를 유지함으로 인해 다른 곳에 투자해 얻을 수 있는 수익을 포기하는 기회비용이 있기 때문이다. 물량이 확보되지 않은 경우, 시장조성 의무를 수행하기 위해 시장조성자는 그 주식들을 어딘가에서 '빌려와 팔아야' 한다. 다시 말해 공매도해야 한다는 뜻이다. 그런데 만약 시장조성자 공매도가 금지된다면 어떻게 될까? 시장이 조성될 수가 없다. 그러면 당신은 아마도 1만 원 대신 오더북의 높은 호가에 맞추기 위해 매수 가격을 올려, 예를 들어 1만 500원씩 지불해야 주식을 살 수 있을지 모른다. 이는 시장조성자 공매도가 금지됨으로써 생긴 명백한 기회비용이다. 시장조성자의 공매도를 통해 거래가 이루어졌다면 내지 않아도 되었을 비용을 추가로 낸 셈이다.

지금 한국에서는 시장조성자 공매도를 전면 금지하기보다 '규제'하는 방향으로 논의가 진행 중이다. 예를 들면 이런 거다. 공매도 규제와 관련해 빠지지 않고 등장하는 용어가 '업틱룰'이다. 이는 공매도로 인해 가격이 하락할 것을 우려해 공매도 호가를 직전 체결가 이상에서만 낼 수 있게 한 제도를 말한다.^ 이에 따르면 어떤 주식이 방금 1만 500원에 거래가 체결되었다면, 당신의 공매도는 1만 500원 이상에서 주문되어야 한다. 만약 당신이 예를 들어

---

^ 좀 더 정확히 말하면 이렇다. 주가가 오르고 있다면 직전 체결가와 '같거나 높은' 가격에 호가를 제출할 수 있지만zero plus tick, 직전 체결가가 그 직전 체결가보다 낮은 가격이었다면 직전 체결가보다 더 '큰' 호가만 낼 수 있다.

그림 11-3 | 시가총액 규모별 시장조성 거래 현황(코스피)

	10조원 이상	5조~10조원	1조~5조원	1조원 미만	합계
시장조성 종목 수	17개	16개	74개	552개	659개
시장조성 거래 비중	45.3%	23.6%	22.1%	9.0%	100%
시총 비중*	61.4%	8.9%	18.1%	11.6%	100%

*시장조성 대상 종목+비대상 종목 포함　　　　자료: 〈시장조성자 제도개선 기본방향〉한국거래소 2020.12.18
"2020년 말 현재 시가총액 5조원 이상 시장조성 종목 수는 33개(5.0%)에 불과하나, 시장조성 거래 비중은 70%에 육박한다."

그림 11-4 | 주요국의 주식 시장조성제도 요약

국가		영국 LSE	독일 거래소	미국 NYSE
지정 대상		저유동성 종목 의무 지정	저유동성 종목 의무 지정	전 종목 의무 지정
지정 종목/전 종목		92%	84%	100%
인센티브	수수료	면제	면제	면제+리베이트
	거래세	면제	없음	없음

자료: 〈시장조성자 제도개선 기본방향〉한국거래소 2020.12.18

1만 300원에 공매도 주문을 내면, 이 주문은 (업틱룰에 맞도록) 1만 500원으로 자동 수정되어 오더북 화면에 나타난다.

이제 업틱룰을 시장조성자 공매도에 적용하면 어떤 일이 생기는지 살펴보자. 어느 주식이 방금 1만 500원에 거래되었고 당신이 1만 원에 매수 주문을 냈다고 하자. 물량을 갖고 있지 않은 경우 시장조성자는 주식을 공매도해야 한다. 그러나 1만 원에는 공매도할 수가 없다. 업틱룰이 적용되기 때문이다.

어쩔 수 없이 시장조성자는 직전 체결가인 1만 500원에 공매도 주문을 낸다. 이제 당신이 이 주식을 사기 위해서는 1만 원이 아니라 1만 500원을 내야 한다. 시장조성자에게 업틱룰을 적용한 탓에 올라간 비용을 당신이 부담해야 하는 것이다. 만약 가격이 마음에 안 들어 당신이 거래를 포기한다면 이는 더 심각한 일이다. 거래 자체가 실패한 셈이다. 싸게 살 수 있는데 시장조성자 공매도 규제를 옹호함으로써 기를 쓰고 비싸게 사겠다고 고집하는 게 무슨 이유인지 이해하기 힘들다.

시장조성자에 대한 또 다른 규제는 증권거래세에 관한 것이다. 시장조성자의 시장조성 거래는 통상적으로 증권거래세가 면제된다. 자신의 수익을 위한 거래가 아니라 거래 촉진 서비스를 제공하기 위한 거래이기 때문이다. 이는 한국뿐 아니라 영국·홍콩·프랑스·이탈리아 등에서도 마찬가지다(미국·독일·일본 등은 아예 거래세 자체가 없다).

시장조성은 활발히 일어날수록 좋은 것이다. 그러나 시장조성 거래에 세금을 매기면 빈번한 시장조성 행위는 오히려 시장조성자에게 더 많은 세금 부담으로 귀결될 수 있다. 그렇게 되면 시장조성자들은 시장조성 거래를 자주 하고 싶어 하지 않을 것이다. 게다가 거래세가 매겨지면 시장조성자는 스프레드를 '넓혀서' 호가를 낼 수밖에 없다. 그래야 세금을 내더라도 수익이 남을 것이기 때문이다(앞에서 스프레드는 당신에겐 거래비용이지만 시장조성자들에게는 시장조성을 위한 대가로 받는 수익이라고 한 것을 기억하자). 스프레드가 커지면 거래비용이 커지니 거래가 줄어들고 따라서 가격 발견 기능 저해, 변동성 상승, 유동성 하락 등 문제점이 고스란히 드러나게 될 것이다. 만약 시장조성 거래에 세금을 걷는 이유가 세수 증대를 위한 것이라면 이는 시장조성의 결과로 일어나는 거래 유발 효과로 인한 세수 증대를 무시하는 정책적 실수가 될 가능성이 높다.[*]

---

[*] 시장조성자가 투자자의 매도 주문을 받아 거래를 체결하면 매도자는 거래세를 내야 한다.

시장조성자에 대해 논의되고 있는 규제들은 우려스럽다. 혹시라도 불법적 행위가 있었다면 당연히 처벌해야 하겠지만 시장조성 행위 자체에 부정적인 영향을 주어서는 안 된다. 이미 살펴보았듯이 그 손해는 고스란히 투자자에게 돌아오기 때문이다. 시장조성자의 공매도에 업틱룰을 적용하거나 시장조성 거래에 거래세 면제를 철폐하라고 하는 건 당신이 주식을 더 비싼 값에 사고 더 싼값에 팔고 싶어 안달이 났다는 뜻과 같다. 여기에 정치인들이 한 수 거든다. '투자자들이 비싸게 사고 싶다는데 싸게 살 수 있도록 도와주다니, 이런 나쁜 놈들이 있나.' 믿기 힘들겠지만 실제로 한국의 자본시장에서 벌어지고 있는 일이다.

사모펀드의 위험한 반칙:
라임과 옵티머스

두 개의 주식이 있다. 두 주식 모두 현재 주가는 100원이다. 그러나 기대수익은 서로 다르다. 주식 A는 내일 아마도 150원이 될 것이다. 주식 B는 200원으로 기대된다. 여기서 질문. 당신이라면 어떤 주식을 사겠는가? '사람을 뭐로 보고 이런 질문을 하느냐'라고 화내시지 않기 바란다. 그러나 주식 B라고 답했으면 틀렸다. 주식 A 역시 틀린 답이다. 정답은 '알 수 없다'이다.

사모펀드의 성장

1990년대 후반 외환위기 이후 태어난 한국의 사모펀드산업은 적어도 국내에선 외국계 사모펀드와 맞장 뜰 정도로 눈부시게 발전했다. 수많은 부침을 겪고 국민의 따가운 눈총을 받아왔던 걸 생각하면 놀라운 성과다. 그러나 2019년과 2020년에 연달아 터진 라임자산운용과 옵티머스자산운용 등 대형 사모펀드 사고는 이를 바라보는 부정적인 시선에 기름을 부었다. 정책 실패, 불완전 판매, 주가 조작, 사기, 정경유착 등 온갖 부정적 말들이 사모펀드와 연관되어 연일 쏟아져 나왔다.

일반적으로 펀드는 모집 형태에 따라 공모펀드와 사모펀드로 나뉜다. 공모펀드는 공개적公으로 투자자들을 모집募한다. 소액투자도 가능해 일반투자자들이 투자하기에 무난한 펀드다. 반면 사모펀드는 사적私으로, 즉 비공개로 모집하는 펀드다.▲ 주로 은행·연기금 등 기관투자가들이나 상당한 수준의 재력가들이 투자한다. 사모펀드가 '그들만의 리그'로 여겨지는 이유다.

자본시장법에 따르면, 사모펀드에는 전문투자형(헤지펀드)과 경영참여형 두 가지가 있다. 문제가 된 라임이나 옵티머스는 헤지펀드다. 헤지펀드는 레버리지(부채)를 순자산의 400%까지 일으켜(순자산이 1억 원이라면 4억 원을 빌릴 수 있다는 의미) 주식·채권·파생상품 등에 공격적으로 투자하는 펀드다. 반면 경영참여형 사모펀드는 피인수 기업 지분을 확보해 경영에 직접적으로 참여한다. 이들은 영업 방식이나 사업구조, 지배구조 등을 개선해 기업가치를 높인 후 기업을 매각하거나 상장해 수익을 실현한다.

▲ 간혹 사모펀드private equity fund에서 private equity라는 말이 '비상장사'를 의미하는 것으로 보고 사모펀드를 비상장사에만 투자하는 펀드로 오해하는 경우도 있는데 사모펀드의 투자 대상은 상장사와 비상장사를 가리지 않는다. 사모펀드 운용사는 흔히 업무집행사원General Partner, GP이라고 불리는데 IMM, MBK파트너스 등 익숙한 이름들이 이에 해당한다.

금융투자협회에 따르면 2019년 말 공모와 사모를 합친 국내 자산운용사 수는 모두 291개다. 이들이 만든 펀드 수는 1만 5000개 이상, 총설정액(펀드에 모집된 금액. '수탁고'라고도 불린다)은 650조 원, 총순자산(운용수익을 반영한 펀드 실제 가치)은 659조 원 정도다. 참고로 2019년 우리나라 국내총생산은 1900조 원이다.

사모펀드의 총순자산은 416조 원으로 공모펀드 242조 원을 크게 앞선다. 총설정액도 사모펀드가 412조 원, 공모펀드가 237조 원이다. 전문 사모운용사 수도 2015년 불과 19개에서 2020년 5월 233개로 급격히 늘었다. 한국에서 겨우 20여 년 전 처음 사모펀드 제도가 도입된 걸 생각하면 상전벽해다.

그러나 현재 국내 사모펀드산업은 위기다. 라임, 옵티머스 등을 포함해 환매(투자자들이 부분적 또는 전체적으로 펀드로부터 투자금을 회수)가 중단된 금액이 모두 6조 원을 넘는다. 옵티머스 사태가 터진 2020년 6월 중순부터 그달 말까지 공모와 사모펀드 모두에서 투자자들이 회수해 간 금액 역시 거의 20조 원에 달한다. 라임 사태와 옵티머스 사태가 적지 않은 영향을 끼쳤을 것이다. 금융위원회와 금융감독원은 이참에 사모펀드 관련 규제를 대폭 강화할 태세다.

한국과는 달리 외국의 사모펀드 업계는 코로나19에 얻어맞고도 거뜬하다. 콜버그크래비스로버츠Kohlberg Kravis Robert, KKR와 베인캐피털Bain Capital 등 '딜deal 수' 기준 글로벌 상위 10개 사모펀드 회사들의 거래금액은 지난 3월부터 6월 중순까지 이미 400억 달러를 뛰어넘었다.[1] 유럽의 경우 2019년 한 해 동안 사모펀드로 모집된 자금이 1090억 유로로 2008년 금융위기 이후 최고를 찍었다.[2] 미국에서는 사모펀드 업계에 지각변동을 가져올 대형 뉴스가 2020년 6월 초에 나왔다. 트럼프 행정부가 미국인들이 확정기여형 연금계좌(401k)를 통해 사모펀드에 투자할 수 있도록 규제를 풀겠다고 선언한 것이다. 규제가 풀리면 연금계좌 주인은 자신의 선호에 따라 다양하게 대상을 선택해 투자하고 투자 성과를 퇴직급여에 반영할 수 있게 된다.[▲] 그동안 미국의 공적연금들은 오랫동안 사모펀드에 투자해왔다. 그러나 개인들의 연금계좌에 있는 돈은 사모펀드에 투자할 수 없도록 규제해왔다. 사모펀드가 공모펀드보다 위험이 크고 유동성이 낮으며 불투명하기 때문에 개인투자자들에게 적합한 투자 방식이 아니라고 보았기 때문이다. 그러나 이제 무려 8조 달러에 달하는 연금계좌의 돈을 아폴로Apolo, 블랙스톤Blackstone, 칼라일Carlyle, KKR 등이 운용하는 사모펀드에 투자할 수 있는 길이 열린 것이다.

이는 오랫동안 사모펀드 그룹의 숙원이었다. 사모펀드 로비 단체인 미국투자위원회AIC는 미국인들이 최고의 성과를 낼 수 있는 자산에 투자하게 된 것은 '긍정적인 진보'라며 즉각 환영하고 나섰다.[3] 〈포브스〉는 "트럼프 행정부가 미국인들의 연금을 늑대들에게

[▲] 연금에는 확정기여형과 확정급여형이 있다. 확정기여형defined-contribution, DC은 회사가 부담하는 금액이 정해진 제도로, 회사는 매년 근로자 연봉의 1/12 이상의 퇴직급여 부담금을 입금한다. 퇴직급여 부담금은 근로자의 투자 의사에 따라 여러 상품에 투자되는데 투자 성과에 따라 더 많은 퇴직급여를 받을 수 있다. 확정급여형defined-benefit, DB은 근로자가 받을 퇴직급여가 정해진 제도로 투자 주체는 회사이고 투자 성과 역시 회사에 귀속된다. 401k는 일종의 확정기여형 연금으로 직원이 내는 돈만큼 혹은 그 일정 부분만큼 회사에서도 연금을 쌓게 돕는 고용주후원 형태다.

갖다 바칠 문을 열어줬다. 앞으로 연금 투자자들은 도살자들에게 게걸스럽게 잡아먹히는 양의 신세가 될 것이다"라는 칼럼을 내놓았다.[4] 저금리 시대가 지속되면서 수익률에 목말랐던, 3950억 달러를 운용하는 미국 최대 공적연금인 캘퍼스CalPERS는 사모펀드 투자를 통해 7%의 수익률을 달성하겠다는 계획을 같은 달에 발표했다.[5] 사모펀드산업의 성장과 함께 상장사public company들이 상장폐지를 통해 사기업private company으로 회귀하는 추세도 현재진행형이다. 상장사 경영자들은 수많은 규제와 공매도 투자자들의 공격, 그리고 주주들의 다양한 요청 및 압박에 시달린다. 사모펀드는 이런 고민을 덜어줄 수 있다. 상장을 폐지하더라도 사모펀드 투자를 받으면 번거로운 규제들을 피하면서 큰 규모의 자금을 안정적으로 조달할 수 있기 때문이다. 〈파이낸셜타임스〉는 이러한 추세가 규제완화와 겹쳐 팬데믹 혼란 속에 사모 자본private capital의 새 시대를 열고 있다는 칼럼을 실었다.[6]

성장 뒤의 그늘: 라임·옵티머스 사태

라임자산운용은 2012년 투자자문사로 시작해 2015년 전문사모집합투자업자 인가를 받은 헤지펀드다. 운용자산규모AUM가 2015년 말에는 210억 원에 불과했으나 2년 뒤 1조 4500억 원 이상으로 70배 가까이 뛰었다. 환매 중단 사태가 터지기 직전인 2019년 6월에는 5조 6540억 원을 운용하던 업계 1위의 공룡 펀드였다. 라임은 저금리 시대에 적당한 투자처를 찾지 못하고 중위험·중수익 상품을 원하는 투자자들의 수요와 맞물려 초고속 성장을 이뤄냈다. 그러나 성장 뒷면에 숨겨진 그늘이 밝혀지기 시작하면서 입맛이 쓴 케이스가 됐다. 같은 6월 자산 부실화와 펀드 돌려막기(자산운용사가 여러 펀드를 운용하면서, 특정 펀드에 다른 펀드의 돈을 제공하는 행태. 돈을 제공한 펀드의 투자자들이 큰 손실을 입을 수 있다) 의혹이 처음 제기되었다. 10월엔 최대 1조 3000억 원 환매 중단이, 그리고 2020년 1월에도 추가로 수천억 원 환매 중단이 발표되었다. 금융 당국은 즉각 조사에 나섰다.

문제가 된 펀드는 모두 4개(플루토FI D-1, 테티스2, 플루토TF-1, 크레딧인슈어드1)로 총 1조 6000억 원 규모다. 주로 유동성이 떨어지는 (현금화가 어려운) 국내 사모사채, 메자닌 채권, 무역금융 등에 투자해왔다.[*] 이 펀드들은 '모母펀드'라고 불리는데 그 이유는 수많은 하위 펀드, 또는 자子펀드들을 갖고 있기 때문이다.

라임AI스타 1.5Y는 모펀드 플루토FI D-1에 투자하는 자펀드다. 투자자들은 자펀드에만 투자할 수 있다. 모펀드-자펀드로 펀드를 설계한 이유는 사모펀드 투자자 수를 49인 이하로 제한한 규제 때문이다. 자펀드를 여러 개 만들면 이 같은 규제를 피해 펀드 규모를 키울 수 있다. 라임의 경우 문제가 된 모펀드들에 딸린 자펀드는 모두 173개다. 다수의 자펀드를 설계하면서 펀드 간 순환출자 및 돌

---

[*] 사모사채는 기업이 공모 절차 없이 특정인들을 대상으로 회사채를 발행해서 돈을 빌리는 것을 말하며, 메자닌 채권은 전환사채(일정 시간 경과 뒤 주식으로 전환할 권리가 부여된 사채) 등 옵션이 결합된 채권을 말한다

려막기도 가능해져 사태를 키운 중요한 원인이 되었다. 예를 들어, 투자자가 '신용이 보증된(상환받지 못할 가능성이 낮다는 의미)' 매출채권에 투자하는 줄 알고 크레딧인슈어드1의 자펀드에 투자했다 치자. 자펀드는 그 돈으로 모펀드인 크레딧인슈어드1에 투자한다. 그런데 크레딧인슈어드1이 다른 모펀드인 플루토나 테티스에 투자하는 바람에 정작 자신의 자펀드 투자지들에겐 환매해주지 못하는 경우가 실제로 벌어졌다.

모펀드-자펀드로 설계한 또 다른 목적은 펀드를 개방형open-end으로 만들어 판매를 늘리기 위함이다. 만기 이전에 환매가 가능하면 개방형, 그렇지 않으면 폐쇄형closed-end이다. 다른 조건들이 같다면 투자자들은 개방형을 선호한다. 그러나 대규모 자금을 소수의 투자자로부터 모집해 유동성이 낮고 위험이 높은 자산들에 대규모로 투자하는 사모펀드는 폐쇄형으로 설계되는 것이 일반적이다. 라임의 경우 모펀드는 폐쇄형, 자펀드는 개방형으로 디자인됐다. 개방형 펀드라 하더라도 여러 개의 자펀드들에서 동시에 환매가 요구되는 펀드런fund run이 일어나지 않는 이상, 산발적 환매 요구에는 충분히 대응할 수 있으리라고 생각했을 터이다.

이에 더해 비유동자산에 투자한 모펀드들은 증권사들과 체결한 TRS, 즉 총수익 스와프Total Return Swap 계약으로 자펀드들에 유동성을 제공해 개방형 펀드 설정을 도왔다. 이 TRS 계약은 펀드 환매 중지 사태의 주요 원인이며 그 손실을 증폭시키는 데도 결정적인 역할을 했다.

그렇다면 TRS 계약이란 무엇인가? 간단한 사례를 들어 설명해

보자. 자신이 가진 돈을 담보로 레버리지를 일으켜(돈을 빌려) 투자하면 손실위험도 커지지만 수익률 대박도 노릴 수 있다. 그래서 당신은 친구에게 이렇게 말한다.

"내가 3억 원을 담보로 줄 테니 네 돈 3억 원을 더해 삼성전자 주식 6억 원어치(주당 6만 원, 1만 주)를 나 대신 사줘. 삼성전자에서 나오는 배당 및 자본수익 등 모든 수익은 내가 가질게. 즉, 너는 삼성전자에 투자하는 게 아니라 그냥 나에게 돈을 빌려주는 셈이지. 너에게 빌린 돈 3억 원은 이 계약이 끝나는 1년 뒤에 내가 가진 다른 어떤 부채보다 우선해서 갚아주마(선순위 부채). 수수료(이자)도 꼬박꼬박 챙겨 갚는 건 물론이고…. 게다가 삼성전자 주식은 내가 돈을 갚을 때까지는 네가 소유하게 되니 추가 담보로 생각해도 될 거야. 만기에는 네가 갖고 있는 삼성전자 1만 주를 되살게. 너는 담보를 받은 데다 주식까지 갖고 있으니 안심하고 이자 받으면 되어 좋고, 나는 투자금을 늘려 수익을 극대화시킬 수 있을 테니 좋고. 어때?"

TRS는 자금 부족이나 규제 등으로 자산을 매입할 수 없는 총수익 매수자를 대신해 총수익 매도자가 기초자산을 매입하고, 자산의 가격이 변동하면서 발생하는 이익과 손실은 투자자인 총수익 매수자에게 귀속되는 계약이다. 총수익 매도자는 그 대가로 수수료 또는 이자를 받으며, 자산 처분 시 선순위로 자금을 회수할 수 있다. 이 TRS 계약에서 '총수익 매도자(매도자)'로 불리는 당신 친구(실제로는 증권사)는 스스로 보유한 기초자산(여기서는 삼성전자 주식)에서 발생하는 모든 수익을 당신에게 준다. 그 대가로, '총수익 매수자(매수자)'인 당신(실제로는 펀드)은 매도자에게 수수료(이자)를 지급한다.

이 거래가 이루어지려면 우선 매수자는 매도자에게 담보는 물론 그 담보로 빌린 돈까지 제공한다. 매도자는 그 돈으로 기초자산을 매입한다. 쉽게 말해 매수자가 매도자에게 '담보를 주었으니 거기에 당신 돈을 더 얹어서 우리 대신 기초자산을 매입해달라'고 부탁하는 셈이다.

매수사가 직접 기초자산을 매입하지 않고 굳이 복잡하게 매도자에게 사달라고 하는 이유는 뭘까? 돈을 더 싸게 빌릴 수 있기 때문이다. 매도자 입장에서는 돈을 빌려줄 때 이미 담보를 받았고 그 돈으로 산 기초자산까지 소유하게 된다. 미상환 위험을 확 줄인 대출을 해주는 셈이다. 따라서 대출이자를 낮출 유인이 생긴다. 매수자 입장에서는 은행에서 담보대출을 받는 것보다 싸게 돈을 빌릴 수 있으니 좋다. 게다가 TRS는 장부 외off-the-book 거래로 자산 매입을 위해 일으킨 레버리지가 회계장부에 기록되지 않는 이점도 있다. 보통 TRS 거래 만기에는 매수자가 매도자로부터 기초자산을 재매입할 권리를 갖는다. 결국 기초자산의 실질적 보유자인 매수자가 기초자산을 매도자에게 잠깐 동안 맡겨두었던 셈이다. TRS가 '파킹parking' 거래로 불리기도 하는 이유다.

문제가 된 라임 모펀드(총수익 매수자)들은 여러 증권사들(총수익 매도자)과 6700억 원 규모(환매 중지된 1조 6000억 원의 42%)의 TRS 계약을 맺었다. 기초자산은 메자닌 채권들이었고, 증권사들이 30억 원을 담보로 받으면 100억 원어치의 채권을 사들이는, 담보비율 30%의 거래였다. 만약 펀드 운용 실적이 저조하거나 손실이 날 경우 증권사들은 담보가치 하락에 대비해 추가 담보를 요구한다(마진콜). 마진콜에 대응하는 만큼 유동성이 소진되고 운용비용이 상승해 펀드 수익률에 부정적인 영향을 미친다. 수익률이 떨어지면 추가 마진콜(담보비율 추가상승)을 받게 된다. 라임의 경우 담보비율이 100%까지 올랐다. 담보비율 100%는 사실상 레버리지가 0인 것으로 대출로 빌린 돈이 모두 회수된 것이나 다름없다. 펀드 수익률이 낮아 투자자들이 환매를 요구하는 상황에서 우선순위 채권자인 증권사들이 대출을 거둬들이자 펀드런이 가속화되었다. 라임펀드로서는 한창 어려울 때 부담이 극대화되는, '비 올 때 우산을 빼앗기는' 처지가 된 셈이다. 결국 펀드는 환매 중단을 선언할 수밖에 없었다.

24개 펀드, 약 2400억 원이 환매 중단된 옵티머스 사태는 라임 사태보다 이해하기 쉽다. 아예 대놓고 사기를 쳤기 때문이다. 줄거리는 이렇다. 서류를 위조해 안전한 자산(공공기관 매출채권 등)에 투자할 것처럼 속여서 투자자들을 대거 모집한다. 이후 모집된 자금을 부동산 개발회사와 대부업체들이 발행한 '고위험 사모사채(부동산업체나 대부업체가 특정인을 대상으로 발행하는 채권. 금리가 높은 대신 미상환 위험이 크다)'에 투자해 큰 수익을 노린다. 이들은 아예 처음부터 계획적으로 이런 사기극을 꾸몄다는 의혹을 받고 있다. 금융감독원 조사에서 이들이 실제로 공공기관 매출채권 같은 안정적 자산에 투자한 적이 없었음이 드러났기 때문이다. 21세기 대한민국의 자본시장 감시체계를 얼마나 우습게 봤기에 이렇게까지 할 수 있었을까 생각하면 맥이 풀릴 지경이다.

자본시장 감시체계에 대한 도전

미국에서 헤지펀드나 사모펀드에 대한 규제가 공모펀드에 비교해 느슨한 것은 투자자를 사적으로 모집하는 탓에 추후 문제가 발생하더라도 그 영향이 일반 대중에게 파급되지 않기 때문이다. 또한 투자자들 역시 사모펀드의 위험을 잘 이해하고 감내할 준비가 된 전문적인 투자자들이 대부분이다. 그러나 한국의 사모펀드는 실제로 금융기관에서 일반투자자들이 쉽게 구입할 수 있는, 마치 '공모펀드'처럼 거래되는 투자상품이다. 그럼에도 불구하고, 사모펀드로 규정되었다는 이유로 공모펀드에 적용되는 규제를 적용받지 않는 기괴한 형태가 되어버렸다. 위험이 큰 상품이 규제도 받지 않고 일반인에게 판매되고 있는 것이다. 그러한 문제점들이 이제 터져 나오고 있다.

글 첫머리의 질문을 약간 수정해 다시 여쭙겠다. 주식 A는 내일 '확실하게' 150원이 된다(불확실성, 또는 위험이 없다). 주식 B는 99%의 확률로 0원, 나머지 1%의 확률로 대박이 나서 2만 원이 된다(위험이 크다). 이제 당신은 어떤 주식을 선택하고 싶을까? 질문에 대한 정답을 '알 수 없다'로 제시했던 이유는 기대수익을 얻기 위해 감내해야 할 위험에 대한 정보가 주어지지 않았기 때문이다. 수익률return은 위험risk에 대한 보상으로 주어지는 것이다. 작은 위험만 감수하겠다면 높은 수익률을 기대해서는 안 된다. 높은 수익률을 추구하겠다면 큰 위험을 감수해야 한다. 사모펀드는 후자다. 투자 동기, 목적, 방식, 평가, 책임 등 투자에 얽힌 모든 것은 오로지 위험과 수익의 균형관계로 귀결된다. 자본시장이 때로 무자비하다고 여겨지는 이유다. 그러나 이는 시장에 반칙이 없을 때나 공정하게 적용되는 규칙이다. 낮은 위험을 감수하면서 높은 수익을 추구하는 것은 투자의 당연한 속성이지만 여기에 끼어드는 범죄적 시도는 철저히 제어해야 한다. 자본시장 감시체계는 범죄와 사기를 잡아내 위험과 수익률의 관계를 복원시키는 핵심 장치다. 최근의 사모펀드 사태는 한국의 자본시장 감시체계에 대한 중대한 도전으로 보인다.

경영참여형 사모펀드,
단비인가 흡혈귀인가

사모펀드 스카이레이크인베스트먼트(이하 스카이레이크)는 지난 2020년 7월 자신들이 인수한 아웃백스테이크하우스 한국법인 지분을 공개 매각하는 절차를 시작했다. 코로나19로 외식 사업이 타격을 받는 와중에도 7개 정도의 업체가 관심을 나타낼 만큼 반응이 뜨거웠다. 스카이레이크는 인수 이후 비인기 매장 폐쇄, 신메뉴 개발, 요리 전문성 강화 등으로 아웃백스테이크의 실적을 꾸준히 높였다는 평가를 받는다. 스카이레이크가 원하는 가격은 아웃백스테이크의 EBITDA(해당 기업의 현금창출 능력을 보여주는 지표로 사용되는 영업이익)인 260억 원의 열 배 수준인 것으로 알려졌다.[*]

대구 달성공단에 위치한 자동차 부품 제조사 한국게이츠. 사모펀드 블랙스톤이 대주주로 있는 미국게이츠가 이 회사의 지분을 절

---

[*] 스카이레이크는 2016년 580억 원에 아웃백을 인수해 2021년 7월 2700억 원에 매각했다.

반 이상 소유하고 있었다. 전체 직원 147명 정도 규모의 작은 회사지만 30년 역사를 가진 엄연한 흑자 기업이었다. 그러나 2020년 6월 말 갑작스레 공장 폐쇄가 결정되었다. 노사분규 때문에 문을 닫은 것이 아니다. 이 회사가 생산하던 부품을 중국에서 만들어 공급하면 생산비를 절감해 가격경쟁력을 확보할 수 있다고 생각한 미국게이츠 측의 글로벌 전략에 따라 그렇게 결정된 것이다.

언뜻 보면 사모펀드도 두 종류가 있는 것 같다. 스카이레이크는 아웃백스테이크의 기업지배구조 개선, 영업성과 증대, 나아가 창조적 파괴creative destruction를 통한 성장과 일자리 증대에 기여한 것처럼 보인다. 미국게이츠의 모기업인 사모펀드 블랙스톤은 먹잇감으로 찍은 한국게이츠에 득달같이 달려들어 그 가치를 뜯어먹고 회사를 중국으로 옮기려는 메뚜기 떼처럼 여겨진다.

우리나라에는 자본시장법상 사모펀드를 크게 전문투자형(헤지펀드)과 경영참여형으로 나눈다. 미국에서 사모펀드private equity fund는 문자 그대로 비상장사나 상장사의 지분equity을 매입해서 바이아웃buyout을 실행하는 펀드를 일컫는 용어다. 여기서 바이아웃은 (아직 해당 사모펀드의 소유가 아닌 시점이지만) 인수하고자 하는 기업을 담보로 레버리지를 일으켜(즉, 돈을 빌려) 인수자금을 조달하는 고도의 인수합병 전략을 말한다. 정확히는 차입매수Leveraged BuyOut, LBO를 줄인 용어지만 '경영참여형 사모펀드'의 다른 이름으로도 쓰인다. 이번 글은 경영참여형 사모펀드에 대해서 다룬다.

사모펀드 업계를 뒤집어놓은 논문

2020년 6월 발표된 학술논문 한 편이 영미권 사모펀드 업계를 들쑤셔놓았다. 영국 옥스퍼드대학의 뤼도비크 팔리푸Ludovic Phalippou 교수가 발표한 〈불편한 진실:사모펀드 수익률과 억만장자 생산공장〉이 그 주인공이다.[1] 이 논문은 세계 최대 사회과학 연구 네트워크SSRN에 6월 15일 포스팅된 뒤 고작 48시간 만에 3000회 이상 다운로드를 기록했다. 겨우 두 달여 지난 8월 중순까지 1만 5000여 회에 이르는 다운로드를 기록했다(참고로 노벨 경제학상 수상자인 유진 파마 교수가 1997년 4월 말 포스팅한 논문의 다운로드 횟수가 현재 9만 1000회 정도도). 펀드 업계의 분노를 자아낸 논문의 내용은 이렇다.

저자는 자신이 개발한 측정치로 2006년부터 2015년까지 10년 동안 미국 사모펀드들의 성과(수익률)를 평가했다. 그리고 놀랍게도 사모펀드들의 수익률이 같은 기간 주가지수 변동과 비슷한 수준에 그쳤다는 것을 발견했다.

주가지수의 변동을 따라가는 투자상품들이 있다. 이에 투자하면 큰 손실을 두려워할 필요 없이 주식시장에서 그럭저럭 '평범한' 수익률을 낼 수 있다. 그러나 사모펀드에 투자하는 것은 어떤 경우에는 큰 수익을 내지만 다른 경우에는 엄청난 손실을 기록할 수 있는 위험한 일이다. 사모펀드의 수익률이 주가지수 투자수익률과 비슷하다는 것은 무슨 의미인가? 사모펀드에 투자한 사람들이 멍청했다는 이야기와 다를 바 없다. 더욱이 미국 사모펀드 운영자들이 같은 기간 '투자를 잘해 큰 수익을 거둔' 대가로 받은 '성과보수'는 무려 2300억 달러에 달했다고 팔리푸 교수는 주장했다.

여기까지만 봐도 사모펀드 업계의 울분을 사기에 충분하다. 그러나 논문은 뒷부분에서 핵폭탄 하나를 더 터뜨린다. 성과보수의 많은 부분이 겨우 펀드매니저 22명(2005년에는 3명)에게 집중되어 이들이 각각 20억 달러 이상의 부자가 되었다는 것을 실명과 함께 보여준 것이다. 물론 이들은 대부분 사모펀드 설립자로, 예측하기 힘든 이름들은 아니었다. KKR 공동 설립자인 헨리 크래비스Henry Kravis와 조지 로버츠George Roberts, 고어스Gores그룹 창립자 앨릭 고어스Alec E. Gores, 블랙스톤 공동 설립자인 스티븐 슈워츠먼Stephen A. Schwarzman, 아폴로그룹 공동 설립자인 리언 블랙Leon Black 등. 결국 이 논문은 수천만 명의 삶을 책임지는 거액의 투자금이 겨우 사모펀드 거물 몇 명의 부를 증진하는 데 이용되었을 뿐이며 사모펀드는 이런 과정에서 가치 증진에 기여한 바가 거의 없었다는 충격적이고 도발적인 주장을 한 것이다.

사모펀드 업계에서는 난리가 났다. 특히 빅 4로 불리는 블랙스톤·아폴로·칼라일·KKR이 즉각 반박하고 나섰다. 그들은 팔리푸 교수가 사모펀드의 성과를 측정하는 방법으로 제시한 '투자배수Multiple of Money, MoM'부터 공격했다. MoM은 '사모펀드가 벌어들인 돈(수익)'을 '사모펀드에 투자된 액수'로 나눈 수치다. 이 수치가 클수록 사모펀드의 수익률이 높다고 평가할 수 있다(팔리푸 교수는 사모펀드의 MoM이 낮았다고 주장했다).

KKR 등 사모펀드들은 MoM이 펀드 성과를 측정하는 올바른 방법이 아니며, 그 수치 역시 제대로 계산되지 않았다고 반박했디. 또

논문이 연구 샘플을 특정 기간에 국한했다거나 바이아웃펀드(사모펀드)를 다른 종류의 금융상품과 부당하게 비교했다는 볼멘소리까지 나왔다. 사모펀드들은 또한 자신의 성과보수 산정에 어떤 문제도 없었다고 주장했다.

KKR은 논문의 문구 하나를 꼬투리 잡는 감정적 반응을 보이기도 했다. 팔리푸 교수는 논문에 "잘못된 결론에 도달하도록 정보를 전달하는 여러 가지 방법이 있다"라고 썼다. 그런데 영어 문장을 살펴보면 "굳이 거짓말을 하지 않더라도without having lied"라는 문구가 부연되어 있다. KKR은 이 부분에 문제를 제기했다. 이 문구가 큰 오해를 가져올 수 있다며 논문에서 삭제해달라고 요청한 것이다. 다른 거대 사모펀드인 블랙스톤은 영어로 2150자에 이르는 반박문을 올렸다.

팔리푸 교수는 사모펀드들의 반박 내용을 아예 논문에 추가한 뒤 하나씩 촘촘히 반박했다. 예를 들면 이런 식이다. 사모펀드 측의 로비 단체인 미국투자위원회는 '하필 성과가 좋지 않은 2006년 빈티지(펀드가 모집된 해를 뜻하는 표현이다) 펀드를 분석해 이 같은 결론을 도출했다'고 저자를 비난했다. 이에 대해 팔리푸 교수는 "2006년 한 해가 아니라 2006년부터 (2015년까지) 조성된 펀드 모두를 분석한 결론"이라고 깨알같이 반박했다.

사실 미국투자위원회쯤 되는 로비 단체가 '2006년'과 '2006~2015년'도 구분하지 못한 것은 아주 웃기는 실수다. 그러나 얼마나 열받았으면 그랬을까.

사모펀드들의 반박은 유력 경제지를 통해서도 계속되었다. 사모펀드 인베스트유럽InvestEU의 CEO는 〈파이낸셜타임스〉 기고문에서 '이 논문이 가정은 물론 연구 방법도 틀렸으며, 만약 저자의 말대로 사모펀드가 나쁜 것이라면 2019년 유럽에서 무려 1090억 유로의 펀드레이징(사모펀드 측의 자금조달)이 어떻게 가능했겠느냐'고 반문했다. 그리고 사모펀드의 진가는 10년 정도의 단기 성과를 살펴본다고 알 수 있는 것이 아니며 적어도 15년 이상, 25년까지 살펴봐야 알 수 있다고 따졌다.[2]

무시할 수 없는 사모펀드의 공헌

사모펀드가 기업을 매입해서 단기적으로 그 가치를 높인 뒤 매각이나 상장으로 이익을 실현한다는 비난은 일반적으로도 널리 퍼져 있다. 인수한 기업을 고작 5년 뒤에 비싼 값에 팔기 위해 (당장은 기업가치를 높이지만 해당 기업에 장기적으로 불리한 구조조정으로) 장기적인 성장 가능성을 희생시킨다는 것이다.

그러나 이 같은 주장에 반대 의견도 만만치 않다. 5년 후 회사를 매각하려고 해도 장기적 성장 가능성이 없어 매각 이후 '5년 안에 망할 정도'로 가망 없는 회사라면, 누가 비싼 값을 주고 인수하려 하겠는가.

유명한 오비맥주 사례를 보자. 2008년 금융위기 당시 세계 최대 맥주회사 AB인베브Anheuser-Busch InBev는 오비맥주를 매물로 내놓았다. 이를 18억 달러에 인수한 KKR과 홍콩계 사모펀드인 어피니티

에쿼티파트너스Affinity Equity Partners(이하 어피니티) 컨소시엄은 비용절감을 위한 구조조정을 하지 않는 대신 과감한 투자로 기업가치를 높이는 전략을 선택했다. 영업활동 개선, 유통망 정비, 적극적인 시설투자 등이 그 내용이다. 결국 오비맥주는 하이트를 밀어내고 한국 내 맥주시장 점유율 1위를 달성했다. 컨소시엄은 5년 만에 인수 가격의 무려 세 배기 넘는 58억 달러를 받고 오비맥주를 AB인베브에 재매각할 수 있었다. 이 사례는 사모펀드가 기업가치를 획기적으로 높인 전설로 남았다.[3] 이를 두고 사모펀드가 오비맥주의 단물만 빼먹고 팔아버린 것이라고 얘기할 수 있을까? 이는 세 배 가격을 지불한 매수자(AB인베브)가 바보 천치였을 경우에만 맞는 말이 될 것이다.

하버드대학의 마이클 젠슨Michael C. Jensen 교수는 유명한 그의 1989년 논문에서 사모펀드의 시대가 올 것임을 예측했다.[4] 사모펀드의 경우, 몇몇 투자자가 사모펀드의 소유권(과 나아가 운영권)을 갖고 있다. 주주가 적으므로 그만큼 '대세'에 휩쓸리지 않고 사모펀드가 어디에 투자할지 전략적으로 모니터할 수 있다. 이런 대주주들로부터 큰 영향을 받는 사모펀드 운영자들 역시 철저히 성과에 따라 보수를 받는다고 젠슨은 주장했다. 대주주가 전략적으로 사모펀드를 통제하고, 운영자 역시 성과에 따라 보수를 받으므로 사모펀드는 오히려 장기투자에 적합하다는 것이다.

사실 사모펀드가 기업에 투자하고, 해당 기업에 혁신이 증대하는 사례는 '경영참여형 사모펀드들'로부터 어렵지 않게 찾을 수 있다. LBO를 통해 사모펀드에 인수된 회사가 이후 중요한 부문에서

양질의 특허를 더 많이 만들어낸다는 사실이 실증연구로 밝혀진 바도 있다.[5]

팔리푸 교수의 논문이 충격적이었던 이유도 당시까지 실증연구들이 '사모펀드는 기업의 자금조달, 기업지배구조 향상, 운용 효율성 증대 등 다양한 측면에서 성과를 높인다'는 점을 보여주고 있었기 때문이다. 예컨대 사모펀드가 투자활동을 통해 시장에서 생산성 낮은 기업을 퇴출시키고 고생산성 기업의 진입을 촉진해 총요소생산성(노동생산성뿐만 아니라 자본, 노동, 자원 등을 반영한 생산효율성 수치)을 증가시킨다는 사실은 잘 알려져 있다.[6] 1980~2013년 미국 데이터를 분석한 한 연구에 따르면, 사모펀드가 바이아웃한 기업의 생산성이 2년 이후 8% 증가했다.[7] 한국과 일본, 캐나다, 미국, 독일, 스페인, 프랑스, 영국, 그리스 등 26개국 20개 산업을 1991~2009년에 분석한 한 연구도, 사모펀드가 투자하는 산업이 고용과 생산성 측면에서 더 빠르게 성장했으며, 특히 이들 산업이 산업 주기industry cycle와 관련된 충격에도 훨씬 덜 노출된다는 점을 보여준다.[8]

사모펀드의 가장 잘 알려진 장점은 기업에 자금을 조달해줘서 숨통을 틔우는, 다시 말해 유동성을 제공하는 역할일 터이다. '유동성 제공'은 평상시보다 자금 흐름이 원활치 않은 금융위기 기간에 더 중요하다. 실제로 사모펀드는 금융위기 상황에서 더 빛을 발했다. '2008 금융위기' 동안 사모펀드가 투자한 기업들은 그렇지 않은 기업들보다 원활하게 자본을 유입받았다. 덕분에 투자를 덜 줄이면서 결국 더 높은 성장과 시장점유율을 달성할 수 있었다. 이 같은 경향은 특히 현금에 쪼들려 고생하는 회사들에서 더 강하게 나타났다.[9] 금융위기 상황에서 특히 유동성이 떨어지는 회사들에 사모펀드가 가뭄에 단비 같은 구실을 했다는 것이다.

이 같은 사례는 미국뿐 아니라 한국에도 많다. 저조한 실적과 수익성으로 생존 여부를 걱정하던 처지의 버거킹은 보고펀드에 팔린 지 겨우 3년 만에 매출과 영업이익 등 여러 지표에서 이전과 비교할 수 없는 성장을 이루었다. 보고펀드는 2015년 인수 가격의 두 배로 어피니티에 버거킹을 팔았다. 보고펀드가 역량 있는 전문경영인 임명, 공격적인 가맹점 모집, 24시간 영업 확대 등으로 매출액을 급증시키며 기업가치를 극대화했기 때문이다. 놀랍게도 인수 당시 3300명 정도이던 임직원 수도 매각 당시엔 5500명 이상으로 크게 늘었다.[10]

그러나 사모펀드가 회사를 인수한 후 실시하는 구조조정에서 대규모 해고와 이직을 유발하는 경우도 많다. 사모펀드가 비난받는 이유다. 2012년 미국 대통령 선거에 출마한 밋 롬니Mitt Romney는 그가 운영한 베인캐피털이 수많은 노동자를 해고하며 구조조정을 감행했다는 사실로 비난받았다.

2002년부터 2008년까지 500개가 넘는 독일의 바이아웃 사례를 대상으로 '바이아웃이 실업과 이직에 미치는 영향'을 살펴본 최근의 한 논문 역시 사모펀드에 대한 부정적 인식이 틀린 것만은 아님을 보여주고 있다. 바이아웃 이후 실업과 이직이 늘어났던 것이다. 딱하게도 새로운 직업을 찾기 어려운 고령자나 고액 임금자일수록 더 타격이 컸다. 바이아웃 이후 5년 사이에 피인수 회사 노동자 가운데 9%가 실직했다. 이마저 19% 정도가 기존 일자리를 잃은 뒤 그중 10%가 재취업한 결과다. 소득도 연간 980유로 줄었는데 이는 중위소득의 약 3%에 해당한다.[11] 사모펀드로 인한 '인적자본의 위기'로 불릴 만한 일이다.

그러나 바이아웃 이후 저생산성 기업이 망하는 대신 고생산 기업이 출현하는, 이른바 '창조적 파괴' 덕분에 다른 일자리들이 더 많이 창출될 수도 있다. 한 연구는 상장사는 바이아웃 이후 2년 동안 실직이 13% 증가했지만 비상장사에서는 오히려 13%의 고용 증가가 나타났음을 보여준다. 그러나 급여는 바이아웃된 피인수 회사 노동자들의 경우 1.7% 하락하는 것으로 나타났다.[12]

사모펀드의 장단점에 대한 논의는 다양하다. 그러나 사모펀드를 바라보는 일반적 시선은 부정적인 것 일색이다. 한국만의 얘기가 아니다. 민주당 대선후보 경선까지 올랐던 엘리자베스 워런Elizabeth Warren 미국 상원의원은 2019년 7월 '월가의 약탈을 금지하는 법안Stop Wall Street Looting Act of 2019'을 의회에 제출하며 사모펀드를 정조준했다. 그는 사모펀드가 기업을 인수해 수익을 올린 후 매각하는 방식을 '합법적 약탈legalized looting'로 보고, 사모펀드 운용사들을 흡혈귀로 간주했다. 법안은 사모펀드가 단기적 이익을 추구하는 것을 방지하고 노동자들을 보호하며 더욱 장기적인 기업가치 향상에 힘쓰도록 강제하는 내용을 담고 있다. 빌려서 마련한 자금으로 배당을 과도하게 지급하는 등 그동안 비판받아왔던 사모펀드들의 행위를 제어하기 위해 인수 후 2년간 과도한 배당을 금지하고 부채에 대한 무한책임을 사모펀드에 부과하는 내용이다. 사모펀드가 투자한 기업이 파산하는 경우, 노동자 임금을 우선 지급하게 하는 등 약자를 보호하기 위한 정책에도 신경을 썼다.

미국뿐 아니라 유럽에서도 사모펀드가 일으킨 레버리지가 전체 금융시스템을 흔들 수 있다는 경고가 나온다. 문제점에 대한 토론과 합의를 거치면서 규제 움직임도 발 빠르게 진개될 것으로 보인다. 한국에서도 최근 라임과 옵티머스 사태를 거치며 금융 당국이 헤지펀드에 대한 규제 정비에 부지런히 나섰다. 마땅한 일이다. 그러나 헤지펀드뿐 아니라 경영참여형 사모펀드에 대해서도 다양하고 폭넓은 토론이 꼭 필요하다. 지금도 많이 늦었다.

P.S. 팔리푸 교수는 KKR이 삭제를 요구한 그 문장을 지우지 않았다.

3부

거시경제는
어떻게 개인의 삶을
좌우하는가

자본시장은 거시적 환경에 의해 큰 영향을 받는다. 이런 영향은 자본시장에 투자하는 이상 피할 수 없는 위험요소가 된다. 2021년 초 바이든 대통령의 취임과 함께 제시된 대규모 재정지출 계획은 지난 40여 년 간 이미 사라져버린 것으로 여겨졌던 인플레이션이 거대한 규모로 살아날 수 있다는 논쟁을 불러일으켰다. 그리고 우리는 오랫동안 없었던 인플레이션과 맞선 미국 연방준비제도의 공격적인 통화징책을 눈앞에서 보고 있는 중이다. 불과 몇 년 전까지도 거시적 위험요인은 대부분 디플레이션을 중심으로 그려지고 있었던 걸 생각해보면 상전벽해다. 시장은 폭락했고, 성장은 훼손되고 있으며 회복 전망조차 어두운 시기다. 통화정책을 통한 이자율 변화는 성장주와 가치주 투자의 성패에 중요한 요인이 되며 채권시장에는 특히 직접적인 영향을 끼친다. 그리고 오른 이자율은 미 달러화의 초강세를 가져오고 있다. 이자율이 오르면 채무자들의 삶은 고달파진다. 갚아야 할 이자가 크게 불어나기 때문이다. 부채는 인플레이션뿐만 아니라 디플레이션 시대에도 문제가 된다. 이래저래 한국에서 가계부채는 거시적인 가장 중요한 위험요인의 하나다. 급변하는 거시적 환경은 새로운 시장, 암호화폐시장에도 큰 영향을 미쳤다. 코인가치의 변동성은 너무 엄청나 주식이나 채권가치의 변동성에 비할 바가 아니다. 급변하는 거시적 환경이 자본시장에 미친 영향을 살펴보자.

문제는
기대인플레이션이다

아파트값이 아무리 비싸도 내일 더 오를 것이라고 생각하면 '영혼까지 끌어서라도' 돈을 모아 아파트를 사려 할 것이다. 그러나 아파트값이 이미 천정부지라서 가까운 미래에 가격이 떨어질 것으로 본다면, 누구도 해당 시점에서 아파트를 매입하려 들지 않을 터이다. 사람들은 '내일 물건값이 오를 것'이라 생각하면 오늘 시점에선 저축보다는 소비를 하게 된다. 가격이 오르기 전에 물건을 사두는 것이 낫기 때문이다. 반대로 '내일 물건값이 떨어질 것'으로 기대하면 오늘은 저축을 할 것이다.

우리는 흔히 저축은 좋은 것이고 소비는 나쁜 것이라고 생각한다. 사실은 정반대일 수 있다. 나의 소비는 누군가에게 소득이 된다. 내가 소비하지 않으면 그들의 소득이 줄어든다는 뜻이다. 소득이 줄면 소비를 줄여야 한다. 그렇게 소비를 줄이면 또 다른 누군가의 소득도 감소한다. 저축은 개인에게 '부를 축적하는 수단'일 수 있으나 모든 사람이 저축만 하다간 경제 전반은 망할 수밖에 없다는, 존 메이너드 케인스의 유명한 '저축의 역설paradox of thrift'이다.

소비는 경제를 지탱하는 힘이다. 소비에 영향을 미치는 요소들은 많다. 가장 중요한 요소 중 하나는 사람들이 내일의 물가를 어떻게 예상하느냐이다(이를 '기대인플레이션'이라고 한다). 즉, 경제주체들이 내일 물가가 올라갈 것이라고 생각할 때 소비가 일어난다는 이야기다.

미국 미시간대학의 소비자심리지수consumer sentiment index에 따르면, 미국인의 소비심리는 2008년 금융위기 이후 줄곧 바닥 수준에 머물고 있다. 최근에는 코로나19로 직격탄을 맞아 소비심리가 더 얼어붙었다. 미국뿐 아니라 세계적인 추세다. 아무리 돈을 풀어도 소비가 살아나지 않는다. 풀린 돈은 금융시장으로 흘러들어 주가를 천정부지로 올려놓았을 뿐이다. '지금 불황 맞나?'라는 질문이 자연스럽게 나오기도 한다.

그런데 불황이 맞긴 맞나 보다. 이런 상황에서 2020년 8월, 미국 캔자스시티 잭슨홀에서 열린 경제정책 심포지엄에서 제롬 파월Jerome Powell 연방준비제도(미국 중앙은행) 의장이 '너무 낮게 형성된 기대인플레이션'을 높이겠다는 취지로 '수정된 인플레이션 목표제'를 들고나온 것을 보면 말이다. 간단히 말해 너무 오래 낮은 물가가 지속되는 상황에서는 2% 이상의 인플레이션이 일어나더라도 이를 용인하겠다는 내용이었다. 지금부터 하나씩 차근차근 짚어보자.

같은 돈으로 미래에 살 수 있는 햄버거의 개수

2011년 어느 날 나는 베트남 하노이의 유명 은행 지점에 들렀다. 입구에 '1년 이자율 20%'라는 안내문이 붙어 있었다. 이게 가능한 이자율인가? 당시 듣도 보도 못한 높은 이자율에 잠시 베트남은 별천지인가 싶었다. 나중에 알고 보니 당시 베트남의 인플레이션이 19% 정도였다. 헛웃음이 나왔다. 뭐야, '겨우 1% 먹는 것'이었어?

이 1%라는 숫자는 어떻게 나온 걸까? 명목이자율(은행에서 흔히 보는 보통의 이자율, 앞으로 그냥 이자율이라 부른다) 20%에서 인플레이션 19%를 뺀 것이다. 이때 1%는 '돈의 구매력 변화'다. 1년 동안 돈을 빌려주면 원금의 20%를 더 받을 수 있지만(돈의 값), 물건값도 19% 올라버렸으니 돈의 구매력은 1% 상승한 데 불과한 것이다. 이를 실질이자율이라고 한다. 내가 '정해진 금액으로 살 수 있는 햄버거 개수(구매력)'가 지금과 비교했을 때 미래에 얼마나 변화하는지를 나타내는 값이라고 할 수 있다. 구매력, 돈의 값, 물건값 사이의 관계는 다음의 식으로 요약할 수 있다. 경제학자 어빙 피셔 Irving Fisher 가 도입한 개념으로 피셔방정식 또는 피셔효과라고 한다.

실질이자율(돈의 구매력)=이자율(돈의 값)−인플레이션(물건값)

통화정책이란 중앙은행이 화폐가치를 조정해 경제 전반에 어떤 영향을 미치려고 하는 정책을 말한다. 우리는 인플레이션이 1% 높아질 가능성에 대비해 이자율을 1% 높이기로 금융통화위원회에서 결정했다는 식의 뉴스를 자주 접한다. 이때 이자율을 높이지 않으면 실질이자율은 1%포인트 떨어지게 될 것(-1%)이다. 물가는 오르는데 '돈의 값'은 그대로이기 때문이다. 그러면 '같은 돈으로 살 수 있는 햄버거의 개수(돈의 구매력)'가 줄어든다. 만약 돈의 구매력이 줄어드는 것이 싫다면 이자율을 1% 높여주어야 한다. 이처럼 인플레이션 변화분만큼 이자율을 조정해주는 것은 전통적인 통화정책의 하나다.

그런데 현시점에서 1년 뒤 이자율은 어느 정도 정해져 있지만 물가가 얼마나 오를지(인플레이션)는 알기 어렵다. 사실 몰라도 된다. 오히려 중요한 사실은 우리 각자가 (자신도 의식하지 못하는 사이에) 나름대로 물가가 앞으로 얼마나 오르고 내릴지를 '예측'한다는 것이다. 이를 '기대인플레이션'이라고 부른다. 예를 들어, 이자율이 15%인데 시민들이 앞으로 물가가 10% 오를 것으로 본다고 즉, 기대인플레이션이 10%라고 치자. 이 경우, 시민들은 실질이자율을 5%(15%-10%)로 예측한다고 즉, 기대실질이자율이 5%라고 표현할 수 있다. 공식으로 나타내면 다음과 같다.

기대실질이자율=이자율-기대인플레이션

통화정책에서는 이런 '기대치'가 매우 중요하다. 실제로 통화 당국은 기대치를 예측해서 '선제적'으로 통화정책을 수행한다.

예컨대 기대인플레이션이 이자율보다 더 높아질 수 있다. 그러면 기대실질이자율은 '음陰의 값'으로 내려간다.

기대실질이자율이 음수라면 경제주체들이 '돈의 구매력'이 앞으로 지금보다 더 떨어지리라고 기대하는 것이다. 예를 들어 지금 햄버거 10개를 살 수 있는 돈으로 앞으로는 8개밖에 못 산다는 것. 그렇다면 돈을 저축하기보다 지금 소비하는 쪽이 나을 것이다. 반대로 기대인플레이션이 이자율보다 낮다면 기대실질이자율은 양의 값을 갖게 된다. 돈의 구매력이 지금보다 앞으로 더 커질 것으로 본다는 의미다. 이 경우엔 지금 소비하기보다 저축해놓고 나중에 소비하려 한다.

그러나 지금 소비하지 않으면 불황이 발생한다. 통화 당국의 입장에서 볼 때 기대인플레이션이 낮아 '지금의 소비'가 모자란다면 기대실질이자율을 낮춰야 한다. 그러면 시민들은 돈의 구매력이 앞으로 떨어질 것으로 예측하면서 '지금의 소비'를 늘릴 것이다. 앞의 공식에서 알 수 있듯이 그 방법은 이자율을 낮추는 것이다.

전통적 통화정책의 한계와 양적완화

기대인플레이션이 음수라는 것은 앞으로 물건값의 하락, 즉 디플레이션이 올 것으로 예측한다는 의미다. '혁신'으로 생산성이 향상되어 물건값이 떨어지는 것이라면 좋은 일이다. 그러나 수요 부족('구매 의향이 없다')으로 인해 발생하는 디플레이션 기대는 문제다.

더 고약한 문제가 있다. 이런 나쁜 디플레이션이 기대되는 경우 아무리 이자율을 낮춰도 소비를 진작하는 효과를 내기 힘들다. 그만큼 장기침체로 이어질 가능성이 커진다. 내일 자동차값이 떨어질 것으로 예측한다면 단지 이자율이 낮다고 은행에서 돈을 빌려 오늘 자동차를 사러 가는 사람은 없을 것이다. 내일 사면 더 싸게 살 수 있을 뿐더러 누구도 오늘 산 차를 내일 더 싸게 팔기를 원하지 않을 것이기 때문이다. 다시 말해 사람들이 디플레이션을 '기대'하면 이자율 조정을 통한 전통적인 통화정책은 제대로 효과를 내기 힘들다.

이자율 조절이 작동하지 않는다면 기대인플레이션으로 눈을 돌려볼 수 있다. 기대인플레이션이 낮거나 심지어 음수라는 건 화폐의 구매력이 커져서 화폐 자체가 더 귀하게 될 것으로 기대한다는 뜻이다. 돈이 귀하니 함부로 쓸 수가 없어서 저축하는 것이다.

그렇다면 돈이 그렇게 '귀하지 않도록' 만들면 되지 않나? 예를 들어 주변에 돈이 널려 있다면 돈 가치는 떨어질 것이다. 화폐 자체를 수요-공급 측면에서 생각해보면 된다. 화폐도 공급이 늘면 가치가 떨어진다. 그렇다면 어떻게 할까? 화폐를 마구 공급하면 된다. '양적완화Quantitative Easing, QE'가 세상에 나온 배경이다. 선진국 중앙은행가들은 그동안 많은 노력을 들여 양적완화를 시행해왔다. 그러나 기대인플레이션을 높이는 데 그다지 성공하지는 못한 것으로 평가된다.

양적완화로도 안 된다면 어떻게 해야 기대인플레이션을 높일 수 있을까? 이것이 2020년 8월 잭슨홀 심포지엄에서 중요하게 다뤄진 주제였다. 미팅의 결론을 제대로 이해하기 위해서는 우선 '인플레이션 목표제inflation targeting'가 무엇인지 알아야 한다(이 단어의 공식적인 한국어 명칭은 '물가안정목표제'다. 그러나 모든 중앙은행의 목표엔 '물가안정'이 있다. 따라서 물가안정목표제라는 번역은 잘못된 것이다. '안정'이라는 말은 빠지는 게 옳다. 이 글에서는 '인플레이션 목표제'라고 부르기로 한다).

인플레이션 목표제의 목표

앞에서 보았듯이 기대인플레이션은 경제주체들의 소비에 영향을 미친다. 그러나 문제는 사람들이 저마다 다른 인플레이션 기대치를 갖고 우왕좌왕하다 보면 경제정책이 효과적으로 시행될 여지도 적어지고 사회적 비용도 발생하게 된다는 점이다. 이때 중앙은행에서 내년도 물가를 2% 정도로 유지하도록 노력하겠다고 약속한다면 혼란은 훨씬 줄어들 것이다(내일 집값이 폭등 또는 폭락하지 않을 것을 알고 있는 것과 모르는 것은 천지 차이다). 이처럼 물가수준을 미리 시장에 알려서 혼란을 줄이고 그 수준을 달성, 유지하기 위해 쓰는 통화정책을 인플레이션 목표제라고 부른다. 2012년 1월에 벤 버냉키Ben S. Bernanke 당시 연준 의장이 도입했다. 연준은 심포지엄이 열린 8월까지도 매년 2%의 인플레이션 달성을 목표로 삼고 있었다. 인플레이션 목표제를 처음으로 시행한 나라는 뉴질랜드다(1990년). 이후 캐나다(1991)와 영국(1992)이 도입했고 1990년대에는 선진국 대부분이, 그리고 2000년대까지는 많은 신흥시장 국가들emerging countries이 인플레이션 목표제를 받아들였다. 한국은 1998년에 도입했다.

인플레이션 목표제의 장점은 여러 가지다. 우선 인플레이션 목표를 시원하게 밝혀놓으니 불확실성이 대폭 감소되고 이가을을 네리라는 암묵적인 정치적 압력으로부터도 자유로워 정책 투명성을 높일 수 있다. 목표에 따라 '선제적'으로 통화정책을 펼쳐 경제 순환주기를 유연하게 가져가는 것도 가능하다. 이를테면 경기가 좋을 때 이자율을 올리면 과열을 미리 막을 수 있다.

또한 인플레이션 목표제는 중앙은행이 앞으로의 정책에 대해 경제주체들과 적극적으로 소통하고 안내하는 선제 지침forward guidance을 통해 더 효과적으로 시행될 수 있다. 경제주체들과 적극적 소통을 통해 시장에 발생할지 모를 어떤 쇼크를 미연에 방지하거나 줄일 수 있다. 연준뿐 아니라 영국·유로존·일본 등의 중앙은행들도 인플레이션 목표제를 적극 활용한다.

수정된 인플레이션 목표제의 등장

대다수 국가에서 중앙은행 통화정책의 주된 목표는 가격안정price stability이다. 인플레이션을 적당한 수준에서 관리하겠다는 것이다. 그러나 1920년대 후반부터 1930년대까지의 대공황 때 실업 문제로 골머리를 썩였던 미국의 경우 고용 문제 또한 무시할 수 없었다. 1958년 경제 학술지 〈이코노미카〉에 경제성장이 인플레이션을 유발하며 인플레이션은 다시 실업률을 줄이게 된다는 실증연구 논문이 실렸다. 이 논문의 핵심 내용을 축약한 것이 바로 필립스곡선Phillips curve이다. '인플레이션이 적당히 높은 수준에서 관리된다면 실업률을 줄일 수 있다'는 함의를 가진다. 그러나 필립스곡선은 1970년

그림 14-1 | 필립스곡선

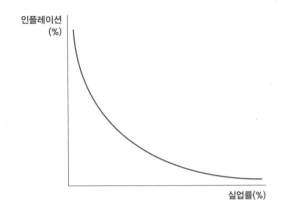

대, 높은 인플레이션과 실업률이 동시에 전개되는 사상 초유의 스태그플레이션으로 인해 그 영향력을 급속도로 잃게 된다.

스태그플레이션의 경험은 가격안정만을 중앙은행의 '유일한 목표'로 설정하면 안 된다는 반성을 일으켰다. 미국 연방의회는 1977년 중앙은행의 정책 목표에 한 가지 목표를 추가한다. 바로 고용 또는 실업 문제다. 이후부터 현재까지 연준은 물가안정과 고용 극대화의 두 가지 목표dual mandate를 갖고 통화정책을 펴게 된다. 문제는 두 가지 목표가 상충될 가능성이 크다는 점이다. 다시 말해 가격안정을 위해 높은 실업률을 감내해야 하는 상황이 심심치 않게 벌어졌다.

잭슨홀 심포지엄에서 파월 의장은 '낮은 기대인플레이션'이 큰 문제라고 지적하며 '장기longer-term 기대인플레이션을 2%에 잘 고착시키는 것이 중요하다'고 강조했다. 무슨 의미일까?

이전까지 연준은 연간 인플레이션 2%를 목표로 삼고 선제 지침을 통해 적극적으로 경제주체들과 소통해왔다. 그러나 기대인플레이션을 높이는 것은 언감생심이었다. 현실에서 낮은 인플레이션이 오래 지속되면 '평균' 인플레이션이 낮아진다. 이 낮은 평균 인플레이션으로 인해 경제주체들이 미래의 인플레이션까지 낮은 수준으로 '기대'하게 된다. 이 기대는 현실에서 '실제로' 낮은 인플레이션으로 나타나며, 이는 다시 평균 인플레이션을 낮추는 등 악순환이 되풀이된다. 이런 사태를 막으려면 이자율을 내려야 하는데, 이미 0%에 가까운 상태다. 다시 말해 이자율을 추가로 낮출 여력이 없다.

이 같은 문제점을 인식한 연준은 경제주체들이 (1년 같은 단기간이 아니라) '몇 년' 등 좀 더 긴 기간의 평균적 인플레이션에 기반해서 기대인플레이션을 형성한다고 봤다. 그렇다면 연준이 인플레이션 목표치를 1년(단기) 단위로 설정하고 관련 정책을 추진하는 것엔 문제가 있다. 그래서 수년에 걸쳐(장기) 인플레이션 목표치를 평균적으로 달성하는 기간목표제를 도입했다. 2020년 8월 파월 연준 의장이 들고 나온 이 수정된 인플레이션 목표제를 '평균인플레이션 목표제Average Inflation Targeting, AIT'라고 부른다. 다시 말해 매년 2%를 달성해야 하는 것이 아니라 향후 몇 년 동안 연간 인플레이션의 평균이 2%면 된다는 것이다. 예컨대 어느 한 해 동안의 인플레이션이 2%를 밑돌았다면 그다음 해에는 2%를 웃도는 물가상승을 받아들여야 한다. 그래야 평균이 2%가 될 테니 말이다. 따라서 기대인플레이션 2%를 형성하기 위해서는 가끔, 특히 인플레이션이 2% 아래였던 연도의 다음 해엔 2% 이상의 인플레이션을 용인할 필요가 있다. 높은 인플레이션을 용인한다는 것은 이자율을 올리지 않겠다는 뜻이다. 파월 의장의 이날 연설을 '앞으로 미국에서 장기간 낮은 이자율이 유지될 것'이라고 해석하는 이유다.

주의할 점은 파월 의장이 정작 AIT의 단위 기간을 어느 정도로 할 것인지, 그리고 평균 계산에 적용하는 가중치는 어떻게 설정할지 등에 대해선 어떤 언급도 하지 않았다는 것이다. 다만 어느 특정 공식을 따르지는 않을 것이라고만 간단히 언급했다. AIT를 유연 flexible 하게 적용하겠다는 뜻이다.

연준은 과거에 실업률이 낮아지는 경우 경기과열로 인한 인플레이션에 선제적으로 대응하기 위해 이자율을 높여왔다. 이는 실업률과 인플레이션이 역의 관계에 있다는 필립스곡선에 따른 것이다. 그러나 파월 의장은 실업률이 낮아져도 이자율을 올리는 일은 없을 것이라고 강조했다.

이전에는, 특히 필립스곡선의 신봉자들은 당연히 고용수준이 최대목표치(연준의 연방공개시장위원회가 설정한다)를 넘으면 물가가 득달같이 치솟을 가능성을 우려해 고용을 적정한 수준으로 '줄이'려고 노력할 필요가 있었다. 그러나 그건 필립스곡선이 들어맞는 세상에서나 가능한 얘기다.

파월은 연설에서 여러 차례에 걸쳐 현 상황이 예전과 다르다고 강조했다. 그는 고용 현황이 너무 좋아서 심지어 최대고용치를 넘긴다 해도 지금 상황에서는 인플레이션이 일어날 가능성이 없다고 보았다. 그러므로 현실의 고용량이 최대고용치를 넘긴다 해도 큰 문제가 없으며, 다만 고용 현황이 최대고용치에 미치기 못하는 경우에만 신경을 쓰겠다는 것이었다.

2%를 상회하는 인플레이션을 용인하고 고용 부족분에 집중한다는 파월 의장의 연설은, 연준이 기존 두 가지 목표(물가안정·최대고용) 가운데 물가보다 고용에 방점을 찍었다는 식으로 해석 가능해서 의견이 분분했다. 또 AIT를 유연하게 적용하겠다는 결정은, 유연성을 중시했다기보다는 지역 연준 의장들 간에 의견 통일이 어려워서 나온 것으로 보이기도 했다. 특히 잭슨홀 미팅 이후 지역 연준 의장들의 인터뷰가 구구절절해 오히려 오해를 키우는 면도 있었다. 그러나 이들 역시 이번 AIT가 '인플레이션 통제를 포기하겠다'는 것은 아니라고 강조했다.

즉, 2% 이상의 인플레이션을 용인하겠다는 연준의 선언을 '인플레이션에 대해 관심을 끄겠다'는 것으로 해석하면 곤란하다. 연준의 목표는 기대인플레이션을 2%에서 고착시키는 것이기 때문이다. 2012년부터 연준의 한결같은 간절한 소원이 바로 2% 물가다. 이번 잭슨홀 미팅은 그 연장선상에서 볼 수 있다. 다시, 문제는 기대인플레이션이다.

P.S. 이 글은 2020년 10월에 〈시사인〉에 실렸다. 8월 잭슨홀 미팅 후 불과 4개월 여 만에 인플레이션 논쟁이 거세게 불며 상황이 완전히 반전된 점은 놀라운 일이다. 바이든 대통령의 취임과 함께 대대적인 재정지출 계획이 발표되었고, 하버드대학의 래리 서머스Larry Summers 교수는 새 정부의 이와 같은 계획은 전에 없던 엄청난 수준의 인플레이션을 불러올 것이라는 경고를 〈워싱턴 포스트〉에 기고했다. 이후 블랑샤르Olivier Blanchard와 크루그먼Paul Krugman을 포

함한 경제학의 거장들이 치열한 논쟁을 벌였고, 인플레이션의 징후를 일시적인 것으로 간주한 연준의 판단은 불과 1년도 못 가 엄청난 오판이었음이 드러났다. 2022년 10월 말 현재 미국의 인플레이션은 8%를 웃돌고 있으며 연준은 그동안 공격적인 기준금리 인상을 수차례 단행했다. 주식과 채권 등 자본시장뿐 아니라 부동산 등 실물경제에 이르기까지 가치 폭락으로 인한 비명 소리가 크다.

왜 전 세계가
미국 국채수익률을 지켜볼까

0%에 가까운 낮은 이자율이 오랫동안 지속되면서 채권시장에 거품이 잔뜩 끼었다고 보는 전문가들이 적지 않다. 그러나 만기 10년 이상 미국 장기국채 가격을 추적하는 블룸버그-바클레이스 미국채 총수익 지수Bloomberg-Barclays U.S. Long Treasury Total Return Index는 1년 만에 최고 수준이었던 2020년 3월 대비 22%나 하락했다. 이 지수는 1981년 9월부터 2020년 3월까지 4562% 올랐는데, 2021년 3월 이전까지는 단 한 번도 직전 기간의 최고점 대비 20% 이상 하락한 적이 없었다. 세계 최대 자산운용사인 블랙록Black Rock의 최고운용책임자CIO는 "우리가 채권시장의 역사적 순간에 있다"는 트윗을 날렸고,[1] 나스닥은 아예 홈페이지에 "채권시장의 활황, 이제 편히 쉬기를. 1981~2021"이라는 제목의 기사를 올렸다. 이 기사는 "채권수익률이 오르고 인플레이션 압력이 상승하는 새로운 시대가 열렸다"라는 문장으로 끝난다.

투자의 달인들도 채권시장에 대한 비관적 전망을 털어놓았다. 채권운용사 핌코PIMCO의 빌 그로스Bill Gross 회장은 앞으로 연 3~4%의 인플레이션 시대가 도래할 것이며 따라서 당분간 채권투자는 좋은 생각이 아니라는 의견을 밝혔다. 헤지펀드 브리지워터어소시에이츠Bridgewater Associates의 레이 달리오Ray Dalio 회장 또한 미국 정부가 부채를 이미 너무 많이 지고 있으며 여기에 인플레이션까지 합쳐지면 채권이나 현금을 들고 있는 것은 '정말 미친 짓pretty crazy'이 될 것이라고 경고했다.[2] 미국채 가격의 '역사적' 하락은 팬데믹으로 인해 이미 급증한 국채발행, 바이든 대통령의 1.9조 달러 부양책, 이후 실업 문제와 인프라 투자 해결을 위해 예상되는 약 2조 달러 규모의 추가적 국채발행 등과 관련해 터져 나온 것으로 보인다. 도대체 채권시장에 무슨 일이 벌어지고 있는 걸까?

채권수익률과 가격은 반대로 움직인다

주식을 사는 것은 지금 얼마의 금액(주가)을 지불하는 대신 이후에 그 기업이 벌어들일 것으로 예상되는 현금의 일부를 배당받기 위한 거래다. 미래에 받을 배당을 현재 가격으로 환산해서 합한 금액이 지불한 주가보다 크면 클수록 구매자는 이익이다. 주식투자 결정에서는 미래에 받을 수 있는 금액이 얼마나 더 커질 것인가에 대한 기대가 중요하다.

채권bond을 사는 것은 이미 확정되어 있는 금액(액면가)을 미래에 돌려받기로 하고 지금 얼마의 돈(채권가격)을 빌려주는 거래다. 만기 이전엔 보통 액면가의 몇 퍼센트로 고정된 이자fixed coupon가 지급된다. 이를 '표면이자'라고 한다. 이처럼 액면가와 이자가 고정되어 있는 경우가 많아서 채권은 자주 고정수익증권fixed income security으로 불린다. 돈을 빌려주고 원금과 이자를 받는 거래는 거의 인류 역사만큼이나 오래되었는데 채권시장은 이를 증권화해 시장에서 거래토록 한 것뿐이다. 채권 매입자는 돈을 빌려주는 주체(채권자)이고 발행자는 돈을 빌려가는 주체(채무자)다. 매입자의 경우 미래에 받을 돈이 이미 정해져 있으니 중요한 것은 지금 얼마나 '적게' 빌려주느냐, 다시 말해 얼마나 싼값에 채권을 사느냐. 미래에 받을 돈이 확정되어 있다면 '지금 싸게 살수록' 수익률이 높아진다. 따라서 채권투자 결정에서는 지금 지불하는 금액을 얼마나 더 줄일 수 있을까가 중요하다.

예를 들어보자. 당신이 지금 1만 원이 필요해 누군가에게 돈을 빌리고 싶다고 하자. 당신은 지금 돈을 빌린 대신 1년 뒤에 이를 1만 1000원으로 갚을 의향이 있다. 그래서 액면가 1만 1000원인 1년 만기 채권을 1만 원의 가격에 발행했다(표면이자는 없다고 가정하자). 누군가(투자자)가 이 채권을 한 장 사서 1만 원만큼의 자금을 당신에게 공급했다고 치자. 그 투자자는 1만 원을 주고 1만 1000원을 받으니, 그가 이 채권에 투자해 얻는 수익률, 즉 '채권수익률yield to maturity'은 10%다. 그러나 이 10%는 발행자인 당신 입장에선 지금 1만 원을 빌리는 대신 1년 뒤에 1만 1000원을 갚아야 하는, 다시 말해 돈을 빌리는 데 따르는 비용, 즉 '자금조달비용cost of capital'이 된다(수익률과 자금조달비용은 같은 말을 다른 입장에서 기술한 것일 뿐이다).

이제 당신이 나중에 1만 1000원을 갚아야 하는데도 불구하고 지금 9000원밖에 빌릴 수 없다고 가정하자. 채권가격으로 9000원 이상 지불하려는 투자자가 없다는 뜻이다. 당신의 자금조달비용 이 더 늘었지만 투자자로서는 수익률이 더 커진 셈이다. 채권을 9000원에 산 경우 수익률은 22.22%((1만 1000원-9000원)/9000원) 다. 채권가격이 1만 원에서 9000원으로 하락하니 채권수익률이 올 랐다. 이처럼 채권수익률과 채권가격은 서로 반대로 움직인다.

당신이 투자자라면, 돈을 빌리려는 사람이 많을수록 이자율을 올릴 것이다. 마찬가지로 채권발행이 많아지면(돈을 빌리려는 사람이 많아지면) 채권수익률이 오르기 마련이다(반대로 채권가격은 떨어진다).

당신이 돈을 빌리려는 입장이라면, 채권수익률이 오를수록(채권 가격이 떨어질수록) 자금조달비용이 커진다. 그만큼 채권발행이 어 려워진다. 그럼, 어떤 경우에 사람들은 1만 1000원을 갚으려는 당 신에게 1만 원이 아니라 9000원만 빌려주고 싶어 할까(액면가 1만 1000원인 채권을 1만 원이 아니라 9000원만 주고 사려는 것일까)? 다시 말해 9000원 이상을 당신에게 빌려주고 싶어 하는 사람들이 없는 이유 는 무엇일까?

수익률과 신용위험

만기가 같은 두 개의 채권 A(A 기업이 발행)와 B(B 기업이 발행)가 있다고 하자. 두 채권 모두 액면가는 1만 1000원이고 편의상 만기까지 표면이자 지급은 없다고 치자. 채권 A의 가격은 1만 원이다. 같은 시점에서 채권 B의 가격은 얼마가 적당할까? 질문에 대답하기 위해서는 채권 B의 성격을 먼저 따져보아야 한다.

채권 A는 우량채권이라고 치자. 디폴트 가능성(지급하기로 약속한 표면이자나 액면가를 일부라도 갚지 못할 가능성)이 거의 없다는 뜻이다. '신용위험이 거의 없다'고 표현할 수도 있다. 그런데 채권 B는 디폴트 위험이 크다면 어떻게 될까? 다시 말해 만기에 똑같은 금액을 받기로 했지만 받지 못할 가능성이 하나는 크고 하나는 작다면 두 채권에 같은 가격을 매기는 것은 적당하지 않을 터이다. 당신에게 돈을 빌려 그동안 척척 갚았던 사람과 툭하면 돈을 떼먹었던 사람에게 같은 금액을 빌려주고 나중에 똑같은 금액을 받기를 기대할 수는 없는 것처럼 말이다. 그러니 채권 B의 가격은 1만 원보다는 낮은 수준에서 결정될 것이다. 그러면 채권 B에 투자해 얻는 수익률은 더 커진다(채권 A보다 더 적게 지불하고 같은 액면금액을 받는다). 이는 채권발행자인 B 기업 입장에서는 더 커진 자금조달비용을 의미한다(채권 A보다 더 적게 받고 같은 액면금액을 지불한다). 신용이 좋지 않으니(신용위험이 크니) 더 큰 비용을 내야 돈을 빌릴 수 있는 것이다. 다른 조건들이 같다면 이처럼 신용위험이 높을수록 채권가격은 낮아진다(수익률은 높아진다).

신용위험은 보통 신용평가사들이 알파벳과 숫자를 조합한 등급으로 표시해준다. 예를 들면 미국의 신용평가사 무디스Moody's가 매긴 삼성전자의 신용등급은 Aa3다(디폴트 위험을 그다지 걱정하지 않아도 좋다는 뜻이다).

채권수익률에 영향을 미치는 요소들

이제 두 채권의 신용위험은 같지만, 채권 A는 1년, 채권 B는 5년으로 만기만 서로 다른 경우를 가정해보자. 채권 B를 살 경우 당신은 액면가를 상환받기 위해 무려 5년을 기다려야 한다. 채권 A보다 다섯 배나 긴 시간이다. 그 5년 안에 무슨 일이 벌어질지 누가 알겠는가? 다시 말해 신용위험이 같다고 하더라도 만기가 길면 그 채권은 더 큰 위험에 노출된다. 따라서 만기가 긴 채권 B는 대개 A보다 더 싼값에 거래된다. 다른 조건들이 같다면, 이처럼 만기가 길수록 채권가격은 낮아지고, 따라서 채권수익률은 높아진다.

만기와 채권수익률의 관계를 '이자율의 기간 구조term structure of interest rate'라고 부른다. 그리고 이를 그래프로 나타낸 것을 '채권수익률곡선yield curve'이라고 한다. 다음 **그림 15-1**은 2021년 4월 6일 현재 미국 국채수익률을 만기별로 나타낸 수익률곡선(파란 선)이다. 10년, 20년, 30년 만기 미국채수익률은 각각 연 1.67%, 2.24%, 2.32%다. 이 숫자들의 의미를 10년 만기 국채수익률의 예를 들어 살펴보자.

당신은 100달러를 앞으로 10년 동안 투자하려고 한다. 첫 1년 동안의 투자를 마치면 당신은 101.67달러를 갖게 된다. 원금 100달러에 이자 1.67달러(연수익률이 1.67%이므로)가 붙은 액수다. 당신은

그림 15-1 | 미국 국채수익률곡선

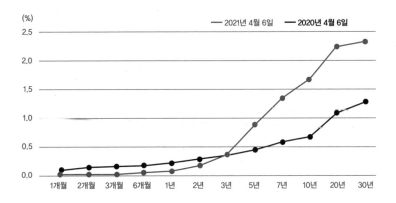

자료: 미국 재무부

2년 차에 이 모든 돈(101.67달러)을 다시 투자해서 역시 1.67%의 수익을 얻는다. 계좌엔 103.37달러가 찍힌다. 이런 식으로 10년 동안 투자한다. 10년 만기 채권의 수익률이 1.67%라는 것은 당신이 100달러를, 투자액에서 발생하는 이자까지 포함해 향후 10년 동안 투자해 얻은 수익이 매년 1.67%의 수익을 10년 동안 버는 것과 같다는 뜻이다.

다시 그림으로 돌아가보자. 1년 전인 2020년 4월 6일에는 10년, 20년, 30년 만기 국채수익률이(검은색 선)이 각각 0.67%, 1.08%, 1.27%였으니 1년 사이 장기채권의 수익률이 두 배 이상 커진 것을 알 수 있다. 만기가 2년 이하인 단기채권의 수익률은 2020년의 같은 시기보다 오히려 떨어졌다. 단기채권과 장기채권의 수익률이 1년 동안 확연히 대비되는 움직임을 보인 것이다. 그 결과 2021년 그래프는 2020년 그래프보다 더 '가파르게' 그려지게 된다_{yield curve}

steepening.

대부분의 경우 수익률곡선은 그림에서처럼 우상향한다. 앞에서 살펴본 것처럼 확정된 현금흐름이라 할지라도 만기가 길수록 이를 제때 상환받을 수 있을지에 관한 불확실성이 커지기 때문이다. 그러니 이에 대한 보상으로 더 큰 수익률이 지급되어야 할 것이다. 장기채와 단기채의 수익률 차이를 '장단기 스프레드term spread 또는 term premium' 또는 '장단기 금리차'라고 부른다. 장기채수익률이 높아진다는 건 장단기 스프레드가 커진다는, 다시 말해 수익률곡선이 더욱 가팔라진다는 뜻이다.

그림 15-1에서 2021년의 그래프가 2020년보다 가팔라진 건 앞으로 경제 상황이 좋아질 것이라는 기대감이 높아졌기 때문이다. 백신접종 확대와 집단면역으로 인해 팬데믹이 종식될 것을 기대하면 사람들이 '보복 소비'에 나서리라고 예상할 수 있다. 그리고 경기가 좋아질 것을 기대하면 기업들은 투자를 늘릴 것이다. 투자를 위한 자금은 단기적으로 빌리는 것보다 장기적이고 안정적으로 빌리는 편이 낫다. 장기로 돈을 빌리고자 하는 기업들이 많아지면, 다시 말해 장기채 발행이 늘어나면 장기채수익률이 올라(공급이 늘어나니 가격이 떨어진다) 수익률곡선은 가팔라진다.

장기채수익률에 영향을 미치는 또 다른 요인은 중앙은행이 미래에 기준금리를 어떻게 조정할 것인가에 대한 기대다. 미래에 경제가 성장할 것을 예측하면 대개 물가도 상승할 것으로 기대한다. 그렇게 되면 중앙은행은 미래의 해당 시점에서 기준금리(기준금리는 '단기금리'다)를 올려 물가상승에 대처하려고 시도할 것이다. 시장은

그림 15-2 | 1982년~2021년 4월까지 미국 국채수익률의 장단기 스프레드

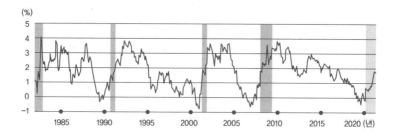

자료: 미국 세인트루이스 연준

이런 상황들을 예측하며 그 예측을 현재 시점의 가격에 반영한다. 예를 들어 10년 만기 장기채권의 경우 투자자가 미래(예컨대 9~10년 뒤)의 상황까지 감안해서 매입 여부를 결정할 수밖에 없다는 이야기다. 만약 9~10년 뒤에라도 기준금리가 오르면 투자자들에겐 높은 수익률을 기대할 만한 다른 단기 금융상품이 많아지게 되는 셈이다. 그러면 그 미래 시점까지 보유하고 있던, 이제 만기가 1년 정도밖에 남지 않은 당신의 장기채권의 인기와 가격은 떨어질 것으로 예측된다. 그렇다면 현 시점에서도 그 장기채의 가격이 낮아질 수밖에 없다. 장기채 가격이 떨어지는 만큼 그 수익률은 높아지고, 이에 따라 장기채수익률은 가팔라진다.

채권수익률곡선은 시장 참가자들이 단기채권과 장기채권 중 어느 쪽을 선호하느냐에 따라 다르게 나타나기도 한다. 장기채보다 단기채를 선호하는(돈을 장기적으로 '묶어두는' 것보다 단기적으로 묶어두는 것을 선호하는) 투자자가 더 많아지면 단기채 가격이 오르고 이에 따라 단기채수익률이 떨어져 수익률곡선이 더 가팔라질 수 있다.

장단기 스프레드는 '양의 값(장기채수익률이 단기채수익률보다 높은 경우)'을 갖는 것이 일반적이지만 간혹 반대의 양상이 나타나는 경우도 심심치 않게 있다. 앞의 그림 15-2는 1982년부터 2021년 4월까지 미국 국채수익률의 장단기 스프레드(10년 만기 미국 국채수익률에서 3개월 만기 미국 국채수익률을 뺀 값)를 보여준다. 대부분의 경우 장단기 스프레드는 양의 값을 갖는다는 걸 쉽게 알 수 있다. 그러나 간혹 장단기 스프레드가 '음의 값'을 갖기도 한다. 장기채수익률이 단기채수익률보다 낮은 '수익률곡선 역전inverted yield curve' 현상이 돌출한 시기다. 이는 단기적인 경제전망이 암울할 경우에 나타난다. 다시 말해 수익률곡선 역전은 앞으로 닥칠 경제위기를 예측하는 지표로 볼 수 있다. 실제로 그림 15-2를 보면, 1989년과 2000년의 중후반 사이, 2006년 7월에서 다음 해 7월, 2019년 하반기부터 2020년 초 사이에 스프레드가 음의 값으로 나타난다. 그 이후엔 실제로 불황기(그림 15-2에서 회색으로 칠해진 기간)가 도래했다. 수익률곡선에 관해 경제학 교과서가 가르쳐주는 일반적인 내용들이다.

지금 왜 채권수익률이 급변하고 있을까

2021년 2월, 월초 1.09%였던 10년 만기 미국 국채수익률이 한때 1.614%를 웃돌아(국채 가격 폭락) 시장이 패닉에 빠졌다. 이는 S&P500지수 편입 종목들의 평균 배당수익률dividend yield인 1.43%보다도 높은 수치다. 국채수익률과 배당수익률 비교는 채권시장과

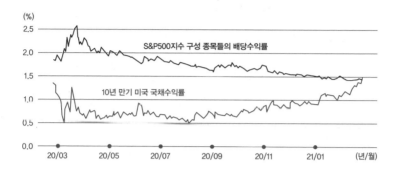

그림 15-3 | 10년 만기 미국 국채수익률과 S&P500지수 구성 종목들의 배당수익률 비교

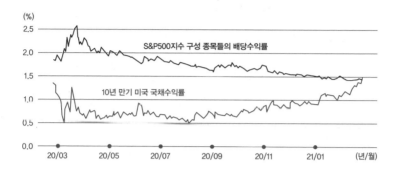

자료: CNBC, 2021. 02. 25

주식시장의 상대적 매력도를 비교할 때 꽤 많이 쓰는 방법이다. 국채수익률이 배당수익률보다 더 높다는 것은, 디폴트 위험이 없는 미국 국채에 투자해 얻는 수익률이 위험자산인 주식에 투자해 배당을 받는 수익률보다 더 크다는 의미다. 그만큼 주식시장의 매력이 채권시장에 비해 떨어졌다는 말도 된다. 이렇게 되면 자금이 주식에서 채권으로 이동할 유인이 생긴다. 당시 주식시장이 심하게 요동친 이유다. 그림 15-3[3]은 팬데믹 시작 이후 주식시장의 배당수익률이 미국 국채수익률보다 훨씬 높았으나 그 간격이 점점 좁혀지다가 2021년 2월 처음으로 그 관계가 역전되었음을 보여준다. 채권수익률은 왜 오른 걸까? 그림 15-1은 수익률곡선이 2020년보다 2021년에 더 가팔라졌다는 것을, 그림 15-3은 2020년 말부터 가팔라지는 속도가 더 빨라진 것을 보여준다.

물가는 채권수익률이 오른 중요한 원인 중 하나다. 그중 경기회복의 선행지수로 간주되는 유가는 물가상승의 가장 중요한 원인이

그림 15-4 | 기대인플레이션의 변화

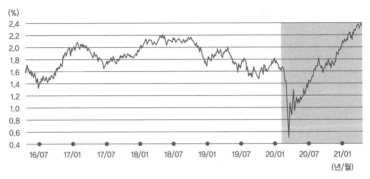

자료: 미국 세인트루이스 연준

되는 경우가 많다. 보통 장단기 스프레드는 '인플레이션 위험에 대한 보상inflation risk premium'을 포함한다. 채권을 사면 앞으로 받게 되는 금액인 이자와 액면가가 명목상 고정되어 있다. 인플레이션이 발생하면 돈의 가치가 떨어지면서 받게 되는 금액의 실질가치가 작아지게 된다. 그러니 인플레이션은 채권투자의 최대 적이라 할 만하다. 그리고 단기채보다 장기채의 경우 인플레이션 위험이 높은 것이 보통이다. 인플레이션이 예상되면 장기채의 위험도가 커지고 그만큼 수익률이 올라가 장단기 스프레드가 커진다는 것이다.

때문에 미국 국채수익률의 급등은 시장에서 인플레이션 기대치 inflation expectation가 높아졌음을 반영한 것으로 해석되기도 했다. 미래에 받을 돈의 실질가치가 인플레이션으로 인해 줄어들 것으로 예측되는 만큼 그 보상으로 수익률이 높아졌다는 이야기다. 마침 바이든 대통령 취임 이후 경기부양과 인프라 투자를 위해 4조 달러 가까운 정부 지출을 편성하는 계획에 대해 인플레이션 논쟁이 벌어지던 때이기도 했다. 그림 15-4는 향후 10년 동안의 기대인플레이션이 팬데믹 선언 직후인 2020년 3월 중순 폭락한 이후 계속해서 빠르게 상승했음을 보여준다.

이에 대해서는 반론이 없지 않다. 〈포브스〉는 2021년 2월 기사에서 '기대인플레이션이 추세적으로 오르고 있기는 하지만 가장 최근의 움직임을 보면 오히려 하락하고 있었다'고 썼다. 또한 채권수익률 상승엔 기대인플레이션 외에도 다른 몇 가지 중요한 원인이 존재한다고 주장했다.[4]

이 기사를 간략히 소개하자면 다음과 같다. 일단 미국은 이미 너무 많은 부채를 지고 있다. 공공 부문과 민간 부문을 합쳐 80조 달러에 달하는데, 이는 미국 국내총생산의 세 배를 훨씬 넘는 수준이다. 이런 상황에서 바이든 대통령이 계획한 경기부양과 인프라 투자를 추진하려면, 미국 정부는 앞으로도 국채를 대량으로 발행해야 할 것이다(국채 공급 증가는 가격 하락 요인이다). 또한 높은 실업률로 인해 팬데믹 이후에도 소비가 증가하는 정도엔 한계가 있을 것이다(경기회복을 낙관할 수 없다). 즉, 소비 증가에 따른 큰 폭의 물가인상이 어려운 상황에서 단지 국채 공급의 증가로 미국 국채의 가격이 크게 떨어진(국채수익률이 급등한) 것뿐이라는 이야기다.

채권수익률 곡선, 기울기가 문제다

수익률곡선이 가팔라지면 단기로 자금을 빌려 장기로 대출하는 것이 주된 영업 내용인 은행들은 환호한다. 싸게 빌려 비싸게 파는 셈이 되기 때문이다. 최근 들어 은행주들의 가격 상승도 이와 무관하지 않다. 그러나 가팔라지는 수익률곡선은 미국뿐 아니라 세계적인 부채 증가를 감안하면 이자 부담을 크게 증대시킬 수 있다. 특히 장기채수익률은 가계·기업과 관련이 높다. 예컨대 모기지 대출의 경우 대출 재원을 장기채를 발행해 마련한다. 수익률곡선이 가팔라지면 가계와 기업의 자금조달비용이 커져 경제에 큰 부담이 될 수 있는 이유다.

따라서 연준은 수익률곡선을 좀 더 완만하게 만들고 싶은 유인을 갖는다. 연준이 실행하는 대규모 자산 매입 프로그램은 장단기 스프레드를 줄이기 위한 방책의 하나다. 연준이 장기채권을 대량으로 사들이면 장기채 가격이 상승하면서 그 수익률은 떨어질 것이다. 자산 매입 프로그램을 시행하지 않는 경우에 비해 단기채와 장기채수익률 간의 차이가 좁아지고 이에 따라 수익률곡선이 좀 더 완만하게 그려질 수 있다.

채권시장의 활황이 끝난 것인지는 알 수 없다. 그러나 2021년 2월 말과 같은 움직임은 언제든 나타날 수 있다. 실제로 많은 전문가가 연준이 이자율을 올리는 시기를 2021년 하반기로 예측하기도 했다. 제롬 파월 연준 의장이 2023년까지는 이자율을 올리지 않겠다고 공언했음에도 그렇다. 전 세계가 미국의 통화정책에 신경을 곤두세우고 있다. 미국 국채수익률곡선의 기울기는 전 세계의 관심사다.

P.S. 인플레이션 이슈가 거시경제를 지배하면서 연준의 공격적인 기준금리 인상과 추가 인상에 대한 기대는 단기채권의 금리를 급등시켜 장단기 금리는 2022년 중순을 지나며 역전되었다. 시장의 혼란을 그대로 반영하며 역전 폭은 2022년 10월 중순 현재까지도 증가하는 추세다.

성장주와 가치주,
어디에 투자하시겠습니까

가치주value stock와 성장주growth stock는 대형주와 소형주처럼 서로 반대편에 있는 쌍둥이다. 그리고 아마도 가장 인기 있는 투자 스타일 분류 방식의 하나일 것이다. 주식시장에서 가장 오랫동안 서로 다투어왔던 경쟁 스타일일 수도 있겠다. 미국에서 종목별 주가를 데이터베이스에 기록하기 시작한 1920년대 후반부터 오늘날까지의 기간만 보더라도 대개 가치주 포트폴리오의 수익률은 성장주 포트폴리오보다 높았다. 이 같은 현상은 '가치주 이상현상value anomaly'이라는 이름으로 널리 알려져 있다. 그러나 FAANG(페이스북·애플·아마존·넷플릭스·구글)과 테슬라 등으로 대표되는 대형 성장주들의 최근 주가 상승은 엄청났다. 그런데 2021년 이후 이런 추세가 또다시 급격히 바뀌었다. 성장주에 밀렸던 가치주가 자존심을 회복하고 있는 것이다.

〈포브스〉는 2021년 4월 "가치주가 성장주를 따라잡는 중, 이유는 여기"라는 제목의 기사에서 가치주와 성장주의 상대적 수익률이 이전 해와 확연히 다르게 변했음을 보도했다.[1] 〈비즈니스인사이더〉는 2021년 2월 러셀1000(미국 대형 가치주 1000개 기업을 포함하는 지수) 가치주 지수가 성장주 지수 수익률을 6%포인트 이상 넘어섰다며 이는 2001년 3월 이후 가장 큰 수익률 차이라고 말했다. 또 2020년에는 낮은 이자율이 위험성 있는 자산에 눈을 돌리게 하며 성장주의 주가 상승을 이끌어냈지만 경기회복에 대한 강한 기대가 당분간 가치주의 앞날을 밝게 만들어줄 것이라고 예측했다.[2] 미국뿐만이 아니다. 2021년 5월 국내 한 경제신문은 유명한 가치투자자인 이채원 한국투자밸류자산운용 고문이 '가치주 시대가 올 것'을 예고했다는 발언을 전했다.[3]

최근 성장주의 부진은 금융시장에 무겁게 드리운 인플레이션 공포와 연결되어 있을 가능성이 높다. 그러나 가치주의 시대가 올지 오지 않을지에 대해서는 의견이 분분하다. 앞으로 닥쳐올 인플레이션이 일시적일지 아니면 보다 지속적으로 시장에 깊은 충격을 남길지에 대해서조차 의견이 대립하는 것도 이유가 될 터이다.

PBR, 성장주와 가치주를 가늠하는 중요한 기준

가치주는 펀더멘털에 비해 저평가된 종목을, 그리고 성장주는 성장 가능성을 높이 평가받아 좀 더 고평가된 종목들을 통칭하는 말로 흔히 쓰인다. 그러나 명확한 개념이 정립되어 있는 것은 아니어서 이런 식의 구분이 정확하다고 보기는 어렵다. 게다가 이런 식의 단순한 분류는 심지어 위험하기까지 하다.

기업의 시장가치(주가)는 장부가치book value와 성장 가능성growth opportunity의 두 부분으로 나누어볼 수 있다. 이 중 장부가치는 회사가 '이미 갖고 있는 것들'의 가치다. 다시 말해 과거의 부단한 노력으로 얻은 결과의 가치다. 그러니 과거지향적인 가치라고 볼 수 있다. 회사는 갖고 있는 것들을 투자해 미래에 새로운 가치를 창출한다. 그리고 이 미래가치들에 의해 지금의 주가가 결정된다. 그러니 주가는 본질적으로 미래지향적이다. 이걸 간단한 공식으로 써보자.

$$P = B + G$$

P는 주식의 시장가치(주가), B는 장부가치, G는 성장 가능성이고 단위는 모두 한 주당 가격이다. 장부가치가 일정하다면 성장 가능성이 높을수록 주가가 높을 것임을 한눈에 알 수 있다. 성장 가능성이 높다는 것은 회사가 앞으로 현금을 더 많이 벌어들일 가능성이 크다는 뜻이다. 그리고 현금은 많이 창출될수록 좋은 것이다. 논란이 있지만 주주들은 아직 회사의 주인이라는 위치를 내놓지 않고 있으며, 어쨌든 기업가치 중에서 빚을 갚고 난 부분들을 모두 차지하게 될 것이기 때문이다. 따라서 주주들은 성장 가능성이 높을수록 앞으로 보다 많은 배당을 받을 수 있다고 기대할 것이다. 성장 가능성이 높을수록 주가가 높은 이유다.

성장 가능성의 가치는 주가와 장부가치를 비교해 추론해낼 수 있다. 위의 식에서 보이듯 단순히 주가와 장부가치의 차이이기 때문이다. 그리고 그 차이는 보통 주가순자산비율, 즉 PBRPrice-to-Book Value Ratio(또는 P/B)로 측정한다. PBR은 주가를 장부가치로 나눈 값이다.

$$PBR \equiv P/B = 1 + G/B$$

PBR이 높다는 것은 시장이 이 회사의 성장 가능성(G)을 높이 평가한 덕분에 주가가 높은 수준에서 형성되고 있다는 뜻이다. 성장주란 대개 이렇게 성장 가능성이 주가에서 차지하는 비중이 커 PBR이 높은 주식들을 지칭한다. 성장 가능성이 충분히 높으면 주주들은 비록 현재 기업이 벌어들이는 현금이 적더라도, 따라서 배당이 크지 않거나 심지어 없다고 하더라도 이를 기꺼이 받아들이곤 한다. 보통 성장주가 가치주보다 배당수익률(주당 배당액을 주가로 나눈 비율)이 낮은 이유다. 예를 들어 어떤 기업들은 약탈적 가격정책을 써서 낮은 가격으로 물건이나 서비스를 팔아 경쟁자를 고사시키고 이후 독점이윤을 얻으려 할 수 있다. 이런 경우 기업은 적어도 단기적으로는 이익을 내지 못하거나 심지어 손해를 볼 수 있다. 그러나 장기적으로는 독점을 통해 훨씬 더 많은 현금을 벌어들이게 될 것이다. 회사의 장기적인 성장성을 높이 본다면 주주들은 대개 이러한 상황을 받아들인다. 다소 극단적 사례지만 실제로 미국의 대형 성장주들이 애용하는 전략이다.

가치주라고 불리는 주식들은 성장 가능성이 낮아 장부가치가 기업가치에서 차지하는 비중이 크다. 그러니 PBR이 낮다. 이런 주식들은 주가가 펀더멘털보다 저평가되어 있을 가능성이 있다. 저평가되었다면 앞으로 가격이 오를 테니 지금 매수하는 게 좋을 것이다. 가치투자란 이런 방식의 투자를 널리 일컫는 말이다.

그러나 낮은 PBR은 또한 정반대로 해석될 수 있다. 기업의 영업성과가 나빠서 시장이 그 기업의 가치를 낮게 평가하고 있는 경우에도 PBR은 낮은 값을 갖기 때문이다. 기업의 성장 가능성은 투자된 장부가치가 투자비용 이상을 벌어들일 때 현실화된다. 만약 투자비용도 건지지 못할 수익을 내는 회사라면 성장 가능성이 실현되지 못할 가능성이 높고, 시장은 이런 회사의 PBR을 낮게 평가한다. 다시 말해, 낮은 PBR은 기업이 투자비용 이상도 제대로 벌어들이지 못할 가능성을 반영한 결과일 수 있다. 예를 들어 오랫동안 사용하지 않아 녹슨 기계설비들로 가득 찬 공장을 생각해보자. 낡았음에도 불구하고 이 설비들은 장부가치에 반영된다. 이런 회사는 당연히 수익성이 나쁘고 따라서 장부가치가 주가에서 차지하는 비율이 높을 것이다. 이 같은 이유로 낮은 PBR을 갖게 된 회사를 저평가된 회사라고 부를 수는 없다. 그러니 낮은 PBR을 놓고 이것이 저평가된 탓인지, 수익성이 나빠서인지 판단하는 데는 상당한 주의가 필요하다.

정보기술·전기차·헬스케어·바이오·커뮤니케이션 등에 관련된 주식들은 성장주로 꼽힌다. 반면 비즈니스 모델이 비교적 안정적인 단계에 올라 있는 금융·산업재·소재 등에 관련된 주식들은 가치주로 구분된다. 물론 이와 같은 구분은 영원한 것이 아니라서 오늘의 성장주가 내일은 가치주로 새로이 편입되는 경우도 허다하다.

기업가치를 판단하는 데 자주 쓰이는 또 다른 측정치는 주가수익비율인 PER Price-Earnings Ratio, P/E 이다. 이는 주가를 주당순이익 Earning Per Share, EPS 으로 나눈 값이다.

PER=P/EPS

PER이 높으면 주식의 시장가치가 이익 대비 높게 평가받고 있다는 뜻이다. 그래서 '밸류에이션 valuation 이 높다'는 표현을 쓰기도 한다. 또 이 값은 회사가 이익을 모두 배당으로 지급할 경우 주식을 사는 데 투입된 비용(주가)을 회수하기까지 몇 년이 걸리는가를 알려준다. 예를 들어 PER이 10(배)이면 현 수준의 이익을 10년 동안 벌어야 주가를 회수할 수 있다는 뜻이다.

PBR과 마찬가지로 PER이 낮다고 해서 해당 기업의 주가가 과소평가되어 있다고 기계적으로 해석해서는 곤란하다. 시장이 이 회사의 가치를 충분히 인식하지 못해 저평가되어 있을 가능성도 있지만, 기업의 낮은 성장 가능성을 시장이 제대로 평가한 것으로도 볼 수 있기 때문이다.

성장주가 인플레이션을 싫어하는 이유

경기회복이 본격적으로 이루어지는 호황기에는 보통 성장주가 가치주보다 유리하다고 본다. 반면 불황기와 경기회복 초기 단계에는 가치주가 선호되는 경우가 많다. 불황에서 완전히 회복된 경우가 아니라면 성장 가능성에 대한 불확실성이 크기 때문이다. 그러나 경기회복이 확실시되는 경우라 하더라도 선호도는 바뀔 수 있다. 예를 들어 경기회복에 따라 이자율이 덩달아 오를 것으로 기대되는 경우 이자율에 대한 민감도가 낮은 가치주가 선호될 수도 있다. 이는 대개 성장주가 가치주보다 이자율 변화에 취약한 데서 비롯된다. 이자율이 올라가면 할인율이 커져 주식가치는 하락하는 것이 일반적이다. 그런데 하락 정도는 성장주가 가치주보다 대개 더 크다. 왜 그럴까?

현금 100억 원(모두 배당으로 지급)을 1년 후에 벌어들이는 회사('금방'이라 하자)와 10년 후에 벌어들이는 회사('나중')를 생각해보자. 편의상 다른 현금흐름은 없고 두 회사 모두 위험이 같아 현재가치(다시 말해, 주가)를 계산할 때 동일하게 10% 할인율을 적용할 수 있다고 치자. 주가는 미래 현금흐름을 현재 가격으로 할인한 가격이니 다음과 같이 계산할 수 있다. 주가는 '금방'이 91억 원(100억/(1+0.10)), '나중'이 39억 원(100억/(1+0.10)^{10})이 된다. 이제 이자율이 20%로 올랐다고 하자. 그럼 '금방'의 주가는 83억 원(100억/(1+0.20)), '나중'은 16억 원(100억/(1+0.20)^{10})이 된다. 두 회사 모두 주가가 하락했지만 하락 폭은 '나중'의 경우가 훨씬 크다. '금방'의 경우 91억 원에서 83억 원으로 8% 정도 하락했지만, '나중'의 경우 39억 원에서 16억 원으로 무려 58% 이상 폭락했다. 두 회사의 차이는 오직 현금을 벌어들이는 시점에 있다. 같은 현금이라도 '금방'

벌어들이는 회사보다 '나중'에 벌어들이는 회사의 주가가 이자율 변동에 훨씬 민감하다는 것을 알 수 있다. 이 예의 경우 이자율 변화는 '나중'의 경우 열 배나 증폭되어 반영된다(분모의 10승은 이자율 변화를 10번 곱해서 주가에 반영하라는 뜻이다). 가치주가 '이미 있는 것들'의 가치가 커서 현금을 좀 더 '금방' 벌어들인다면, 성장주는 성장 가능성이 실현되는 시점인 좀 더 '나중'에 현금을 벌어들인다. 그리고 현금흐름은 예에서 보았듯 먼 미래에 발생할수록 이자율 변화에 민감하다. 이자율이 높아질수록 성장주의 주가 하락이 가치주보다 더 커지는 이유다.

대표적 성장주인 나스닥의 대형주, FAANG의 최근 주가를 살펴보자. 애플과 넷플릭스는 2021년 1월 26일에 각각 143.16달러, 586.34달러였다. 2021년 이들의 주가는 5월 12일에는 애플이 122.77달러, 넷플릭스가 484.98달러로 각각 14%, 17% 이상 하락했다. 아마존·페이스북·알파벳(구글)은 모두 2021년 4월 29일에 당시를 기준으로 2021년 최고가를 기록했는데 불과 2주 정도가 지난 5월 12일에는 모두 8~9% 이상 하락했다. 급증한 인플레이션 위험을 고려해 연준이 이자율을 올리거나 자산 매입 규모를 줄이는 등 긴축에 나설 가능성이 커진 탓을 무시할 수 없었던 것이다.[*] 이제 성장주와 가치주를 맞대놓고 비교해 이들의 상대적 수익률 변화를 살펴보자.

---

[*] 연준은 2022년 3월 금리 인상을 시작했다.

가치주의 재림인가

그림 16-1은 투자회사 뱅가드가 만든 성장주, 가치주 지수 변화로, 2000년 1월 1일을 100으로 조정한 값을 보여준다. 검은색이 가치주, 파란색이 성장주다. 그림은 1992년부터 2021년 5월 중순까지 대부분의 기간에 가치주 수익률이 성장주보다 높다는 것을 보여준다. 340개월이 넘는 기간 동안 성장주 수익률이 더 높았던 예외적인 기간은 1999년 12월부터 2000년 8월, 그리고 2020년 2월부터 2021년 5월 현재 시점까지 합친 24개월 정도에 불과하다. 이러한 '가치주 프리미엄value premium(가치주 수익률이 더 높은 현상)'은 경제학계에도 이미 오래전부터 수많은 실증연구를 통해 보고되어왔다.

그런데 놀랍게도 2000년 1월 대비 누적수익률은 2021년 5월 14일 현재 가치주가 311%, 성장주가 357%로 오히려 성장주가

그림 16-1 | 뱅가드가 만든 성장주(VIGRX)·가치주(VIVAX) 지수 (2000.1.1=100)

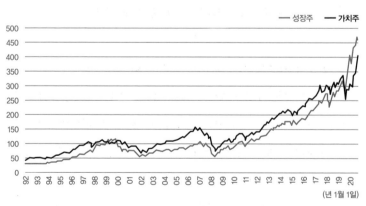

자료: Yahoo!Finance

그림 16-2 | 러셀지수 상위 200 성장주·대형주·가치주 ETF 수익률

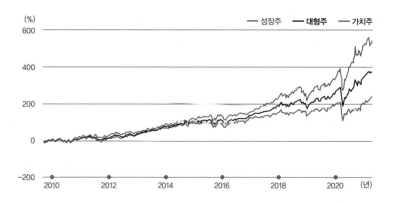

더 높다. 팬데믹 시기 성장주의 눈부신 주가 상승의 결과다. 그러나 2021년 4월과 5월, 두 달만 집중해서 보면 또 다른 패턴이 감지된다. 4월 말, 가치주 지수는 399.05, 성장주는 473.98이었다. 그림에선 잘 보이지 않지만 불과 2주 후인 5월 14일, 가치주는 411.46으로 상승한 반면 성장주는 456.99로 폭락했다. 인플레이션 공포가 시장을 휩쓸던 시기다. 이와 더불어 가치주의 시대가 다시 오는 것 아니냐는 언론의 호들갑도 시작됐다.

성장주들이라 하더라도 FAANG과 같은 대형 성장주들은 다른 중소형 성장주들과는 다른 양상을 보일 수 있다. 2021년 4월 〈포브스〉는 시가총액이 큰 200개 대형주들을 대상으로 한정해 가치주와 성장주를 나눈 뒤 성과를 비교해본 기사를 실었다. 꽤 흥미로운 결과이므로 이 기사를 인용해보도록 하자.

그림 16-2[4]는 시가총액이 큰 종목만으로 한정한 경우, 금융위기

그림 16-3 | 러셀지수 상위 200 성장주·대형주·가치주 ETF 수익률 (2021년)

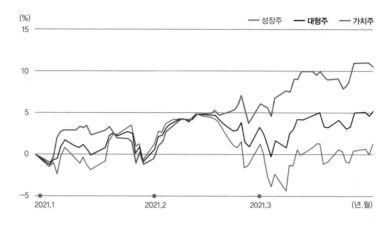

이후인 2009년부터 2021년 4월 초까지 성장주(파란색)가 가치주(회색)보다 무려 두 배 가까이 성과가 좋았음을 보여준다(가운데 검은색은 200개 대형주 지수다). 그러나 어렵지 않게 예측할 수 있듯 대형-성장주 포트폴리오는 불과 6종목(애플·아마존·테슬라·페이스북·알파벳·마이크로소프트)이 차지하는 비중이 거의 절반에 달해 이 종목들에 대한 의존도가 상당히 높았다. 반면 대형-가치주의 경우에는 비중의 절반을 차지하려면 26개 종목이 필요했다. 다시 말해 성장주의 성과는 몇몇 대형주에만 집중되어 있었다는 말이다.[5]

2021년 한 해의 결과만 살펴보면 더욱 놀랍다. 그림 16-3[6]은 각각의 포트폴리오의 2021년 초 수익률을 기준으로 4월 초까지 수익률의 증감을 보여준다. 가치주(회색)가 성장주(파란색)보다 무려 여덟 배 이상 성과가 좋았음이 한눈에 보인다. 그런데 여기서 잠깐. 이렇게 월등하게 성과가 더 좋았던 건 가치주다, 성장주가 아니고! 그림은 특히 2월 이후 성장주의 수익률이 한껏 꺾이는 모습을 확연히 보여준다. 2009년부터 가치주보다 무려 두 배 이상 큰 성과를 보여주었던 성장주가 2021년 들어 단 4개월 동안 가치주에 처절하게 밀리고 있는 것이다. 이 그림을 통해 최근 성장주의 폭락과 가치주의 재림(?)이 이슈가 된 이유를 보다 명확히 알 수 있을 것이다.

왜 안전한 가치주가 위험한 성장주보다 수익률이 높을까

이제 가치주가 오랜 기간 성장주보다 수익률이 높았다는, 꽤 오래전부터 잘 알려진 사실에 다시 주목해보자. 몇 번 강조했다시피 높은 수익률은 높은 위험에 대한 보상으로 주어진다(1장, 12장 참조). 그렇다면 가치주는 성장주보다 더 위험해야 한다. 그러나 위험 수준만으로는 가치주 프리미엄을 제대로 설명하기 힘들다는 것이 오래전부터 경제학자들의 골칫거리였다. 기존에 알려진 여러 종류의 위험요인을 비교해보았으나 성장주와 가치주 사이에 별 차이가 없었던 것이다. 위험에 의해 설명되지 않는 수익률이란 도대체 어디서 오는 것이란 말인가. 그리고 이런 골칫거리는 가치주-성장주뿐 아니라 다양한 주식 포트폴리오에서 발견되는 것이어서 경제학자들은 이러한 현상들에 '시장 이상현상market anomaly'이라는 이름을 붙였다. 여기서 '이상'이라는 것은 수익률을 '위험으로 설명할 수 없어서 이상하다'는 뜻이다.

생각해보자. 기업가치의 많은 부분이 '이미 갖고 있는' 자산인 장부가격에서 오는 경우와 아직 실현되지 않아 '성장 가능성으로 남아 있는' 경우, 어느 쪽의 위험이 더 높을까? 위험을 단순히 불확실성으로만 생각해보더라도 실현되지 않은 가치가 이미 갖고 있는 가치보다 더 불확실할 것이라는 점은 상식에 가깝지 않은가? 당연히 성장주가 가치주보다 더 위험할 텐데 그렇다면 왜 위험에 대한 보상인 수익률은 가치주가 더 큰 것일까?

경제학자들이 이 문제를 풀기 위해 노력했던 그 오랜 고민의 결과들을 여기서 일일이 소개할 필요는 없을 것이다. 다만 다소 뜬금없이 지금은 은퇴하신 나의 지도교수님께서 학생들에게 당부해달라며 예전에 하신 말씀이 생각난다. 요즘처럼 빠르게 돌아가는 세상에서 예전에 윗세대들이 그랬듯이 좋은 직장을 잡았다고, 다시 말해 크고 이름 난 좋은 회사에 입사했다고 안심하는 것처럼 위험한 생각은 없다는 말씀이셨다. 큰 회사일수록 변화의 트렌드에 느리게 대응할 수밖에 없어서 오히려 더 위험할 수 있으니 어딜 가나 자신의 실력을 끊임없이 연마하는 것만이 가장 마땅한 헤지(위험회피)가 될 거라는 말씀이셨다. 사실 제너럴모터스·소니·노키아·모토로라 등 당대를 호령하던 기업이 어떻게 몰락했는지에 대한 사례는 차고 넘치지 않는가.

'이미 갖고 있는 가치'가 많은 기업은 오히려 더 위험할 수 있다. 이미 갖고 있는 자산들을 급변하는 비즈니스 환경에 맞게 바꾸는 것이 차라리 새롭게 비즈니스를 시작하는 것보다 더 어려울 수 있기 때문이다(스모 선수가 육상 선수가 되려면 얼마나 힘든 노력을 해야 할까). 불가피한 변화에 저항할 때 발생하는, 이러한 '비가역성 위험'으로 인한 비용cost of irreversibility'은 만만치 않게 크기 마련이다. 실제로 많은 경제학자들이 이 개념을 이용해 가치주 프리미엄을 꽤 성공적으로 설명해낼 수 있었다(가치주의 비가역성 위험이 성장주보다 대개 더 크니 더 큰 보상(수익률)이 주어져야 한다). 사람이나 기업이나 변화에 대응하는 것은 기회일 뿐 아니라 생존을 위한 가장 중요한 능력이다.

폭등하는 달러값,
악몽은 반복되는가

미국 달러가 너무 비싸다. 2022년 4월 말, 유로와 파운드 등 다른 6개 통화 대비 달러 가치를 나타내는 '미국 달러 지수'는 팬데믹이 시작된 2020년 3월 이후 2년 만에 최고를 찍었다. 달러 강세의 대표적인 이유는 치솟는 인플레이션과 싸우기 위해 연준이 기준금리를 대폭 인상할 것이라고 기대해서다. 달러 강세는 원화에 대해서도 마찬가지로, 2022년 4월 초 1220원대였던 1달러의 가격이 같은 달 말엔 1260원을 넘어섰다. 엄청난 상승세다. 가뜩이나 글로벌 원자재 가격이 급등하는 상황에서 강한 달러(약한 원화)는 수입물가를 더욱 밀어 올려 인플레이션 걱정을 높인다. 경기 활황으로 인한 인플레이션이라면 좋겠지만, 실물경제 전망도 그다지 밝지 않다. 물가상승이라는 큰 비용을 지불하면서 느린 경제성장을 견뎌야 하는 상황이 우려되고 있다.

이번 주제는 환율이다. 먼저 '환율이란 정확히 무엇인가'부터 깊은 뒤에 이야기를 진척시켜나가도록 하자.

환율을 검색하면, "원핫값 1265원, 하루 14원 급락" 같은 기사 제목과 함께 "달러 강세 속에 원핫값은 전날 종가인 1250.8원보다 14.4원 하락한 달러당 1265.2원에 거래를 마쳤다(환율 상승)" 같은 기사가 나오다. '원핫값'이 1250.8원에서 1265.2원으로 '올랐는데', 이를 '습(하)락'으로 표현하고 있는 것이다.

헷갈린다. 이는 잘못된 표현을 사용해온 관행의 결과다. 결론부터 말하자면, 앞으로 신문에서 '환율'이나 '원핫값' 같은 단어가 나온다면 그냥 '달러값'으로 읽어주기 바란다. 기사에 나오는 '원핫값'의 정확한 의미는, 1달러를 사기 위해 지불해야 하는 '원화'의 규모다. 어제는 1250.8원으로 1달러를 샀는데 오늘은 1265.2원을 지불해야 한다. 이 경우 '달러값'이 올랐다라고 표현하는 게 맞다. 어제 1100원이었던 사과 한 개의 값이 오늘 1200원으로 변동했을 때, '사과값이 올랐다'라고 표현해야 하는 것과 같다('원핫값이 올랐다'가 아니라). 그런데 이를 거꾸로 원핫값이라고 부르느라 상승이 하락이 되고 하락이 상승이 되는 상황이 발생한다. 달러값은 달러값으로 불러야 한다. 달러값을 원핫값이라는 기상천외한 이름으로 부르는 관행만은 꼭 사라져야 한다.

참고로, 같은 규모의 달러를 사기 위해 더 많은 원화를 지불해야 하는 위의 경우는, '환율(달러값) 상승' '원화가 (달러 대비) 약세(평가절하)' '달러가 (원화 대비) 강세(평가절상)' 등으로도 표현할 수 있다.

달러의 나 홀로 강세

달러가 원화에 대해서만 강세인 것은 물론 아니다. 달러-위안화 환율(위안화 표시 달러값)은 2022년 4월 24일의 1달러당 6.60위안으로 2020년 11월 이후 최고값을 찍었다. 2015년 7월 고정환율제에서 관리변동환율제*로 전환하며 위안화 대규모 평가절하가 이루어진 이후 위안화 가치가 가장 큰 폭으로 떨어진 경우다. 이런 위안화 약세는 상하이시 봉쇄 등 '제로 코로나' 정책 고수로 인한 성장률 하락 및 미국보다 낮은 중국의 이자율을 반영하는 것으로 보인다.

엔화의 달러 대비 가치는 2016년 이래 가장 많이 하락했다. 일본은 1990년대 후반 이후 제로금리정책을 유지해왔는데, 많은 나라가 인플레이션 우려로 통화긴축을 고려하는 와중에도 그 기조를 전혀 바꾸려 하지 않고 있다.

유로존도 마찬가지로 암울한 시기가 계속되고 있다. 1유로의 가격이 1.0524달러까지 떨어져 2017년 4월 이후 가장 약세를 기록했다. 우크라이나 전쟁으로 러시아 경제봉쇄가 강화될 경우 인플레이션이 더욱 심화될 것이라는 우려에도 불구하고 미국의 공격적인 통화긴축을 유럽 중앙은행이 따라가지 못할 것이라는 예측이 반영된 결과다.

이처럼 이 모든 상황의 중심에 미국 연준의 이자율정책이 있다. 도대체 이자율과 환율은 무슨 관계가 있는 것일까? 외국자본이 공

▲ 환율 안정을 위해 정부가 외환시장에 제한적으로 개입하는 제도. 고정환율제와 변동환율제의 중간 형태로 얘기되지만 사실상 고정환율제에 가깝다.

격적으로 시장에서 자금을 빼내고 있다는데 우리에겐 지난 1990년
대 말, 달러가 부족해서 맞았던 외환위기의 아픈 기억이 있다. 이번
에는 그때와 다를까?

왜 미국 금리가 오르면 달러값도 오를까

지구에 한국과 미국 두 나라만 있다고 가정해보자. 한국의 이자율
은 'i(한국)', 미국의 이자율은 'i(미국)', 현물환율Spot Exchange Rate 은
1달러당 S원이고, 선도환율forward exchange rate 은 1달러당 F원이라고
하자. 여기서 '선도환율'은 미래의 달러값을 현재 시점에 정해놓은
것으로 계약 만기 시점에 1달러를 사기 위해 F원을 내기로 합의했
다는 뜻이다.

　당신은 지금 갖고 있는 1달러를 어느 나라에 투자할지 고민 중이
다. 1달러를 미국에 투자하면, 다시 말해 미국의 은행에 예치하거
나 미국 채권을 사면 1년 후에는(편의상 만기는 1년이라고 하자) 이자와
원금을 합쳐 '1+i(미국)' 달러를 받는다. 대신 1달러를 한국에 투자
한다면 어떨까? 1달러를 원화로 바꾸면 S원이다. 이 액수를 한국에
투자하면 만기에 i(한국)만큼의 이자를 원금에 더해 'S(1+i(한국))'
원을 받게 된다. 이 금액을 선도환율인 F로 나누면, 1년 뒤 손에 쥐
는 달러 액수가 된다. 정리하면 다음과 같다.

$$S(1+i(한국))/F$$

그런데 이자율과 환율은 당신이 한국에 투자하든 미국에 투자하든 차이가 없는 수준에서 결정된다(그렇지 않다면 투자자금은 한쪽 나라로만 쏠리게 된다). 따라서 다음과 같은 '이자율 등가Interest Rate Parity' 관계가 성립한다.

$$1+i(미국) = S(1+i(한국))/F$$

미국이 이자율을 올릴 때 달러 강세가 되는 현상은 이 식으로 간단히 설명된다. 다른 모든 값이 일정할 때, 미국 금리인 i(미국)가 오르면 현물환율인 S, 즉 달러값이 올라야 하기 때문이다.

위의 식은 국가 간 자본이동을 이해하는 데도 도움을 준다. 우선 이 두 나라 화폐의 가치가 일정 비율로 고정되어 있다고 해보자. 고정환율제 아래에서 현물환은 선도환율과 같다(S=F). 이때 양국의 이자율이 서로 다르면 이자율이 높은 국가로 자본이 쏠리게 된다. 예컨대 미국 중앙은행인 연방준비제도가 공격적으로 기준금리를 올려 한국의 이자율이 미국의 이자율보다 낮게 되었다고 해보자.

$$1+i(미국) \rangle 1+i(한국)$$

위의 식은 한국에서 낮은 이자로 돈을 빌린 후 이를 달러로 바꾸어 미국에 투자하면 양국의 이자율 차이만큼 수익을 낼 수 있다는 것을 보여준다. 이는 한국에서 미국으로 자본이 빠져나가게 될 것임을 뜻한다. 자본유출은 양국의 이자율 차이가 없어질 때까지, 더

시 말해 한국이 미국 수준으로 이자율을 올릴 때까지 계속해서 일어난다. 그러니 미 연준이 이자율을 올릴 때 한국은행도 그에 발맞춰 기준금리를 올려야 한다. 이처럼 고정환율제하에서 국가 간 자본이동이 자유로우면 통화정책의 독자성을 유지하기 힘들다.

변동환율제하에서는 다른 얘기가 펼쳐진다. 금융시장의 균형을 이루는 중요한 메커니즘에 이자율 이외에 하나의 변수가 더 추가되기 때문이다. 바로 환율이다. 변동환율제에서 미국의 이자율이 높아졌다고 치자. 누구나 한국에서 빌려 미국에 빌려주려 할 것이다. 이에 따라 한국의 이자율은 오르고, 미국의 이자율은 낮아진다. 그런데 한국에서 빌린 원화를 미국에 빌려주려면 달러화로 바꿔야 한다. 이 과정에서 달러 수요가 늘어나면서 달러 가치가 오른다(S 상승). 이와 함께, 미래에 닥칠 만기에 달러를 팔아 원화로 바꾼 뒤 상환해야 하므로, (달러 공급이 늘어나) 선도환율(F)은 떨어진다.

이런 예들은 변동환율제도가 고정환율제도에 비해 자본이동을 더 안정적으로 제어할 수 있음을 보여준다. 설령 두 나라 사이에 이자율 차이가 존재하더라도 환율에서 손해를 본다면 자본이동은 줄어들 것이기 때문이다. 이를테면 미국에 투자하기 위해 원화를 달러로 바꾸는 과정에서 달러값(S)이 천정부지로 솟아버리면 수익성이 나빠져 더 이상 차익거래는 일어나지 않는다. 이 같은 환율 조정 메커니즘은 달러값이 고정된 고정환율제에서는 기대할 수 없다. 환율이라는 새로운 변수가 더해진 덕분에 한국의 중앙은행은 고정환율제하에서처럼 미국의 이자율정책을 고스란히 쫓아갈 필요가 없다. 변동환율제하에서라면 설령 국가 간 자본이동이 자유롭다고 하더

그림 17-1 | 불가능의 삼각정리

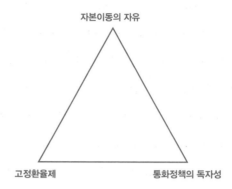

여기서 중요한 교훈 한 가지를 배울 수 있게 되는 것이다.

여기서 중요한 교훈 한 가지를 배울 수 있다. 고정환율제, 국가 간 자본이동의 자유, 통화정책의 독자성 세 개 중에서 한 가지는 반드시 포기해야 한다는 것이다. 이를 국제경제의 '트릴레마trilemma' 또는 '불가능의 삼각정리Impossible trinity'라고 부른다.

1997년 외환위기 이전 한국은 고정환율제와 독자적 통화정책을 갖는 대신 국가 간 자본이동을 규제하는 상태로, **그림 17-1** 삼각형의 아래쪽 변에 있었다. 지금은 고정환율제를 포기하고 다른 두 가지를 선택해 오른쪽 변에 있는 상태다. 따라서 미 연준이 이자율을 올릴 때 한국은행이 이자율을 따라서 올리지 않으면 한국에서 외국 자본이 모두 빠져나갈 것이라고 호들갑을 떨 필요는 없다. 적어도 환율 조정 메커니즘으로 방어할 수 있는 수준까지라면 걱정하지 않아도 된다.

달러 유동성은 충분한가

이제 한국 시장에 달러가 충분히 있는지 살펴볼 차례다. 외국인들이 한국에 투자하기 위해서는 원화가 필요하다. 외국인들은 달러를 빌린 후 이를 원화로 바꾸어 한국에 투자한다. 만기에는 원화를 다시 달러와 맞교환하면 된다. 이렇게 서로 다른 통화를 교환하는 거래를 '통화스와프'라 하고, 그중 달러를 팔아 원화를 사는 스와프를 '셀앤드바이sell&buy 스와프'라고 부른다.

이런 스와프가 이뤄지는 과정에서 외국인들의 거래 상대방(주로 한국의 은행들)은 달러를 사고 원화를 내주게 된다. '바이앤드셀 buy&sell 스와프'를 하는 셈이다. 1달러를 사려면 S원(현물환율)을 내야 한다. 이렇게 산 1달러를 한국의 은행들은 스와프 만기까지 마음대로 투자한 후 만기가 되면 스와프 상대방에게 F원(선도환율)을 받고 되판다(샀다가 되파는 과정이어서 달러를 '빌려 쓴다'는 표현도 많이 쓴다). 따라서 만기까지의 이자율을 무시하면 '바이앤드셀 스와프'의 경우 현금흐름은 -S+F다. '셀앤드바이'의 경우는 그 반대이니 S-F가 될 것이다.

다소 생소할 수 있으니 구체적인 예를 들어보자. 지금 달러값(S)은 현물환율인 1260원이고, 3개월 후 선도환율(F)은 1250원이라고 하자. 셀앤드바이의 경우 스와프 상대방에게 1달러를 팔면(빌려주면) 1260원을 받는다. 3개월 후에는 1달러를 사는(돌려받는) 대신 1250원을 내야 한다. 현금흐름은 1260-1250원, 즉 S-F가 된다. 바이앤드셀의 경우에는 반대다. 1달러를 1260원을 주고 산 후 만기에 그 1달러를 다시 팔아 1250원을 받는다. 현금흐름은 -1260+1250원, 즉 -S+F가 된다.

만약 지금 한국에 달러가 충분히 있다면, 다시 말해 달러 유동성이 높다면, 달러값 S는 충분히 싸서 미래의 달러값인 선도환율 F보다 낮을 것이다. 선도환율과 현물환율의 차이, 즉 F-S가 양수가 되는 것이다. 그러나 달러가 충분치 않다면 달러값이 비싸져 F-S는 작아지거나 마이너스 값을 갖게 된다. 이렇게 F-S는 달러 유동성을 나타내주는 중요한 지표가 된다. F-S를 '스와프포인트swap point', 그리고 이것을 S로 나눈 값을 '스와프레이트swap rate'라고 부른다. 이 값이 작으면 시중에 달러가 부족하다는 뜻이다.

최근 스와프포인트가 마이너스로 돌아서고 있다. 그림 17-2는 1년 만기 스와프의 경우를 보여주고 있지만 만기에 상관없이 모든 스와프가 그렇다. 달러 유동성이 부족하다는 것인데 외국인들의 '셀코리아' 매도 공세가 주요 원인이다. 외국인들의 경우 주식이

그림 17-2 | 스와프포인트 (2022년)

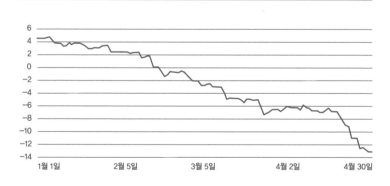

자료: 연합인포맥스

나 채권을 팔고 한국을 떠날 때는 원화를 달러로 바꾸어야 한다. 시장의 달러를 흡수하는 것이다. 한국거래소에 따르면 2022년 3월과 4월 동안 외국인들의 매도는 매수 금액보다 무려 9조 원 이상 많았다. 4월 27일 기준, 코스피에서 외국인 비중은 31%(651조 5000억 원)로 이는 2009년 9월 이후 가장 낮은 수치다. 만약 앞으로 미 연준이 공격석으로 이자율을 올린다면 달러에 대한 수요가 더욱 높아져 스와프레이트는 더욱 하락할 것이다.

위기 상황에서 달러를 확보하는 것은 무척이나 중요하다. 이에 미 연준과 스와프라인을 다시 개설해야 한다는 목소리가 높다. 한국은 2008년 10월 300억 달러 규모의 통화스와프를 체결했고, 최근에는 2020년 3월 팬데믹이 시작되자마자 600억 달러의 통화스와프 계약을 맺어 시장을 진정시켰던 경험이 있다. 최근의 통화스와프는 세 차례 계약이 연장된 후 2021년 말에 종료됐다. 통화스와프는 부족한 달러를 시장에 공급할 수 있는 좋은 수단이다. 물론 스와프라인을 개설할 만큼 현재 시장상황이 나쁘다는 오해를 일으킬 가능성이 있다는 의견도 주의해 들어야 한다.

IMF가 경고한 위기의 악순환

달러 강세에 따라 이머징마켓(신흥시장) 국가들의 통화들도 일제히 약세다. MSCI 이머징마켓 통화 인덱스는 2020년 1월 이후 최저값을 기록하고 있다. 달러 강세는 이머징마켓 또는 프런티어마켓(신흥

시장보다는 덜 알려졌지만 성장 가능성이 큰 국가들)에는 위기이자 기회일 수도 있다. 달러 강세가 이들 국가의 수출에 유리한 조건이 될 수 있기 때문이다. 그러나 불행히도 엔화, 위안화, 유로화 등의 동반 약세는 이러한 이점을 상쇄시키는 것으로 보인다.

국제통화기금IMF은 지난 4월 발표한 금융안정보고서Global Financial Stability Report에서 이머징마켓 국가들의 화폐가치 절하가 은행권이 보유한 국채의 부실화 위험과 합쳐질 경우 위기의 악순환에 빠져들 수 있음을 경고했다. 이머징마켓 국가들에선 팬데믹 기간의 적극적인 재정정책으로 인해 국가부채가 크게 늘어난 상태다. 이들 국채의 많은 부분은 은행들이 보유하고 있다. 금융 부문 자산의 20%가 국채일 정도다. 국채 신용등급이 하락하면 이와 같은 '국채-은행 연계Sovereign-Bank Nexus'로 인해 은행 부문이 취약해질 수 있다.[1] 이는 화폐가치 절하 요인이 되고, 이에 따라 자본유출 가능성은 커진다. 이를 막기 위한 금리 인상은 실물경제를 악화시킬 수 있고, 이는 다시 화폐가치를 하락시키는 악순환으로 이어진다.

많은 국가가 앞으로 얼마 동안 지속될지 모르는 어려운 시간들을 헤쳐나가는 중이다. 연준의 시간은 아직도 한참이나 남은 듯이 보인다.

성장과 물가라는
두 마리 토끼

인플레이션을 낮추는(잡는) 것은 미국 연준의 지상 과제다. 적어도 제롬 파월 연준 의장이 여러 차례 밝힌 바에 따르면 그렇다. 그의 말은 연준이 심지어 경제성장을 희생시키면서까지 인플레이션과 싸울 것이라는 의미로 들렸다. 물론 연준은 인플레이션과 싸우면서도 실업률(성장)에 신경을 쓰지 않을 수 없다. 오히려 이 때문에 파월 의장은 물가를 잡는 것이 실업 문제보다 더 중요한 목표라는 점을 확실히 다져두려고 했을지도 모른다. 물론 최근 미국의 실업률은 3.7%로 당분간 물가에만 집중해도 되는 사정도 있겠다.

인플레이션과 실업률 중 '한 놈만 팬다'고 해서 싸움이 쉬워지는 건 아니다. 인플레이션을 잡기 위해서라면 사실 연준은 실업률을 '늘려야만' 할지도 모른다. 인플레이션 잡기가 고약한 일이 되는 이유다. 2022년 9월 미국 연방공개시장위원회FOMC▲의 0.75%포인트 기준금리 인상 결정에 고개를 갸웃거리게 되는 이유 또한 여기에 있다. 그 복잡한 상황을 파악하려면, 일단 인플레이션의 원인에 대한 가장 기초적인 이론부터 이해할 필요가 있다.

수요가 크거나 공급이 작거나

물가가 오르는 건 대개 두 가지 중 하나 때문이다. 수요가 너무 많거나 공급이 너무 적거나. 너도 나도 사고 싶어 하는 물건의 값은 그 물건의 공급이 크게 늘어나지 않는 이상 오르게 되어 있다. 그러니 물건값이 오르지 않도록 하려면 해당 재화(및 서비스)의 수요를 줄이거나 공급을 늘려야 한다. 공급 부족으로 물가가 오르는 현상을 '비용 상승cost-push' 인플레이션이라고 한다. 예를 들어 석유나 원자재 등의 공급이 원활치 않아 가격이 오르면, 이로 인한 추가 비용은 최종적으로 소비자가격 인상으로 반영된다. 반면 수요가 너무 많아 가격이 상승하면, '수요 견인demand-pull' 인플레이션이다. 수요와 공급 중 어느 측면이 물가상승에 더 큰 책임이 있는지 파악하는 것은 중요하다. 그 원인에 따라 인플레이션을 제어하기 위한 정책이 성장에 갖게 되는 함의가 달라지기 때문이다.

한 나라의 총생산물을 하나의 상품이 도맡고 있다고 가정하고, 이 상품에 대한 수요와 공급을 각각 총수요와 총공급이라고 부르자. 이 경우 이 상품의 총시장가치가 국내총생산이 된다. 그림 18-1과

▲ 연방준비위원회 산하의 위원회로 통화·금리정책을 담당하다

그림 18-1 | 공급 부족으로 발생하는 '비용 상승 인플레이션'

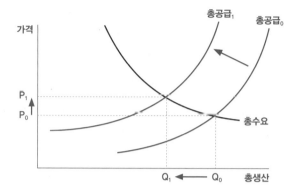

그림 18-2는 총수요나 총공급 중 하나를 고정하고 다른 하나를 변화시켰을 때 물가와 성장에 어떤 영향이 생기는지를 간단하고 분명하게 보여준다. 비용 상승 인플레이션의 경우를 보자(그림 18-1). 공급이 줄어 총공급곡선이 '총공급 0'에서 '총공급 1'로 이동하면 이로 인해 가격(물가)은 P_0에서 P_1으로 상승하고(인플레이션 발생) 동시에 총생산은 Q_0에서 Q_1으로 줄어든다(성장 둔화). 만약 총공급을 늘릴 수 있다면, 즉 총공급곡선을 원래대로 '총공급 0'으로 옮길 수 있다면 반대로 물가는 하락하고 성장은 촉진될 것이다. 인플레이션과의 싸움에서 굳이 성장을 희생시킬 필요가 없다는 말이다.

수요 견인 인플레이션의 경우는 다르다(그림 18-2). 총수요곡선이 '총수요 0'에서 '총수요 1'로 이동하면(총수요 증가), 물가는 P_0에서 P_1으로 상승해 인플레이션이 발생하고 총생산은 Q_0에서 Q_1으로 늘어난다(경제성장). 인플레이션이 경제성장과 같이 가는 경우다.

그림 18-2 | 수요 증가로 일어나는 '수요 견인 인플레이션'

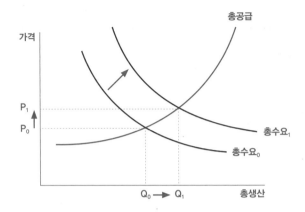

인플레이션을 완화할 목적으로 총수요곡선을 원래대로 '총수요 0'
으로 돌려놓으면 물가는 내려가지만(P_1에서 P_0로), 성장도 둔화된다
(Q_1에서 Q_0로).

정리해보자. 인플레이션이 비용 상승에 의한 것이라면 공급을
늘려야 한다. 그러면 물가는 내려가고 성장은 증진된다. 인플레이
션이 수요 증가 때문이라면 총수요를 줄여야 한다. 그러면 물가는
하락하지만 성장률 또한 떨어진다. 즉, 이 경우에는 물가와 성장, 둘
중의 하나를 '선택'해야 한다.

성장을 죽여야 인플레이션을 잡는다

지금의 인플레이션이 주로 어떤 원인에 의한 것인지에 대해서는 의

견이 분분하다. 중국의 '제로 코로나' 정책과 미·중 패권 싸움, 그리고 러시아의 우크라이나 침공으로 인해 글로벌 공급망이 교란되고 이에 따라 곡물, 원자재 및 석유 가격이 올라 비용 상승 인플레이션이 나타났다는 의견은 비교적 널리 받아들여지고 있다. 그러나 최근 유가와 원자재 가격이 하락한 이후에도 인플레이션은 조금도 줄지 않고 있다. 2022년 9월 발표된 미국의 높은 인플레이션율은 소비자물가지수의 약 40%를 차지하는 주거비 급등에서 비롯되었다. 이는 팬데믹의 소강 국면과 함께 그동안 시장에 넘치도록 풀어놓은 현금을 통한 소비 증가로 발생한 수요 견인 형태의 인플레이션이 지속되고 있음을 시사한다.

만약 인플레이션이 주로 수요 견인에서 비롯되었다면 연준에겐 비용 상승의 경우보다 더 골치 아픈 문제가 될 수 있다. 이 경우, 물가를 잡기 위해 총수요를 줄이면 성장을 희생시킬 수 있기 때문이다. 설령 인플레이션이 애초에 공급망 붕괴에서 비롯되었다 해도 총수요를 공략할 필요성이 약해지지는 않는다. 공급망이 붕괴된 원인이 경제 영역이 아니라 연준이 손을 쓸 수 없는 정치 영역(국가 간 분쟁·전쟁)에 더 가까운 탓이다. 게다가 총공급이 부족한 상황에서 총수요를 공략해 인플레이션을 잡으려면 총공급이 부족하지 않은 상황에서보다 총수요를 훨씬 더 많이 떨어뜨려야 한다. 이래저래 까다로운 상황이다.

금융시장에서는 미국의 2022년 8월 물가상승률이 예상치인 8.0%를 웃도는 8.3%로 발표되자, 9월 FOMC에서 결정될 기준금리 상승 폭을 최소 0.75%포인트, 최대 1%포인트로 예측하고 있었다. 연준은 0.75%포인트를 선택했다.

왜 그랬을까? 일단 FOMC 위원들의 미국 성장률 기대치가 대폭 낮아졌다. 6월에 위원들은 미국의 2022년 성장률 기대치를 1.5~1.9%로 봤다. 9월에는 0.0~0.2%로 낮췄다. 내년 전망 역시 1.3~2.0%에서 0.5~1.5%로 줄였다. 불황에 대한 우려가 그만큼 커진 것이다. 때문에 9월 FOMC 회의에서 기준금리를 0.75%포인트(1%포인트가 아니라)만 올린 것은 '성장에 대한 배려' 차원에서 살살 가려고 한 것이 아니냐는 의견들이 나왔다. 그러나 FOMC가 정말 불황을 우려해서 0.75%포인트만 올렸다면 고개를 갸웃거릴 수밖에 없다. 파월 의장 스스로 지금은 물가를 잡는 것이 '무엇보다도' 우선시되어야 한다고 몇 번이나 밝혀왔기 때문이다. 이 '무엇'은 당연히 성장을 포함한다.

살펴보았듯 총수요를 낮춰서 인플레이션과 싸울라치면 대개 성장을 '반드시' 희생시켜야 한다. 그렇다면 '성장을 배려한 탓에' 금리를 0.75%포인트만 올렸다는 것은 큰 실수가 될 수 있다. 이 정도의 금리 상승으로는 성장을 겨우 '조금만' 둔화시키는 데 그칠 수 있기 때문이다.

러시아의 우크라이나 침공이 당장 종식된다고 하더라도 글로벌 공급망이 갑자기 회복되리라 기대하기는 힘들다. 이미 유가와 원자재 가격은 전쟁이 한창 진행되는 와중에도 떨어지는 중이다. 집중할 곳은 총수요다. 총수요를 줄이려면 성장에 대한 기대치 또한 확 낮춰야 한다. 사람들은 '나'의 소득이 줄어들 것으로 예측할 때 소비보다는 저축에 나선다. 그럼 성장은 언마나 희생시켜야 인플레이션을 잡을 수 있을까?

누워버린 필립스곡선이 의미하는 것

이에 대해서는 논쟁이 신행 중이다. 국제통화기금 수석 이코노미스트였던 올리비에 블랑샤르나 래리 서머스 하버드대학 교수는 실업을 크게 늘려야, 즉 성장을 크게 후퇴시켜야 인플레이션을 잡을 수 있다고 주장한다. 성장을 어지간하게 줄여서는 인플레이션을 잡을 수 없다는, 이 같은 전망은 2008년 글로벌 금융위기 이후 필립스곡선이 '누워 있다'는 연구들과 긴밀히 연결된다.

필립스곡선은 인플레이션과 실업률의 서로 상반되게 움직이는 속성을 나타내는 그래프다. 인플레이션율(물가)를 낮추려면 실업률을 늘려야(경제성장을 줄여야) 한다는 의미다(그림 18-3 그래프의 실선). 필립스곡선이 '누워 있다'는 것은 두 변수가 반대로 움직이기는 하지만 서로 그다지 민감하게 반응하지는 않는다는 뜻이다(그림 18-3 그래프의 점선).

예컨대, 인플레이션을 X%포인트 낮추고자 할 때 증가시켜야 하는 실업률의 크기를 보자. 필립스곡선은 '곡선'의 형태지만 그림 18-3에서는 편의상 직선으로 그렸다. 기울기가 완만한 아래쪽 점선의 경우엔 기울기가 가파른 위쪽 실선보다 훨씬 더 실업률을 크게 증대시켜야 한다. 그림 18-3에서 알 수 있듯이 필립스곡선이 많이 누운 경우(점선)라면 실업률을 크게 줄여도 인플레이션이 급증하진

그림 18-3 | 누워버린 필립스곡선

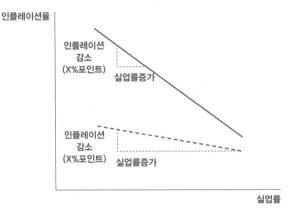

않는다. 그러나 이는 인플레이션을 한 단위 낮추기 위해서는 실업률을 아주 많이 늘려야 한다는 말이기도 하다. 성장을 아주 많이 희생해야 한다는 의미이고, 따라서 인플레이션과의 전쟁에서 이기더라도 그만큼 불황의 골이 더 깊어질 수 있다는 얘기다.

연준은 인플레이션을 열심히 '쫓아가고만' 있다. 아직 실업률에 발목이 잡히지는 않았지만 언제까지 그럴지는 모른다. 연준이 성장에 타격을 입히면서까지 인플레이션과 싸울 수 있을지는 알 수 없다. 연준이 정치권으로부터 독립된 기관이라고는 하지만, 정치권이 실업률 급증을 그냥 두고 볼 가능성 또한 희박하기 때문이다. 어쩌면 11월 중간선거(2022년)를 앞두고 공은 이미 정치로 넘어간 것일지도 모른다.

폴 볼커Paul Volcker 전 연준 의장은 1980년대 초, 기준금리를 20%까지 끌어올리는 대담한 인상으로 인플레이션과의 싸움에서 주도권을 움켜쥘 수 있었다. 쉬운 싸움은 아니었다. 농민들이 트랙터를 몰고 와 연준 건물을 봉쇄해 농성하는 등 격렬한 시위가 벌어지는 와중에 볼커가 호신용으로 권총까지 갖고 다녔다는 건 널리 알려진 사실이다.

느슨한 금리 인상으로 싸움에서 주도권을 쥘 수 있을지는 미지수다. 이런 식으로는 총수요를 충분히 줄일 수 없을 가능성이 크다. 돈은 아직도 시장에 많이 풀려 있고 투자자들은 이리저리 눈치를 보기는 하지만 현금을 잔뜩 쥐고 언제든 시장에 뛰어들 준비가 되어 있다. 유동성을 흡수하기 위한 양적긴축Quantitative Tightening, QT[▲]은 진행이 느리기 짝이 없다. 바이든 정부에서 증세를 들고 나왔지만 얼마나 유동성을 흡수해 총수요에 영향을 미칠 수 있을지 또한 물음표다.

미국 금리 인상의 폭탄은 사실 다른 나라들에 떨어지는 중이다. 금리 인상으로 달러화가 초강세가 되면서 각국 통화는 달러 대비 가치가 크게 하락하고 있다. 이는 수입물가를 밀어 올려 해당 국가에 인플레이션을 불러온다. 미국이 금리 인상을 통해 인플레이션을 세계 각국으로 수출하고 있는 셈이다. 미국이야 오히려 타격이 덜 할 수 있다. 달러 강세로 인해 수출시장에서 큰 재미를 못 볼 수는 있겠지만 (각국의 통화가치가 달러와의 교환 비율에 의해 결정되도록 한) 브레턴우즈 시대를 거친 이후 미국이 수출로 먹고산 적이 과연 있기나 했던가.

[▲] 경기침체의 우려가 있을 때 중앙은행이 통화를 시중에 직접 공급하는 양적완화와는 반대로 중앙은행이 채권 회수 등을 통해 시중의 돈을 직접 줄이는 것을 말한다.

뒤쫓기만 해서는 잡을 수 없다

인플레이션과의 싸움에서 더 근본적으로 주목해야 할 것은 기대인플레이션의 변화다. 1980년대 중반 이후 안정적이었던 인플레이션은 사람들의 기대인플레이션을 낮은 수준에 성공적으로 묶어놓았다. 어쩌다 높은 인플레이션이 진행된다 해도 이를 지속적 현상으로 보는 것이 아니라 연준의 적극적 역할로 충분히 극복할 수 있는 일시적인 현상으로 여겨온 결과다.

그러나 러시아의 우크라이나 침공 등으로 촉발되어 2021년부터 '지속적으로' 이어지고 있는 높은 수준의 인플레이션은 경제주체들이 인플레이션 기대치를 더 높은 수준으로 수정하도록 만들고 있다. 높아지는 기대인플레이션은 시장의 기대를 벗어난 '충격'이 있어야 낮출 수 있다.

지금은 기대인플레이션이 실제 인플레이션에 민감하게 반응하는 시기다. 날아오르는 인플레이션을 하염없이 뒤쫓기만 하다가는 높아지는 기대인플레이션도 막을 수 없다. 더구나 기대인플레이션은 자기충족적self-fulfilling이다. 인플레이션이 심해질 것이라고 기대하는 순간, 가격은 그 기대를 반영해 높게 형성되고 이렇게 결정된 높은 인플레이션은 다시 인플레이션 기대치를 끌어올릴 것이다.

이번 발표 이후 증시는 폭락 중이다. 어차피 FOMC 위원들이 성장률 전망을 대폭 낮춘 것이 시장에 알려졌으니 당분간 시장의 혼란은 어쩔 수 없을 것이다. 농담 삼아 이번에 2%포인트를 올리는 게 어떨까 주위를 떠보기도 했지만 정례회의가 끝나 결과가 나온 지금, 정말로 적어도 1%포인트 또는 그 이상의 금리 인상으로 갔으면 어땠을까 생각해본다. 시장이 뻔히 기대하고 있는 수준을 따라가 충족시키는 정도로는 인플레이션을 잡을 수 없을 것이기 때문이다. 총을 쏴서 잡을 수 없다면 바주카포를 준비해야 한다. 맞다. 기꺼이 인정한다. 이거 뒷북이다.

과도한 가계부채,
채무자에게만 책임 넘길 수 있을까

변영주 감독이 이선균·김민희 등의 톱클래스 배우들을 내세워 같은 이름으로 영화화한, 일본 작가 미야베 미유키의 소설 《화차》는 홀연히 사라진 여성의 행방을 쫓는 스릴러다. 휴직 중인 강력계 형사 혼마는 먼 친척 조카로부터 '실종된 약혼녀 세키네 쇼코를 찾아 달라'는 부탁을 받는다. 추적에 나선 혼마는 쇼코에 관해 하나씩 밝혀지는 믿을 수 없는 정보를 받아들여야 했다. 이름부터 출신, 직장까지 쇼코가 약혼자에게 말한 신상이 모두 거짓말이었던 것이다. 알고 보니 쇼코는 갚을 수 없을 만큼의 빚을 지고 사채업자들에게 쫓기다 급기야는 자신의 정체성까지 지워야 했던 비운의 여자였다.

빚을 진다는 것, 즉 부채는 경제의 선순환에서 필수적인 요소다. 경제주체들이 돈을 빌려 유망하고 효율적인 부문에 제대로 투입해야 경제성장이 촉진된다. 궁극적으로는 사회적 부를 극대화할 수 있다.

그러나 빚을 진다는 것은 무서운 일이다. 빌린 돈을 갚지 못할 경우, 신용 하락과 부도라는 값비싼 대가를 치르게 된다. 돈을 빌리기 전부터 갖고 있었던 재산마저 위험에 빠뜨릴 수 있다.

기업과 가계는 이런 위험을 부담하는 방식에서 크게 다르다. 기업이 돈을 갚지 못하면 인력 감축 등 구조조정을 감행해서 돈을 만들어야 한다. 혹은 해당 기업 자체를 다른 업체나 사모펀드 등에 '부채까지 포함해서' 매각하는 과정을 통해 문제를 해결할 수 있다. 기업을 인수한 업체나 사모펀드가 해당 부채를 갚을 의무까지 떠안는 셈이다.

그러나 가계부채라면 문제가 다르다. 이런 구조조정이나 매각 절차가 성립할 수조차 없기 때문이다(가족을 구조조정하거나 인수합병할 수는 없다). 가계부채가 기업부채나 정부부채보다 더 어렵고 까다로운 부채인 이유다. 케인스는 "내가 1파운드를 빚지면 내 문제겠지만, 100만 파운드를 빚지면 그건 빌려준 사람의 문제가 된다"라고 말했다.[1] 문제가 될 가계부채가 많아지면 이는 결국 그 사회 전체의 문제가 된다. 그렇게 되면 궁극적으로 이를 국가 단위에서 해결해야만 할 가능성도 커진다.

한국의 가계부채

2021년 상반기 한국의 가계대출이 급속히 증가했다.[2] 국내총생산 대비 104.2%라는 규모도 엄청나지만 그 증가 속도가 주요국과 비

그림 19-1 | 한국의 가계부채 증가율

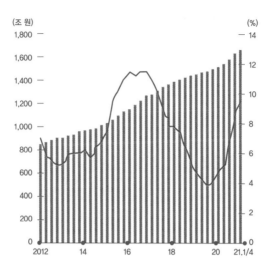

자료: 한국은행, 통계청 〈가계동향조사〉('금융안정보고서'에서 재인용)

교해 매우 빠르다. 이런 이유로 금융위원회는 가계부채를 한국 경제의 최대 잠재 위험 요인으로 보고 있다고 한다. 2021년 6월 한국은행이 발행한 '금융안정보고서'에 따르면, 가계부채는 2021년 1분기 말 현재, 이전 해 동기 대비 9.5% 증가한 1765조 원에 이른다. 이는 가처분소득 대비 171.5%(추정치, 전년 동기 대비 11.4%포인트 상승)에 해당되는 수치다.[3]

물론 가계부채의 증가가 어제오늘의 일은 아니다. 그림 19-1은 2012년 이후 가계부채 증가율이 증감을 반복했으나 항상 양의 값이었다는 사실을 보여준다. 가계부채가 작든 크든 매년 꾸준히 늘어났다는 이야기다. 특히 최근 증가세는 매우 가파르다.

국가별 통계를 봐도 한국의 가계부채는 눈에 띄게 크다. OECD

그림 19-2 | 각국의 가처분소득 대비 가계부채비율

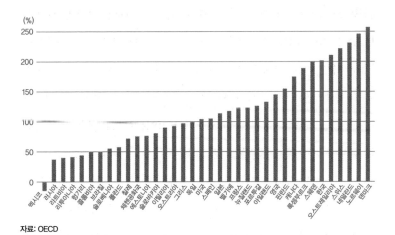

자료: OECD

에서 발표한 각국의 가처분소득 대비 가계부채비율의 최근 통계를
살펴보자(그림 19-2). 한국은 200.7%로 그 수치가 일본(114.09%)이
나 미국(104.63%), 그리고 영국(145.01%)보다 월등히 크다. 여기서
한 가지 중요한 사실을 감안해야 한다. 한국의 가계부채를 다룬 책
《2022 피할 수 없는 부채 위기》(서영수 지음)에서 몇 가지 내용을 인
용해보자. 한국은행이 발표한 가계부채 규모 통계는 '전세자금 대
출' '개인사업자 법인 명의 채무(사실상 가계부채)' '임대보증금 채무
(건물을 빌려주고 보증금으로 받은 돈)' 등을 포함하지 않는다. 전세자금
대출 등이 빠진 한국은행의 가계부채 통계는 '실질적인 가계부채'
의 규모와 그 위험성을 축소·왜곡하는 것이 아니냐는 의문을 피할
수 없다. 즉, 한국은행의 가계부채비율을 다른 국가의 그것과 직접
적으로 비교하려면 주의가 필요하다. "선진국들은 위의 세 가지 항
목을 모두 가계부채에 포함한다. 특히 개인사업자 대출과 전세보증

금 대출은 우리나라 전체 가계부채의 37.3%를 차지하는 무시할 수 없는 항목이다. 이들을 모두 고려하면 한국의 가계부채는 2018년 말 2300조 원을 넘어 GDP의 129%로 OECD 중 1위가 된다."[4]

사실 부채의 규모 자체보다 더 중요한 질문이 있다. 과연 '그 부채가 감당할 수 있는 수준이냐'는 것이다. 신용갭Credit-to-GDP Gap을 통해 이 질문에 대한 힌트를 얻을 수 있다. 신용갭은 국제결제은행 BIS이 국가별·분기별로 발표하는데 가계와 비금융기업을 포괄하는 민간 부문 신용위험의 정도를 보여주는 측정치다. 민간 부문 부채를 국내총생산GDP으로 나눈 비율이 해당 분기에 얼마나 크게 장기적 추세에서 벗어나 있는지(갭)를 통해 민간 부채의 위험 정도를 경고해준다.

사실 경제가 성장하면서 부채가 함께 늘어나는 것은 자연스러운 일이다. GDP와 부채는 둘 다 안정적으로 장기간 증가할 수 있다.

그림 19-3 | 한국의 신용갭

자료: BIS

신용갭은 어느 시기에 이 두 변수가 안정적인 관계에서 벗어나는지 알려준다. 갭이 크다는 것은 민간신용의 증가가 GDP 증가로 감당할 수 있는(늘어난 부채를 소득 증가로 갚아나갈 수 있는) 수준을 벗어났다는 뜻이다. 그만큼 신용위험이 커진다. 신용갭은 2% 미만이면 '보통', 이후 10%까지는 '주의', 그리고 10%를 넘어서면 '경보' 단계로 분류한다.

한국은 2018년 이후 신용갭이 급속도로 커지기 시작해 2020년 1분기에는 8.8%를 기록했다. 2분기에는 13%로 '경보' 단계인 10%를 돌파했다. 이후 상승세는 멈추지 않아 2021년 1분기엔 18.3%까지 치솟았다. 역사상 최고치다. 외환위기 당시인 1997년 4분기의 13.2%와, 금융위기로 치솟았던 2009년 상반기의 13.2%를 훨씬 웃도는 수치다. 영국·독일·프랑스·미국 등 주요 국가들의 신용갭도 최근 들어 크게 상승하고 있지만 경보 단계를 넘는 나라는 프랑스(19.8%)와 독일(12.3%) 정도다.

문제는 빚을 진 게 아니라 '쉽게' 졌다는 것

부채 문제가 심각해지자 2021년 10월 말 금융위원회는 '가계부채 관리 강화 방안'을 내놓았다. 한마디로 정리하자면 그동안 담보능력만 있으면 해주던 대출을 이제는 실제로 빚을 갚을 능력이 있는지를 꼼꼼히 따져 해주겠다는 것이다. 총부채상환비율 2단계 적용을 2022년 1월로 앞당긴다는 것이 주된 내용이었다. 여기서 총부채상환비율Debt Service Ratio, DSR이란 연간 소득에서 전체 금융부채의 연간 원리금 상환액이 차지하는 비율로, 2021년 7월부터 6억 원 초과 주택에 대한 주택 담보대출과 1억 원이 넘는 신용 대출을 받을 시 DSR이 40%를 넘지 못하도록 제한해오고 있었다. 이제 2단계로 그 적용 대상에 총대출액이 2억 원을 넘는 대출자 모두가 포함되었다.*

가계부채를 걱정하는 의견은 넘쳐난다. 그 원인에 대한 진단도 많다. 가계부채가 최근 급등한 이유 중에는 코로나19로 인한 생계형 부채 증가처럼 어쩔 수 없는 부분들이 분명히 있다. 매출 감소의 직격탄을 맞은 자영업자와 취약계층의 경우 특히 큰 영향을 받았다. 한국은행의 '금융안정보고서'는 또한 주택 관련 대출 수요 확대와 경기 불확실성에 대비하기 위한 기업의 유동성 확보 등으로 민간 부문의 자금 수요가 늘어난 것이 가계부채가 빠르게 증가하는 요인 중 하나였다고 진단한다. 코로나19 팬데믹 이후 낮은 금리 등 완화된 금융 환경이 대출 문턱을 낮추었고, 이렇게 싼값에 빌린 자금들이 부동산이나 주식 등 자산시장에 큰 폭으로 유입된 것 또한 잘 알려진 사실이다.[5]

중요한 사실은, 가계부채가 늘어난 것은 빚을 무분별하게 여기저기 늘렸기 때문이라며 채무자에게만 책임을 물을 수는 없다는 점이다. 사실 문제는 그들이 빚을 졌다는 것이 아니라 그들이 빚을 '쉽게' 졌다는 데 있다. 가계부채 증가가 채무자의 도덕적 해이가

---

* 2022년 7월 3단계가 실시되어 총대출액 1억 원을 넘는 대출자 모두가 적용 대상이 되었다.

아니라 채권자의 '약탈적 대출predatory lending'의 결과일 수도 있다는 말이다. '약탈적으로 빌려준다'라니 다소 의아하게 들릴 수 있다. 빌려주는 측에 '약탈'이란 용어를 사용하는 것이 쓸데없이 공격적인 것 같기도 하다. 그러나 약탈적 대출은 시중에 풀린 풍부한 자금을 상환능력이 부족한 채무자에게도 대출하는 관행을 가리키는 말로, 미국 월스트리트나 경제학계에서 자주 사용하는 용어다. 광의로는 '돈을 쉽게 빌릴 수 있게 만드는 환경'을 의미하는 경우도 있다.

유명한 미국 카툰 작가 랜디 글래스버겐Randy Glasbergen이 약탈적 대출을 날카롭게 풍자한 작품이 있다. 그 내용은 다음과 같다. 신혼부부로 보이는 한 쌍의 남녀가 집을 사기 위해 모기지 컨설팅을 받는다. 모기지회사의 직원은 "우리 회사는 30년 만기의 모기지 대출뿐 아니라 '(피겨스케이팅의) 트리플 러츠 점프를 겸비한 더블 악셀 대출'도 제공한다"라고 말한다. 물론 이런 모기지는 없다. 그저 뭐든지 원하시면 다 만들어드리겠으니 제발 돈 좀 빌려 가시라는 이야기다.

2008년 금융위기의 도화선이 되었던 '서브프라임subprime(비우량 신용등급)' 부채는 신용위험이 큰 이들에게 그들의 상환능력 이상으로 대출해준 경우를 의미한다. 금융기관이 시민들에게 상환능력 이상으로 대출할 수 있었던 이유는 부도 위험을 작게 평가했거나, 또한 일부가 빚을 갚지 못하더라도 이런 채무불이행default이 대규모로 한꺼번에 터지지는 않으리라고 생각했기 때문이다. 그러나 '서브프라임'이라는 용어 자체가 '이 사람에게 대출하면 부도 위험이 있다'고 경고하고 있지 않은가.

"우리 회사는 전통적인 30년 만기의 모기지 대출뿐 아니라
만기 일시 상환 대출, 벌룬 모기지 대출, 역모기지 대출, 위아래 뒤집기 대출,
안팎 뒤집기 대출, 공중곡예 대출, 트리플 러츠를 겸비한
빙빙 도는 더블 악셀 대출을 제공합니다."

그림 19-4 | 문제는 빚을 졌다는 것이 아니라 빚을 '쉽게' 졌다는 데 있다.

연준 의장이었던 버냉키는 약탈적 대출을 일삼은 은행가들을 감옥으로 보내야 한다는 주장에 회의적이었다. 그러나 2015년, 마음을 바꿔 이에 찬성한다는 인터뷰를 했다. 금융소비자들이 스스로를 보호하는 데는 한계가 있으며, 시장에서 퇴출돼야 마땅한 '위험 금융상품(빌린 사람이 원리금을 상환하기 힘들게 설계된 상품)'을 만든 사람은 그 책임을 져야 한다는 데 기꺼이 동의한 것이다.[6]

약탈적 대출의 증거는 학계에도 보고되어 있다. 2006년 시카고에서는 '반약탈 파일럿 프로그램antipredatory pilot program in Chicago'이 운영되고 있었다. 이 프로그램은 신용등급이 낮은 사람들이 위험한 모기지론을 이용하려 할 경우 미국 주택도시개발부 발급 라이선스를 취득한 재무 카운슬러와 상담토록 규정했다. 이후 해당 프로그램의 적용을 받은 사람들(실험군)과 그렇지 않은 사람들(대조군)을 비교 분석했다. 그 결과에 따르면, '반약탈 프로그램'의 적용을 받지 않은 모기지회사들이 약탈적 대출을 시행하는 데 훨씬 유리했다. 카운슬러가 신용등급이 낮은 잠재적 채무자들에게 '그건 약탈적 대출'이라고 알려줄 경우, 모기지회사가 대출에 성공할 가능성이 줄어들기 때문이다. 실증분석은 이 프로그램이 적용될 경우 실제 모기지론 거래가 실험군에서 절반으로 줄어들었음을 보여준다. 줄어든 정도는 이 프로그램이 적용되지 않은 대조군의 두 배에 달했다. 취약 신용계층에게 약탈적 대출이 성행했을 것이라는 믿음을 더하는 연구다.[7]

채무불이행, 채무자만의 잘못이 아니다

돈을 빌리고 나서 문제가 생기면 채무자가 모두 다 책임져야 한다. 대출이 약탈적이었든 약탈적이지 않았든 상관없다. 간단한 예를 들어보자.

자기 돈 4억 원에, 구입할 주택을 담보로 대출받은 6억 원을 더해 10억 원짜리 주택을 구입했다고 하자. 10억 원 주택을 담보로 6억 원을 빌린 셈이니 담보인정비율LTV이 60%인 거래다. 이제 집값이 8억 원으로 20%만큼 떨어졌다고 하자. 그럼 부채를 갚고 난 후 당신의 순자산은 얼마일까?

집값이 떨어지든 말든 빌린 돈 6억 원은 반드시 갚아야 한다. 집값 8억 원으로 6억 원을 갚고 나면 2억 원이 남는다. 원래 갖고 있던 4억 원이 반토막 난 셈이다. 집값은 20% 줄었는데 순자산은 50% 줄었으니 레버리지 승수는 2.5다. 집값 하락의 2.5배만큼 순자산이 줄어든다는 뜻이다.[*] 이처럼 빚을 지는 것('레버리지를 일으킨다'고 표현하기도 한다)은 원래 자신이 갖고 있던 재산마저 위험에 빠뜨리는 행위가 된다. 이는 '부채 증가로 인한 자본의 위험 증가'다.

앞의 사례에서 돈을 빌려준 채권자는 집값이 떨어졌는데도 아무런 손실을 입지 않는다. 갖고 있던 재산 반을 잃으면서까지 빚을 갚아야 하는 건 채무자다. 채무자가 집값 하락으로 인한 손실을 100% 부담하는 것이다. 이는 빚을 내 구입한 주택에 대해서는 주택 소유자라 하더라도 그 가치에 대해 '후순위 청구권'만을 갖고 있기 때문에 벌어지는 일이다. 여기서 주택 소유자의 '후순위 청구권'이란, 특정 시점에 집을 매각할 경우 채권자가 원리금을 먼저 가져가고(채권자의 '우선 청구권'), 집주인은 남은 돈을 후순위로 갖는다는 의미다.

주택 소유자들은 자산이 적을수록 빚을 많이 내야 집을 살 수 있다. 집값이 하락할 때 이들은 레버리지 승수만큼 순자산이 감소하는 타격을 고스란히 감내해야 한다. 그러나 채권자들의 경우라면 얘기가 달라진다. 앞의 예에서 집값이 떨어질 때 채무자는 50% 손실을 입었지만 채권자는 아무런 손실을 입지 않았다. 이제 집값이

---

[*] 레버리지 승수는 부채 규모에 비례하여 순자산 손실이 커지는 것을 수치화한 것으로, 1/(1-LTV)로 구한다. LTV가 커지면 레버리지 승수도 커진다. 다시 말해 담보를 더 인정받아 더 빌리는 경우, 집값이 떨어지면 더 큰 순자산가치 하락을 감내해야 한다는 뜻이다.

두 배나 더 떨어져 40%만큼 하락해 6억 원이 되었다고 치자. 이 경우 채무자는 전 재산인 4억 원을 모두 잃는다. 그러나 채권자는 그 결과 이제 그 집을 100% 보유할 수 있게 된다. 채권자에게 주어진 '우선 청구권'과 채무자에게 주어진 '후순위 청구권'이 이렇게 엄청난 차이를 만들어낸다. 채권자는 집값이 40% 이상 하락할 경우에만 부분적으로 책임을 진다(손해를 본다).

집값이 하락할 때 채무자가 이를 모두 또는 대부분 책임져야 한다니 이래도 괜찮은 걸까? 언제부터 이런 관행이 거래 법칙으로 굳어진 걸까? 역설적이게도 사실 채무자가 부채를 끝까지 책임져야 한다는 것은 봉건제도를 타파하며 시민의 권리가 확대되는 과정에서 쟁취한 투쟁의 산물이다. 툭하면 시민들에게서 돈을 빌리곤 하던 봉건시대의 왕들은 자신이 빌린 돈을 굳이 갚으려 하지 않았다. 갚지 않아도 별문제가 없었기 때문이다. 국민이 왕에게 돈을 빌려주는 것이 세금을 내는 행위의 다른 이름이었던 셈이다. 그러나 시민의 권리가 확대되면서 아무리 왕이라 할지라도 빌린 돈은 반드시 갚아야 한다는 의무를 지게 되었다.

채무불이행이 온전히 당신의 잘못 때문이라면 그걸 모두 당신이 책임져야 한다는 데 아무런 문제가 없다. 문제는 그것이 온전히 당신 잘못이 아니라는 데 있다. 사실 당신은 완화된 금융 환경이 만들어낸 대출 확대의 희생자일 수 있다. 8장에서 언급한 '도드-프랭크 월스트리트 개혁과 소비자보호법' 역시 이런 상황에서 약자를 보호하기 위해 만들어진 것이다.

《화차》에서 고리금 대부 피해자를 돕는 한 변호사는 세키네 쇼코에 대해 묻는 혼마 형사에게 되묻는다. 개인파산을 한 여자이고 술집에서 일하고 있었다고 하니 돈 낭비가 심하고 사생활도 엉망이었으리라고 생각지 않았느냐고. 그리고 이렇게 덧붙인다. "그게 오해라는 겁니다. 현대사회에서 카드나 은행 대출 때문에 파산에 이르는 사람들 중에는 부지런하면서 겁도 많고 마음이 약한 사람들이 오히려 더 많아요. 그런 점을 이해하려면 우선 이 업계의 구조부터 알아야 합니다."

《화차》를 손에 잡았던 건 더운 여름에 시원한 스릴러 소설이 제격이라고 생각했기 때문이었다. 그런데 이 책에서 일본에서 신용카드가 얼마나 남발되었는지에 대한 통계를 몇 페이지에 걸쳐 읽게 될 줄은 몰랐다. 신용카드 남발은 약탈적 대출의 잘 알려진 사례다.

물론 빚에 대한 채무자의 무한책임이 나쁜 것만은 아니라는 의견도 있다. 특히 다음의 사례들이 자주 인용된다. 미켈란젤로의 예술 작품들은 그가 친척들 빚을 갚아주기 위해 열심히 일한 결과다. 도스토옙스키는 도박에서 진 빚을 갚기 위해 미친 듯이 글을 썼다. 빚으로 지은 문화유산을 후세들이 누리는 것이야 좋은 일일 테다. 그렇다고 누구나 그들이 느꼈던 종류의 고통을 감수할 의지가 있을지는 모르겠지만. 더구나 우리는 미켈란젤로나 도스토옙스키가 아니지 않은가.

가계부채 탕감,
급진적 주장 아니다

최근 한국의 가계부채에 대한 우려가 크다. 그 이유 중엔 '급증한 가계부채가 혹시나 금융위기로 연결되지 않을까' 하는 걱정도 숨어 있다. 금융위기 등 경제적 재앙이 터지기 이전 시기에 가계부채가 급증한 적이 많았다는 것은 경제학자들의 여러 연구를 통해 잘 알려진 사실이다.

예를 들어보자. 세계 금융위기(2008년) 직전인 2007년 미국의 가계부채 총액은 2000년 대비 두 배나 늘어난 상태였다. 가계소득 대비 부채비율 역시 1.4배에서 2.1배로 크게 증가했다. 1929년 대공황 직전엔 주택과 내구재 소비에 대한 할부금이 1920년에 비해 급증했고, 주택 담보대출액 역시 세 배나 늘었다.[1] 가계부채와 금융위기가 중요하게 관련을 맺고 있다는 사실은 최근에도 많은 실증연구를 통해 뒷받침되었다.

부채가 일으키는 도미노 현상

부채가 금융위기로 이어지는 과정을 설명할 때 자주 등장하는 경제학자들이 하이먼 민스키Hyman Minsky와 찰스 킨들버거Charles Kindleberger다. 두 사람 모두 경제위기 촉발과 전개 과정에서 부채의 핵심적 역할을 강조한다. 예컨대 호황기엔 앞으로도 가격이 계속 오를 것이라 믿으며 빚을 내서라도 투자하려는 시민이 많아진다. 이들 사이에서 투기적 낙관론euphoria이 확산된다. 이 낙관론이 진화해 신용팽창credit boom이 계속 진행되면 어느 순간 부채 규모가 상환능력을 넘어서는 '차입 거품' 상태로 넘어가게 된다. 킨들버거가 인용했던 말처럼 "친구가 부자가 되는 모습을 지켜보는 것만큼 사람들의 안락과 판단력을 혼란스럽게 만드는 일은 없"기 때문에 너도나도 '영혼까지 끌어서'라도 최대한 빚을 내 투자하는 상황이 벌어지게 되는 것이다.[2] 이때는 차입하는 사람들뿐 아니라 대출하는 사람(은행)들 사이에서도 경쟁이 격해지기 마련이다. 남들이 빌려주기 전에 내가 먼저 빌려줘야 이득을 선점할 수 있기 때문이다.

이런 신용팽창은 종종 '광기'로 진화한다. '남해 거품South Sea Bubble 사건(18세기 초 노예무역 독점 특권을 지녔던 영국의 남해회사를 둘러싸고 벌어진 거품경제 현상)' 때 어느 은행가가 거액의 주식을 매입하며 했다는 말처럼 "이 세상 사람들 모두가 미쳤다면 어느 정도는 우리도 그들을 흉내 내야 한다".[3] 이제 시장에는 상환능력을 가진 '헤지 차입자(소득으로 원금과 이자를 갚을 수 있는 차입자)'보다 이자만 갚을 수 있는 '투기적 차입자'나 이자조차 낼 수 없는 '폰지Ponzi 차입자'들이 더 많아진다. 이 같은 광기는 경기하락 시 은행이 신용한도를 줄이면서 버블이 터지는 순간 '패닉'으로 바뀐다. 특히 중앙은행이 이자율 인상 등 통화긴축을 통해 인플레이션을 잡아 경기과열을 막으려 할 경우에는 투기적 차입자가 폰지 차입자로 몰락하고, 멀쩡했던 헤지 차입자마저 원리금 상환에 어려움을 겪을 수 있다. 이제 투자자들은 빚을 갚기 위해 건전한 자산까지도 헐값에 팔아치운다. 이에 가격 폭락이 시작된다. 이렇게 금융위기가 터지는 시점이 '민스키 모멘트'다. '붕괴'가 시작된 것이다. 킨들버거는 이를 광기와 패닉, 붕괴의 과정으로 요약해 설명한 바 있다.

민스키와 킨들버거의 모델에서 부채는 금융위기의 발생과 전개 과정을 관통해 핵심적인 역할을 한다. 부채가 없다면 호황기가 차입 거품기로 넘어가지 않는다. 민스키 모멘트는 물론 광기나 패닉, 붕괴의 단계도 찾아오지 않는다. 금융위기에서 부채가 이처럼 중요한 역할을 한다면 우리는 고개를 갸웃거릴 만한 질문을 생각해볼 수 있다. 금융위기가 터지는 경우 왜 국가는 천문학적 액수의 구제금융 패키지를 직접적으로 빚에 허덕이는 사람들에게 지급해 그들의 부채를 탕감토록 만들어주지 않는 것일까? 왜 구제금융을 은행들에게 지급해 그들이 대출을 늘리도록 유도하는 간접적인 방식으로 위기에서 탈출하려 했던 것일까? 더구나 지난 세계 금융위기 당시 미국 월스트리트의 투자은행들에게는 약탈적 대출을 통해 금융위기를 키운 책임을 무겁게 물었어도 부족했을 텐데 말이다.

은행 중심의 사고를 버려야 한다

이 질문들의 답을 찾다 보면, '금융위기 극복에서 가장 중요한 것은 은행 시스템이며 그 중개 기능을 회복해야 위기에서 벗어날 수 있다'는 주장과 마주하게 된다. 세계가 1920년대 대공황을 겪으며 설득력을 얻은 이 주장은 최근의 금융위기와 팬데믹 사태를 거치며 하나의 중요한 원칙으로 더욱 굳어졌다. 원칙의 핵심은, 위기 상황에선 중앙은행이 통화를 시중은행들에 무제한 공급(대출)해서 은행의 중개 기능을 복원해야 한다는 것이다. 설사 그 은행들이 통화를 빌리기 위해 중앙은행에 제공하는 담보가 그리 믿음직하지 못하더라도 말이다. 이는 유력 경제지 〈이코노미스트〉의 편집장을 지낸 월터 배젓Walter Bagehot이 1873년에 출간한 그의 책《롬바드 스트리트》에서 주장한 내용이다. 이후 중개자로서 은행의 역할은 금융위기 확산 및 종식에 큰 영향을 미치는 가장 중요한 요인으로 꼽혀왔다. 1920년대 당시 미국 은행들의 연이은 도산이 대공황의 심화 및 장기화에 큰 영향을 미쳤다고 주장한 버냉키 또한 여기에 동의하는 인물이다. 이 같은 은행 중심의 생각에 따르면 구제금융 패키지를 채무자가 아니라 은행들에 지급하는 건 전혀 이상한 일이 아니다.

그러나 가계부채와 금융위기를 십수 년째 연구해온 시카고대학의 아미르 수피Amir Sufi와 프린스턴대학의 아티프 미안Atif Mian 교수의 생각은 다르다.[4] 이들에 따르면, 금융위기를 더 잘 이해하고 극복하기 위해서는 이러한 은행 중심 사고를 버려야 한다. 사실 경제 불황이 실물경제의 생산성 하락으로 인해 일어나는 경우는 거의 없다. 그러니 금융위기 때 기업들에 자금을 조달해주는 중개자로서 은행의 역할이 중요한 것은 사실이지만 '가장 중요하다'고 볼 수는 없다. 두 교수는 금융위기에서 은행보다 부채의 역할이 더 중요하다며, 이를 실증연구를 통해 증명했다.

이를테면 민간 부문(가계와 기업)의 부채가 적은 상태에서 은행 위기(은행의 수익 하락이나 부도로 예금상환이나 대출을 하기 어렵게 되는 경우)로 경제불황이 발생할 경우, 그 충격이 그다지 크지 않았다. 그러나 미약해 보이는 은행 위기라도 민간 부채가 많은 상황에서 발생하면 그 충격이 상당히 컸다. 요약하자면 최악의 경제적 충격은 은행 위기뿐 아니라 은행 위기가 큰 규모의 민간 부채와 합쳐질 때 나타난다는 것이다.[5]

또한 신용공급의 증가는 부동산 투기와 밀접하게 연관된다. 미안과 수피 교수는 2022년 재무경제학 최고 권위 학술지에 기고한 논문에서, 금융혁신 등으로 은행이 더 많은 신용을 더 쉽게 공급하게 되고 이에 따라 많은 돈을 빌리는 데 성공한 투기자들이 공격적인 투자를 감행하면서 주택가격을 끌어올린다는 것을 증명해 보였다. 상승한 주택가격은 다시 더 많은 투기자들을 시장으로 끌어들인다. 이러한 부동산 시장의 '광기'는 결국 '예측 가능했던' 붕괴로 이어진다.[6] 신용공급 증가를 통한 가계부채 증가가 실업률 증가 및 성장률 하락으로 이어지는 것 역시 미국뿐 아니라 전 세계 30개 국가를 분석한 이들의 또 다른 논문에서 실증적으로 뒷받침되었다.[7]

그러나 부채가 갖는 가장 큰 위험성은 무엇보다 그것이 민간 부문의 소비 급감을 부채질한다는 점에 있다. 금융위기 직전 가계부채의 급증과 이어지는 소비 급감은 높은 상관관계를 갖고 있다. 이를테면 국가별로 볼 때 1997년부터 2007년까지 가계부채가 늘어날수록 2008~2009년의 가계지출이 더 많이 줄었다. 소비가 급감한 이유는 단순히 집값 하락의 자산효과(wealth effect)(부동산이나 주식 등 자산가치가 상승하면 소비가 증가하고, 자산가치가 하락하면 소비도 줄어드는 현상)만이 아니라, 여기에 부채(레버리지)가 결합되었기 때문이다. 자산 가격이 떨어지면 주택 담보대출을 받아 집을 산 주택 소유자의 순자산은 '레버리지 승수'로 인해 부채 없이 주택을 매입한 경우보다 더욱 크게 감소한다. 더구나 채권자들에 비해 순자산이 적은 채무자들은 대개 한계소비성향이 크다. 한계소비성향은 소득 중 저축되지 않고 소비에 쓰이는 비율로, 소득 변화가 소비에 어느 정도의 영향을 주는지 나타내는 측정치다. 한계소비성향이 큰 값을 갖는다는 것은 소득이 줄어들면 소비가 한계소비성향이 작을 때보다 더 크게 줄어든다는 의미다. 따라서 채무자들, 즉 한계소비성향이 큰 계층의 순자산이 크게 줄었으니 소비는 더욱 급감할 수밖에 없다.

집값 하락으로 인한 소비 감소에는 '압류의 외부효과'도 톡톡히 영향을 미친다. 빚으로 집을 산 사람이 빚을 갚지 못할 경우, 주택은 압류되어 경매를 통해 헐값에 팔리게 된다. 압류되는 주택의 가격 하락으로 채무자들의 순자산가치(Net Asset Value, NAV)는 더욱 줄어든다. 경매를 회피하기 위해 가격을 낮춰서 집을 파는 경우에도 마찬가지다. 이처럼 담보를 팔아 빚을 갚고자 하는 때조차 채무자들은 압류의 외부효과로 인해 추가적인 타격을 입게 된다. 더구나 압류의 외부효과는 채무자의 빚이 많을수록 커진다. 결국 이들은 소비할 여력이 없어지게 된다. 소비 급감이 나타나는 것이다. 수피와 미안 교수는 이를 '부채에 의한 손실 강화levered loss'로 명명했다.

근면함만으로는 피할 수 없는 '오징어 게임'

우리는 이제 부채를 대하는 태도를 근본부터 바꿔야 할지 모른다. 부채를 탕감 또는 축소하는 것이 이제 더 이상 채무자의 생존을 위해서가 아니라 그 경제권에 살고 있는 공동체 모두를 위해서 반드시 필요한 일이 될 수 있기 때문이다. 수피와 미안 교수는 그들의 책《빚으로 지은 집》에서 펠드스타인Martin Feldstein과 라인하트Carmen Reinhart 교수가 부채 탕감이나 가계 채무재조정을 채무 문제의 진정한 해결책 또는 경제성장의 가장 효과적인 방법으로 주장했던 바를 인용한다.[8]

부채 탕감haircut이라니 무척이나 급진적이고 심지어 자본주의를 포기하자는 말로도 들린다. 그러나 위에 인용된 어떤 경제학자도 급진 좌파로 불리지 않는다. 이들은 미국 연준 의장 후보에 단골로 오르거나, 금융위기에 대한 대중서를 출간해 한국 독자에게도 꽤 친숙한 인물들이다. 그리고 부채 탕감이나 부채 축소는 엄연히 자본주의 용어다. 부채를 줄여주는 계약들은 우리 주변에서 생각보다 흔하게 볼 수 있다. 이를테면 그리스가 최근의 부채위기에서 탈출하는 데 부채 탕감이 큰 역할을 했다는 것은 잘 알려진 사실이다.

그렇더라도 이에 쉽사리 동의하기 어려운 이유들이 있다. 부채 탕감이 '도덕적 해이'를 가져올 것이고 또 투자의 '자기책임 원칙'에도 반하는 것으로 들리기 때문이다.

만약 자신이 진 빚은 스스로 갚아야 한다는 것이 너무나 당연해서 절대로 양보할 수 없는 가치라고 생각된다면 자본주의 시대의 총아인 주식회사 제도를 생각해보자. 이 제도는 설령 남의 돈을 빌려서 사업하다가 망해도 빌린 돈을 전부 갚지 않아도 된다는 걸 합법적인 계약으로 인정하는 제도(유한책임)이다. 이미 우리는 이런 식의 '합법적 부채 탕감'이 당연시되는 사회에서 살고 있는 것이다.

투자는 자신이 책임지는 게 맞다. 그러나 상대방이 스스로 책임질 수 있는 이상의 투자를 하도록 부추겨 이익을 얻은 자 또한 책임이 없지 않다. 앞 장에서 소개한 '약탈적 대출'이란 용어는 채무자의 고통을 분담하기 위해서가 아니라 채권자의 책임 분담을 강조하기 위해서 소개한 용어다. 채권자도 책임이 있으니 그들의 책임분만큼은 채무자에게 탕감해주어야 한다는 것이다. 그러지 않을 경우 채무자는 무한책임을 지는 데 비해 채권자의 책임은 부채 일부를 돌려받지 못하는 정도에 한정된다. 이는 공평하다기보다는 오히려 채권자에게 일방적으로 유리한 규칙이다. 채권자들에게도 공정하게 적용되어야 할 자기책임의 원칙을 부정하고 있기 때문이다.

도덕적 해이는 늘 경계해야 하며, 투자의 자기책임 원칙이 훼손되어서도 안 된다. 그러나 금융위기는 언제 어떤 식으로 우리 재산과 일상을 위협할지 모른다. 그러니 가계부채 같은 중요한 요소가 위험신호를 보낸다면 우리는 마땅히 이에 귀를 기울이고 대비해야 한다. 당연하다고 생각해온 원칙들에 정면으로 도전하게 되더라도

그 도전이 생소하고 의심스러울수록 더욱 연구하고 궁리해보아야
한다. 약탈적 대출이나 부채 탕감 등 다분히 공격적이고 심지어 자
본주의에 반하는 것으로 들리는 용어들조차 굳이 이 시점에서 들추
어내 보아야 하는 이유다. 학계에서는 이에 대해 이미 수많은 연구
가 이루어지고 있고 연구 성과 또한 작지 않다.

이른바 슈바벤 가정주부Swablan housewife는 근면·검소한 삶으로 어
려움을 이겨내는 모범적인 사례로 인용되는 가상 인물이다. 유로존
위기(2010년대 초반 유럽 국가들의 연쇄적인 국가 부도 위기)가 한창일 때
메르켈 당시 독일 총리가 그리스 시민들에게 '허리띠를 졸라매 열
심히 일해서 빚을 갚아 위기에서 빠져나오라'는 말을 하고 싶어 만
든 캐릭터다. 그러나 부채의 늪에서 빠져나가기 위해 말도 안 되는
확률에 목숨을 거는 〈오징어 게임〉이 차라리 상상 속의 슈바벤 주
부보다 현실에 가깝게 느껴진다. 위급한 환자에게 앞으로 스트레스
잘 조절하고, 채소 많이 먹고, 운동 열심히 해야 한다고 충고해봐야
아무짝에도 쓸모없는 짓이다.

사람들이 그렇게 넓지 않은 방에서 같이 살고 있는 경우를 생각
해보자. 이때 누군가의 몸에 시한폭탄이 묶여 있는 것이 발견되었
다. 그림에도 "지 폭틴은 저 사람이 잘못해서 몸에 묶인 것이니 나
는 거기에 책임이 없다. 따라서 폭탄을 제거하는 건 저 사람이 해야
할 일이지 나와는 상관없다"라고 말할 수 있을까? 경제가 어려워질
때는 어려운 이들의 허리띠를 졸라 매게 만들 것이 아니라 그들이
늪에서 빠져나오도록 도와야 한다. 이는 도덕적인 가치를 위해서가
아니다. '우리 모두'가 위기에서 한 발짝이라도 더 멀어지도록 하는

훨씬 더 효율적인 해법이기 때문에 그렇다.

P.S. 2022년 하반기, 미국에서는 바이든 대통령이 학자금 대출을 탕감하는 정책을 들고 나왔고, 한국에서도 코로나로 가장 큰 피해를 본 자영업자들과 소상공인의 채무조정을 위한 30조 원 규모의 새출발기금 지원책이 시행되고 있다.

역사가 알려주는
민간 화폐의 위험성

테라·루나 사태로 인해 스테이블 코인의 안정성에 대한 관심이 뜨겁다. 규제 움직임 또한 본격화되는 것으로 보인다. 도대체 스테이블 코인은 어떤 문제점을 갖고 있는 것일까. (국가가 아니라 민간에서) 사적으로 발행된 화폐는 디지털 시대의 전유물이 아니다. 역사적으로 풍부한 사례를 찾을 수 있다.

신뢰가 사라지면 '런'은 일어난다: MMF 폭락의 교훈

테라·루나와 같은 가격 폭락 사태는 낯설지 않다. 투자 대상의 가치가 떨어질 것으로 의심되는 상황이라면, 남들보다 조금이라도 빨리 투자금액을 회수하는 것이 낫다. 많은 사람이 이렇게 생각하면, 해당 투자 대상으로부터의 대거 탈출(런run)이 벌어지면서, 예상한 가격 폭락이 자기충족적으로 실현되곤 한다. 테라·루나 폭락은 디지털 자산에서 이런 일이 벌어진 사례다. 그런데 이번 사태는 비非디지털 금융의 전통적 단기상품인 '머니마켓 뮤추얼펀드MMF'의 가격 폭락과 닮았다.

MMF는 순자산가치(펀드의 자산에서 부채를 뺀 가치를 펀드 주의 수로 나눈 것)가 1달러에 고정되도록 한 단기상품이다. 이는 펀드 1주의 가치를 1달러로 고정한 것인데 만약 1달러가 넘는 날에는 초과분을 투자자에게 배당으로 지급하여 1달러를 유지하도록 한다. 만약 가치가 1달러보다 아래라면 이는 펀드에 1달러를 투자했으나 그 투자액을 모두 회수할 수 없다는 의미다(이를 'breaking the buck'이라 부른다). 실제로 그런 일은 매우 드물게만 일어난다. MMF는 미국 정부의 단기국채, 지방채, 기업어음CP 등 위험이 낮은 채권 기반 자산에 투자하며 은행예금을 살짝 넘는 수준의 수익률을 제공한다. 문제는, MMF가 미국 연방예금보험공사FDIC의 보호를 받지 못하는 상품인 까닭에 '런' 위험에 노출되어 있었다는 점이다.

가장 유명한 사례는 2008년 금융위기 당시 리저브 프라이머리 펀드Reserve Primary Fund의 몰락이다. 이 펀드는 2008년 9월 리먼브러더스 사태가 터지면서 투자자들의 빗발치는 환매 요구에 맞닥뜨렸다. 기업어음 등 리먼의 채권에 투자했기 때문이다. 결국 그해 9월 16일, 이 펀드는 순자산가치가 1달러 밑으로 떨어지면서 청산되고 만다. MMF는 거의 위험이 없는 상품으로 여겨졌던 탓에 이 사건은 신용시장 전체에 대한 불신으로 번졌다. 이 같은 불신은 미국 재무부와 연준의 구제금융 발표 이후에야 가까스로 진정되었다.

이 사례는 이번 스테이블 코인의 런 사태와 관련해 중요한 교훈을 준다. 스테이블 코인 발행자들은 투자자들로부터 예금주 요구가 있으면 언제든지 지급해야 하는 요구불예금을 받는 셈이다. 그러나 이 예금은 디지털 자산에 대한 규제 미비로 인해 FDIC 등의 예금보험을 통한 보호에서 제외된다. 그러니 예금을 돌려받지 못할 가능성이 커지거나 혹은 투자자들이 그렇게 생각하는 경우, '런'의 위험에 고스란히 노출된다. 리저브 프라이머리 펀드의 경우, 전체 자산 가운데 리먼의 기업어음은 1.5% 정도에 불과했다. 그런데도 리먼 부도 발표 이후 불과 24시간 동안 펀드 자산이 3분의 1로 쪼그라들더니 결국 청산되고 만 것이다.

스테이블 코인은 말 그대로 해석하면 '안정적인 코인'으로, 가격이 1달러에 고정된 코인이다. 가격 변동성이 없어 다른 코인을 사고팔 때 쓰인다. 그리고 스테이블 코인은 1달러 가치를 유지하기 위해 담보를 두는데, 어떤 담보를 두느냐에 따라 크게 세 가지 종류로 나눠볼 수 있다. 법정 화폐 담보, 다른 암호화폐 담보, 그리고 알고리즘을 기반으로 공급과 수요를 조절해 안정성을 유지하는 코인이 있다. 이 세 번째가 테라·루나 사태와 직결되는데 이에 대해서는 다음 장에서 좀 더 다루겠다.

스테이블 코인의 가치에 대한 의심은 바로 '담보물(미국 국채 등)이 충분한가'와 연결되어 있다. 불행히도 '충분하지 않다'고 의심할 여지가 크다. 골드만삭스 자회사로 블록체인 암호화폐 스타트업인 서클Circle은 스테이블 코인 USDC를 발행한다. 서클(시가총액 2위)은 미국 국채 등 믿을 만한 담보를 충분히 확보해둬서 USDC의 가치가 보장된다고 주장해왔다. 코인가치가 떨어지더라도 담보로 충분히 보상해줄 수 있다는 의미다. USDC의 가치와 담보의 가치가 '1대 1' 수준, 즉 '풀 리저브full reserve'라는 점을 마케팅의 핵심으로 내세웠던 것이다.

그러나 이들의 주장과 달리 2021년 8월, 담보 수준이 발행된 코인의 61% 정도에 불과하다는 사실이 드러났다. 시가총액 1위인 테더Tether도 마찬가지였다. 테더는 미국 국채 등 안전자산으로만 담보를 채웠다고 광고하던 회사다. 그러나 2022년 5월에 밝혀진 바에 따르면, 이 회사의 담보 가운데 현금은 3.87%, 미국 국채는 2.94%에 불과했다. 나머지 대부분은 안전자산이 아닌 기업어음이었다. 신뢰가 사라지면 '런'은 언제든 일어날 수 있다.

MMF의 런 사태는 국가의 개입 이후에야 진정되었다. 스테이블 코인 역시 요구불예금을 수취하는 금융기관과 마찬가지 방식으로 규제되어야 할지도 모른다. 규제라고 무조건 색안경을 끼고 볼 이유는 없다. 미국에서 '뱅크런', 즉 대량 예금 인출 사태가 사라진 것은 1934년 FDIC의 설립으로 예금보호라는 규제가 생기고부터였다.

21세기 스테이블 코인과 19세기 살쾡이 은행들

스테이블 코인은 국가가 발행한 화폐가 아니다. 민간에서 찍어낸 화폐다(민간 화폐). 역사적으로 민간 화폐는 오래전부터 통용되어왔다. 국가 발행 화폐만 유통된 것은 거의 19세기에 시작된 일이다.

중세 프랑스에서는 봉건영주들이 화폐를 발행했다. 스코틀랜드 은행은 영국 중앙은행과 별도로 화폐를 찍어냈다. 스웨덴 상업은행들은 1897년까지 중앙은행인 릭스뱅크Riksbank와 별도로 화폐를 발행했다. '담보를 확보한 경우에 한해서'라는 조건이 붙기는 했지만 말이다. 미국에서는 1837년 시작된 자유은행 시대Free Banking Era 기간에 주립은행뿐 아니라 다른 민간은행free bank 또한 주정부에서 발행한 채권을 담보로 민간 화폐를 자유롭게 발행할 수 있었다.

'스테이블 코인 규제'를 주제로 논문을 쓴 게리 고튼Gary Gorton 예일대학 교수에 따르면, 스테이블 코인 발행 회사들은 자유은행 시대 당시 규제를 피해 화폐를 마구 찍어냈던 '살쾡이 은행들wildcat banks'과 닮았다. 고튼 교수는 암호화폐가 자유은행 시대의 민간 화폐들과 다르지 않다고 본다.[1]

자유은행 시대는 오래 지속되지 않았다. 25년 정도에 그쳤다. 민간 화폐가 가진 어떤 문제점 때문이다. 고튼 교수가 'NQANo-Questions-Asked'라고 명명한 원칙이 있다. 문자 그대로 '화폐의 가치에 의문이 제기되지 않아야 한다'는 의미다. 이는 화폐가 거래의 매개로 기능하기 위한 필요조건이다. 이를테면, 당신이 1000원짜리 생수 한 병을 팔아서 번 1000원 지폐 한 장은, 다른 1000원짜리 거래에서도 아무런 문제 없이 쓰일 수 있어야 한다. 당연한 소리 같지만 이 1000원짜리 지폐가 한국은행이 발행한 것이 아니고, 수많은 민간 은행 중 하나에 불과한 '갑'이 발행한 화폐라고 생각해보면 이해하기 쉽다. 만약 그 화폐가 '을'과는 1000원짜리 거래를 아무런 문제 없이 매개하는데 '병'과는 900원짜리 거래밖에 매개할 수 없다면 이는 NQA 원칙이 성립되지 않는 경우다. '병'은 '을'과 달리 '갑'이 발행한 화폐가 1000원만큼의 가치가 없다고 생각하는 것이다. 거래할 때마다 해당 화폐를 발행한 은행이 충분한 담보를 갖고 있는지 확인할 수도 없는 노릇이다.

NQA 원칙은 버클리대학의 배리 아이컨그린Barry Eichengreen 교수가 '화폐의 정보 불감성'이라고 부르는 성질과도 상통한다. 화폐 사용자가 '화폐 발행자' '화폐에 기입된 가치' 등의 정보를 신경 쓰지 않아도 되는 경우에만 해당 화폐가 그 역할을 다할 수 있다는 점을 제시한 개념이다. 이를테면 우리는 신용카드를 긁으면서 비자나 마스터카드 회사 측이 정말 그 금액을 지불할 것인지에 대해 의심하지 않는다.

그 화폐의 가치를 믿어도 될지 거래를 할 때마다 매번 확인하는 것에는 '상당한 주의due diligence'가 필요하다. 그리고 당연히 이는 엄청난 거래비용을 수반한다. NQA 원칙은 결국 화폐가치에 대한 '신뢰'의 문제다. 이 원칙을 만족하는 화폐는 어떤 '편의 수익률convenience yield'을 갖게 된다. 편의 수익률은 그 화폐가 충분한 신뢰를 기반으로 어디서나 쉽게 통용되는 덕분에 발생하는 이점(수익률)을 의미한다. 사람들이 설령 이자를 받지 못한다 하더라도 현금을 들고 있는 것을 선호하는 이유다. 황금을 들고 다니는 것보다는 지폐를 들고 다니는 것이 훨씬 편리하지 않은가.

스테이블 코인의 문제는 NQA 원칙을 만족시키지 못한다는 데 있다. 투자자들이 해당 스테이블 코인이 충분한 담보를 갖고 있는지 의심한다는 것이 단적인 예다. 자유은행 시대를 보면 알 수 있듯이, NQA 원칙을 만족시키지 못하는 화폐는 실패한다.

불행히도 민간 화폐는 NQA 원칙을 만족시킬 수 없었다. 실제로 은행권들은 액면가보다 할인된 가치로 거래되고 있었는데, 그 할인의 정도는 발행 은행, 거래 지역, 유통 시기 등 다양한 변수에 의해 영향을 받았다. 당연히 '런' 위험에도 노출되어 있었다. NQA 원칙을 충족하지 못하니 그 신뢰성에 얼마든지 의심이 제기될 수 있었기 때문이다.

자유은행 시대는 결국 1863년에 통과된 국립은행법National Bank Act으로 인해 막을 내린다. 이 법안에 따라 국립은행들이 설립되었다. 국립은행들은 미국 국채를 담보로 국가 단일 화폐를 발행할 수 있게 되었다. 이 국가 단일 화폐는 미국 역사상 최초로 NQA 원칙을 만족시켰다. 뒤이어 제정된 법규들에서는 '국립은행 화폐', 즉 국가 화폐를 제외한 모든 화폐들에 높은 세금을 부과했다. 국가 화폐 이외의 화폐로 매개되는 거래에는 세금 10%를 부과하는 식이었다. 국가 화폐를 통용시키기 위한 조치로, 이로써 국가 화폐의 '단일' 화폐 성질이 강화되면서 정보 불감성 원칙 또한 만족시킬 수 있었다.

다만 국립은행법의 통과가 모든 민간 화폐를 없앤 것은 아니었다. 예상하지 못했던 부작용도 나타났다. 국가 화폐가 미국 국채를 담보로 발행되어야 하는 조건 때문에 국채의 상당 부분이 화폐의 담보로 쓰이게 되었다. 그리고 발행한 국채를 모두 국가 화폐의 담보로만 쓸 수는 없었던 까닭에 국가 화폐는 충분히 발행될 수 없었다. 결국 부족한 국가 화폐는 민간 화폐의 발행으로 메워졌다.

중앙화를 통한 탈중앙화 규제라는 역설

이 같은 부작용이 있었다 하더라도 중요한 교훈은 자유은행 시대의 혼란이 결국 단일 화폐 발행으로 인해 극복되었다는 점일 것이다. 난립하는 민간 화폐는 결국 어떤 '중앙집중적'인 힘에 의해서만 극복될 수 있었다. 이는 디파이DeFi('탈중앙화된 금융'의 줄임말)의 문제 역시 결국 어떤 식으로든 '중앙화'를 통해 풀어야 하는 것 아니냐는 역설로 이어진다. 중앙은행의 디지털화폐 발행 독점, 즉 중앙은행 디지털화폐CBDC의 발행이 그 대안이 될 수 있기 때문이다(이에 대해서는 다음 장에서 살펴보기로 한다).

자유은행 시대 이후 국립은행법 및 이에 따라 유통된 국가 화폐의 성과는 어떠했을까. 이에 대해 하버드대학 경제학과 박사과정 학생인 천지 쉬Chenzi Xu와 허 양He Yang이 재미있는 논문을 썼다.[2] 이들은 독창적 방법으로 당시 국가 화폐가 유통되던 지역(국립은행이 설립된 곳)과 그렇지 않은 지역(민간 화폐가 유통되는 곳)의 실물경제 변수들을 비교하는 데 성공한다. 이어지는 실증연구 결과는 방대했다. 국립은행의 설립으로 인한 국가 화폐 유통은 교역재traded goods 생산이 비교역재 생산에 비해 빠르게 증가하도록 했고, 중매인commission merchant이나 해운사 등 거래 관련 산업 부문 고용을 생산 관련 산업부문의 고용보다 크게 늘리는 데 기여했다. 또 교역재 가격을 낮추고, 총생산과 혁신성 또한 증가시켰다. 한마디로 국가 화폐가 화폐로서 기능을 충분히 실행한 덕분에 교역재 거래비용을 크게 줄이는 등, 전반적으로 실물경제에 유의한 긍정적인 효과를 이끌어내고 있었던 것이다.

탈중앙화된 디지털 경제라고 해서 기존 금융시스템과 본질적으로 다른 것은 아니다. 이는 그동안 역사를 통해 배운 교훈을 디파이에도 적용할 수 있음을 뜻한다. 다만 역사의 교훈은 디파이가 주장하는 탈중앙화가 분명한 한계를 가지고 있음을 명확히 알려준다. 디파이가 앞으로 이렇게 발전할지는 모른다. 시토시 니키모토 Satoshi Nakamoto가 비트코인과 블록체인 기술을 선보인 것은 2009년의 일이다. 화폐의 역사는 기원전으로 거슬러 올라간다. 그리고 우리는 아직도 새로운 화폐에 대해 고민하며 살고 있다.

스테이블 코인은
존재해야 하는가

주식시장에 유혈이 낭자하다. 코인시장 역시 마찬가지다. 암호화폐 정보 웹사이트인 코인마켓캡CoinMarketCap에 따르면 2022년 초 2조 2500억 달러였던 글로벌 암호화폐 시가총액은 2022년 7월 8일 현재 9700억 달러까지 줄어들었다(그림 22-1 참조). 40여 년 만에 찾아온 인플레이션과의 전쟁으로 미국 연준이 금리를 공격적으로 올리고 있고, 한동안 이 같은 움직임이 계속될 것이라는 예측은 암호화폐들의 가치 하락을 부채질했다. 위험자산 회피 심리가 치솟았고, 특히 5월 중순 테라·루나 사태 이후엔 가상자산시장에 대한 신뢰도가 하락했기 때문으로 보인다.

코인값이 급락하자 가상자산 거래와 관련된 디파이업체들 또한 줄줄이 어려움을 겪고 있다. 가상자산 중개·대출업체인 보이저디지털Voyager Digital이 고객들의 급증한 자금 인출 요구(런)에 직면해 결국 7월 7일 파산보호를 신청했다. '런'이 일어난 이유는 헤지펀드

그림 22-1 | 요동친 2022년 글로벌 암호화폐 시가총액

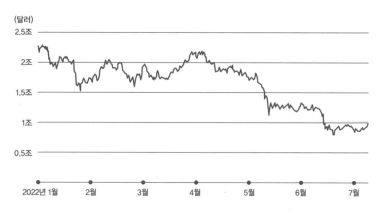

(달러)

자료: 코인마켓캡

스리애로스캐피털3AC이 보이저디지털로부터 빌린 6억 5000만 달러에 대해 디폴트(채무불이행)를 선언했기 때문이다. 빌린 돈 대부분을 가상자산에 투자해 날린 탓이다. 7월 5일에는 싱가포르에 본사를 둔 볼드Vauld 역시 예금 인출을 중단하고 법원에 모라토리엄(지급유예)을 신청하겠다고 발표했다. 고객들의 인출 규모가 6월 중순 이후에만 2억 달러에 이르러 감당할 수 없는 지경에 이르렀기 때문이다.[1] 이에 앞서서는 역시 가상자산 대부업체인 셀시어스Celsius와 바벨파이낸스Babel Finance가 자금 인출을 중단한 바 있다. 국제통화기금의 게오르기에바Kristalina Georgieva 총재는 지난 5월 다보스포럼에서 자산으로 뒷받침되지 않은 스테이블 코인은 그저 곧 무너져 내릴 피라미드일 뿐이라며 그 위험성을 경고한 바 있다.[2]

　문제는 자산시장들이 서로 연결되어 있어 위기를 증폭시킬 수 있다는 점이다. 주식시장과 암호화폐시장을 따로따로 볼 것이 아니

란 얘기다. 어느 한 시장에서 일어난 위기가 다른 시장으로 전이될 수 있기 때문이다. 그리고 그 위기는 시스템 위험에 따른 결과일 가능성이 크다. 시스템 위험systemic risk은 총체적인 금융 기능 마비를 불러올 수 있는 재앙적 위기를 말한다. 우리는 이미 2008년에 겪었다. 금융위기 이후 그 교훈에 따라 시스템 위험을 예측·축소·통제하기 위한 수많은 장치가 입안되었다. 거대 투자은행의 경우 민간기업이라 하더라도 '시스템적으로 중요한 금융기관Systemically Important Financial Institution, SIFI'으로 지정해 연방정부의 규제를 받도록 강제한 것은 그 예 중 하나다. 일종의 중앙 통제장치인 셈이다. 그러나 처음부터 '탈중앙화'를 기본으로 출발한 디파이라면 어떨까? 이를 '중앙'에서 규제하는 것이 과연 가능할까? 이런 식의 규제는 디파이의 성립 기반 자체를 부정하는 것이 아닐까?

가짜 탈중앙, 스테이블 코인

스테이블 코인은 탈중앙화된 금융시스템인 디파이를 기반으로 하지만 실제 탈중앙화와는 상당한 거리가 있다. 탈중앙화가 아닌, 아니 그렇게 될 수가 없어 '가짜 탈중앙Fake-DeFi'이라고 불리기도 하는 이유로는 보통 다음과 같은 것들이 제시된다. 우선 개발자가 프로그램 코드를 수정할 수 있는 어떤 키key를 보유한다는 점이다. 이는 다른 코인 사용자들이 가질 수 없는, 오직 개발자에게만 주어지는 특권이다. 게다가 개발자는 아예 블록체인을 개발할 당시부터 자신에게 더 많은 거버넌스 토큰(의사결정에 참여할 권한이 부여된 암호화폐)이 주어지도록 설계함으로써 자신이 시스템 운영에서 주도적인 역할을 하도록 만들 수 있다. 투표를 통한 의사결정 시스템이라 하더라도 소수에게 권력이 집중될 가능성이 열려 있는 것이다. 더구나 거버넌스란 본질적으로 권력을 어떻게 배분할 것인가의 문제다. 필연적으로 '중앙화'의 개념을 내포할 수밖에 없다. 어떤 프로그램도 처음부터 완벽하게 만들어질 수는 없으므로 알고리즘의 불완전성은 결국 어떤 형태로든 집중화를 통해 극복해야 한다. 실제로 테라·루나 사태가 터졌을 때 투자자들은 누구나 테라폼랩스Terraformlabs의 공동 창업자인 권도형 대표를 비난하지 않았던가.

만약 어떤 스테이블 코인의 가치가 미국채에 연동peg되어 있다면 이미 태생적으로 '집중형' 스테이블 코인이라고 볼 수 있다. 전통적인 중앙집중형 금융centralized finance, CeFi에서 탈피하는 것이 디파이의 핵심이지만, 미국채와 연계함으로써 경제·금융의 핵심적 '중앙'인 미국 재무부를 더하고 만 셈이니 말이다. 또 앞장에서 이미 살펴본 바와 같이 스테이블 코인의 가치가 떨어져 미국채와 대등하게 교환할 수 없게 될 가능성이 커지는 경우 맞닥뜨리게 될 '런'을 방지하기 위해서는 예금보험과 같은 중앙정부의 지원이 필요하다.

탈중앙화의 허구성은 블록체인의 가장 기본적인 토대인 데이터 축적 경로에서부터 나타날 수 있다. '오라클Oracle'은 블록체인에 올려지기 이전 데이터를 모으는 메커니즘을 말한다. 블록체인의 스마트 계약smart contract이 작동하는 가장 기본은 역시 정보의 흐름, 즉 데이터다. 그러니 오라클이 중앙화되어 있다는 것은 그 자체로 디파이의 탈중앙화에 큰 걸림돌이 될 수 있다.

또 스테이블 코인이 생존하기 위해서는 '네트워크 효과'가 중요하다. 이는 '테라·루나 백서'의 초록만 읽어봐도 알 수 있다. 좀 더 많은 이용자를 모으는 것이 무엇보다 중요하다는 것이다. 이를테면 새로운 투자자들이 계속해서 루나를 매입해주지 않으면 테라의 가치를 안정적으로 유지할 수 없다. '폰지적 성격'이라는 비난이 따라나오는 이유다.

알고리즘 스테이블 코인의 또 다른 중요한 문제점은 투기 공격에 취약하다는 것이다. 특히 담보가 부족할 경우에 그렇다. 비트코인 리저브가 부족하다거나, 루나가 테라에 비해 부족했을 때 투기 세력은 그 기회를 놓치지 않았다.

네트워크 효과와 투기 공격에 대한 취약성으로 인해 디파이는 기존 비디지털 금융시스템의 안정성조차 위협할 수 있다. 그리고 높은 수준의 부채, 유동성 부조화, 디파이 간 연결성, 경제적 충격을 완충시킬 수 있는 장치의 부재 등은 그 위협을 키운다. 이를 하나씩 살펴보자.

암호화폐가 일으키는 위험의 전이

디파이는 전통적인 파이낸스와 마찬가지로 돈을 빌리거나 빌려주는 거래를 하는 플랫폼이다. 실제 많은 거래가 빌려온 돈(레버리지)으로 이루어지는데, 담보 가치의 몇 배까지 거래 규모를 키울 수 있다. 빌려온 돈을 또 다른 거래의 담보로 이용해 추가로 돈을 빌리면 애초에 주어진 담보가치를 훨씬 넘어서는 만큼 투자를 하는 것이 가능하기 때문이다. 그런데 여기서 중요한 것은 레버리지가 '경기 순응성procyclicality'을 증대시킨다는 사실이다. 만약 담보가치가 하락해 계좌 총액이 최소 충족 요건에 미치지 못할 경우에는 자산을 헐값에라도 팔아 부족한 금액을 메워야 한다. 그런데 이런 일은 특히 경기하락 시에 많이 벌어진다. 아무래도 경기가 좋지 않을 때 담보가치가 떨어지기 쉽기 때문이다. 그리고 반대매매는 가격 하락을 부추길 가능성이 크다. 결국 나쁜 경기에 순응해 코인 가격도 떨어지는 셈이다. 이와 같은 과정은 전통적인 파이낸스에서 이미 수없이 경험해왔다. 디지털 경제라고 해서 다를 게 없다.

수많은 디파이 플랫폼이 '태생적으로' 서로 얽혀 있다. 이로 인해 시스템 안전성은 위협받을 가능성이 크다. 예를 들어보자. 하나의 디파이 플랫폼에서 빌린 암호화폐를 또 다른 디파이 플랫폼에 예치해 이자를 버는 '스테이킹staking'은 디파이업체들의 주요한 사업 방식 중 하나다. 돈을 빌려 다른 디파이업체에 빌려주는 이와 같은 사업 방식은 서로 비슷한 예금 이자율을 제공하는 기존 은행들에서는 볼 수 없었던 방식이다(두 은행의 이자율이 비슷할 때 단순히 KB은행에 예치하기 위해 하나은행에서 돈을 빌리는 사람은 없다). 돈을 빌리는 이유는 별다른 것이 없다. 그냥 다른 디파이업체에 빌려주기 위해서다. 게다가 이렇게 돈을 빌리고 빌려주는 거래는 다른 전통적 예금 거래와는 달리 어떤 보험으로도 보호되지 않으며 규제에서도 한참 벗어나 있다. 위험이 큰 거래라는 뜻이다.

돈을 빌리고 빌려줄 때 유동성 부조화liquidity mismatch도 문제다. 빌린 돈을 유동성이 낮은, 다시 말해 '현금화하는 데 시간이 걸리는' 금융상품들에 투자한 경우라면 말이다. 게다가 기업어음 등 유동성이 낮은 단기 금융상품에 연동되어 있는 코인들의 경우에는 태생적으로 유동성이 문제가 될 수 있다. 화폐가치를 유지하기 위해 담보 수준을 조정하는 것이 쉽지 않기 때문이다. 또한 변동성이 큰 담보를 기반으로 한 경우 시장 위험에도 노출된다. 담보가치 하락에 따라 코인가치도 하락할 것이기 때문이다. 그리고 유동성 부조화와 시장 위험에 대한 노출은 '런' 위험을 증대시킨다. 그리고 유동성이 떨어질 경우, 런 요구에 적시 대응이 어려워진다. 그리고 유동성은 설상가상으로 경기가 좋지 않을 때 더 큰 문제가 된다.

스테이블 코인의 '런' 문제는 시스템 위험이 될 수 있다. 대형 시중은행이 암호자산에 투자한다거나 디파이에서 자금을 조달하는 등 비디지털 금융시스템과 디파이의 연계가 약하지 않기 때문이다. 따라서 스테이블 코인에서 발생하는 '런'은 MMF에서 그것이 발생하는 경우처럼 은행권에 충격을 가할 수 있다. 전통적인 금융시스템으로 위험이 전이되는 것이다. 위험의 전이를 막기 위해서라도 암호화폐시장의 위험을 규제해야 할 필요성이 커진다.

규제만으로 괜찮을까

스테이블 코인을 규제할 때 반드시 고려해야 하는 것이 트릴레마다. 어떤 스테이블 코인이든 '탈중앙화' '안정성' '효율성' 세 가지 중 하나는 반드시 포기해야만 한다는 것이 그 내용이다(그림 22-2 참조). 여기서 안정성stability은 스테이블 코인의 가치가 얼마나 안정적이냐를 말한다. 특히 미국채 등 담보자산과 연동을 얼마나 안정적으로 유지할 수 있느냐 하는 것으로, 변동성이 심한 시장에서 더욱 중요시된다. 효율성capital efficiency은 코인가치를 안정적으로 유지하기 위해 얼마나 많은 자금이 필요한지를 나타내는 개념이다. 트릴레마에 따르면, 만약 어느 스테이블 코인이 적정한 수준의 자금을 투입해(높은 효율성) 미국채와의 연동을 안정적으로 유지할 수 있다면(안정성이 높다), 그 코인은 탈중앙화된 코인일 수가 없다.

　최근 일련의 스테이블 코인 사태는 트릴레마와 관련해 중요한 시사점을 준다. 사고가 많다 보니 아무래도 안정성과 효율성에 방점이 찍히는 것이다. 권도형 테라폼랩스 대표 스스로도 '탈중앙화

그림 22-2 | 스테이블 코인을 규제할 때 반드시 고려해야 하는 '트릴레마'

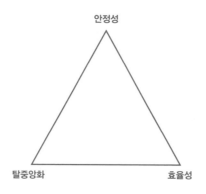

경제는 당연히 탈중앙화된 화폐를 필요로 하지만 테라는 그 역할을 하기에는 너무 많이 신뢰를 잃었다'는 내용의 포스팅을 회사 블로그에 올렸다. 디파이가 전통적인 금융시스템과 닮아 있다는 점은 '같은 위험에는 같은 규제를 적용한다'는 원칙하에 이미 존재하는 금융규제시스템, 즉 '중앙'에 의한 통제시스템을 디파이에도 적용할 여지가 있음을 알려준다. 사실 '중앙화'되어 있지 않은 걸 규제한다는 것은 몹시 어려운 일이다. 문제가 생겼을 때 책임 소재를 가려내기 쉽지 않기 때문이다. 책임에서 자유로우면 당연히 도덕적 해이가 생긴다.

스테이블 코인 규제의 필요성에 대한 목소리는 그 어느 때보다 높다. 미국에서는 스테이블 코인이 연방 차원에서 규제되어야 하며 이를 위해 국회가 시급히 나서야 한다는 보고서가 이미 2021년 말에도 나왔다. 보고서는 예금보험공사에 의해 보호받는 발행자만이 스테이블 코인을 발행할 수 있도록 하며 이 발행자들은 '은행'으로 분류해 국가적 감시federal oversight 아래에 두어야 한다는 점을 강조한다. 이는 스테이블 코인을 '안정적'으로 만들기 위해 사실상 국가, 즉 '중앙'이 개입하겠다는 뜻이다('탈중앙'의 포기). 이러한 규제안들은 사실상 '민간 화폐'로서의 스테이블 코인을 용납하지 않겠다는 의지를 반영한 것으로 보인다. 스테이블 코인 규제와 관련해 아예 중앙은행 디지털화폐 발행을 대안으로 제시하는 의견이 많은 이유도 그 연장선에 있다.

규제 발걸음이 활발하지만 아예 스테이블 코인을 폐지하자는 의견도 있다. 2022년 5월 〈파이낸셜타임스〉에 실린 아메리칸대학의 법학 교수 힐러리 앨런Hilary Allen의 주장은 신랄하기 이를 데 없다. 앨런 교수는 "우리가 지금 던져야 할 질문은 '어떻게 디파이시장을 규제할 것인가'가 아니라 '스테이블 코인이 과연 존재해야 하는가'이다"라고 말한다.[3] 투기자들의 돈놀이 수단으로 전락하고, 채굴로 인한 환경문제나 만들어내면서 급기야 금융시스템까지 위협하는 암호화폐 띠워기 누구의 행복을 위해 존재하느냐는 것이다. 이에 대해 누군가는 아기를 씻기고 나면 양동이의 물만 버려야지, 그 물로 목욕시키던 아기까지 버리면 안 된다고 얘기하고 싶을 것이다. 하지만 이 신랄한 비판의 울림은 크다.

누군가 돈을 빌린다면 그건 어딘가에 투자하기 위해서다. 집을 짓기 위해서, 또는 더 좋은 물건을 만들 공장을 짓거나 판매하기 위해서 등등. 그러나 디파이의 경우 돈을 빌리는 이유는 단순히 다른 디파이에 돈을 빌려주기 위해서다. 그리고 이런 메커니즘은 오직 암호화폐의 가치가 끊임없이 상승할 때에만 유효하다. 이런 투기판 조차도 실물경제에 도움이 될 수 있는 게 아니냐고 묻고 싶은 사람들에게 〈월스트리트저널〉의 존 신드루Jon Sindreu 기자는 다음과 같이 간단히 응수한다. 17세기 네덜란드에서 버블이 한참 끼어 있던 튤립을 거래하던 상인들도 보트를 살 수 있었다고. 그것은 오직 버블이 만들어낸 잠시 동안의 허상일 뿐이었다고 꼬집은 것이다.[4] 당연히, 이것을 실물경제에 어떤 보탬이 되었다는 근거로 얘기할 수는 없다.

2008년 금융위기를 가져온 건 많은 사람이 주택시장에 기를 쓰고 투자해 버블이 생겼던 탓이다. 지금의 암호화폐시장은 마치 그때의 주택시장처럼 보인다. 사실, 어쩌다 금융시장이 이 지경까지 왔는지 생각하면 한숨이 푹푹 나온다. 투자론 교과서들은 금융시장에서 '투기'와 '투자'는 그리 다르지 않으니 굳이 구분하지 않아도 된다고 가르친다. 그러나 금융시장의 천박함에 단내가 나는 시점에 도달했다면 이제 깊이 생각해볼 일이다.

4부

'그들만의
자본시장'을
넘어서

한국의 자본시장에서 가장 큰 문제는 무엇일까? 아마도 투자자들이 정당하게 투자의 대가를 얻을 수 있도록 보호하는 장치들이 크게 미비하다는 점일 것이다. 한국 기업들의 지배구조는 전 세계에서 비슷한 점을 찾기 힘들 만큼 뒤떨어져 있다. 기업 경영의 많은 부분은 어떻게 하면 승계 작업을 비교적 무리 없이 진행해 족벌체제를 유지할 수 있느냐에 맞추어져 있고, 이 과정에서 수많은 투자자가 피해를 입는 건 아예 자본시장의 일상이 되었다. 그리고 피해를 본 투자자들을 구제해줄 법적 장치마저 제대로 마련되어 있지 않다는 사실은 21세기 선진국의 모습과는 거리가 멀어도 한참 멀다. 대주주들은 정보와 함께 회사 지배권을 독점하고 있으며 이는 다양한 대리인 문제를 낳는다. 이사회는 주주를 보호해야 할 제 역할을 하지 못하고 있는데 놀라운 것은 아직도 이사회가 주주를 보호해야 하느냐 안 해도 되느냐가 이슈가 된다는 것이다. 주주자본주의의 한계를 넘어가자는 ESG의 물결이 거세게 부는 이때, 한국에선 거버넌스가 여전히 자본시장을 훼손하는 적폐 중의 적폐가 되고 있다.

화성에서 온 채권자,
금성에서 온 주주

돈을 빌리면 갚아야 할 의무, 즉 채무가 생긴다. 굳이 채무를 발생시키는 이유는 좋은 프로젝트에 맘껏 투자하기 위해서다. 그런데 채무에 대해 '무한책임'을 져야 한다면, 다시 말해 '어떤 경우라도 빚만은 자신이 가진 모든 것을 팔아서라도 갚아야 한다'면 채무자는 빌린 돈을 함부로 쓰기 힘들다. 위험이 높은 곳에 투자했다가 잘못되면 자신의 기존 자산마저 보전할 수 없기 때문이다.

예를 들어 당신이 은행에서 빌린 2억 원에 자신의 돈 2억 원을 더해 4억 원짜리 집을 샀다고 치자. 만약 집값이 3억 원으로 떨어지면 당신은 1억 원을 손해 보게 된다. 집값이 2억 원으로 떨어지면 당신은 자신의 돈 2억 원을 모두 '날리게' 된다. 이것이 흔히들 얘기하는 '레버리지 투자(빚내서 투자)'의 무서움이다. 그러니 무한책임을 져야 하는 입장이라면 빌린 돈을 좀 더 안전하게 투자하는 게 낫다.

그런데 만약 빌린 돈에 대해 무한책임을 지는 것이 아니라, 아무리 사업이 잘못된다 하더라도 빚의 '일부'만 갚아도 된다면(유한책임) 어떨까? 투자가 실패하더라도 채무자가 책임져야 하는 금액의 '일부'만 갚으면 된다는 이야기다. 이 경우 채무자는 자신의 기존 자산을 부채상환의 의무로부터 보호받을 가능성이 높아진다. 따라서 유한책임의 채무자는 무한책임의 경우보다 더 많은 빚을 지고 더 공격적인 투자를 하려는 성향이 있다.

주식회사의 주주가 바로 그런 경우다. 주주들은 자신이 투자한 회사가 부도나더라도 그 회사의 부채에 대해 지분만큼만 '유한하게' 책임진다. 즉, 그 회사에 투자한 주식만 포기하면 된다. 따라서 주주들은, 경영자들이 '회사가 빌린 돈'을 위험이 커도 기대수익률이 높은 프로젝트에 투자하기를 바란다. 만약 빌린 돈 2억 원을 투자해 3억 원을 벌었다면 원금과 이자를 갚고 남은 돈 1억 원 정도를 주주들끼리 나누어 가질 수 있기 때문이다. 만약 10억 원을 벌었다면 8억 원 정도를 나누어 가질 수 있다. 이처럼 '빌린 돈을 갚고 남은 가치(잔여가치)'를 모두 주주들이 차지하게 된다. 주주들을 '잔여 청구권자residual claimer'라고 부르는 이유다. 그러므로 주주들에게 기업가치는 크면 클수록 좋다(여기서 기업가치는 그 회사의 주식과 부채를 합한 전체 자산가치를 가리킨다). 더욱이 주주들은 유한책임만 지기 때문에 '기업가치가 빚을 딱 갚을 만큼'인 경우와 '기업가치가 빚을 밑도는' 경우 사이에 어떤 차이도 없다. 두 경우 모두에서 주주들에게 돌아가는 몫이 사라지는 것은 마찬가지다. 기업가치가 빚을 밑도는 경우(적자가 자본금보다 더 많아지는 자본잠식)에도 주주는 자신의 주식만 포기하면 된다.

반면 채권자 입장에서는 빌려준 돈을 회사가 위험한 프로젝트에 투자하는 것이 반가울 리 없다. 기업가치가 얼마든 채권자에게 가장 중요한 사항은 빌려준 원금과 이자를 제때 받는 것일 뿐이다. 예를 들어 기업가치가 10억 원이 되든 100억 원이 되든 빌려준 원금 2억 원과 이자를 받을 수 있는 수준만 된다면 채권자들은 상관하지 않는다. 그러나 기업가치가 2억 원 미만으로 떨어져 그 기업을 통째로 팔아도 원리금을 못 받게 되면 문제가 달라진다. 다시 말해 채권자들이 선호하는 기업가치에는 명백한 하한이 있다. 그 하한 밑으로 기업가치가 떨어지면 채무불이행이 일어나 '돈을 떼일' 수 있기 때문이다.

회사가 빚을 지면 채권자와 주주가 싸운다

결국 빚을 지는 행위는 주주와 채권자 사이에 갈등을 만든다. 이는 주주들이 회사의 빚에 유한책임만 지는 주식회사에서 필연적으로 벌어지는 일이다. 주주들은 위험이 너무 높아서 궁극적으로 기업가치에 해가 되는 프로젝트라 할지라도 어떤 경우엔 이를 실행하는 것을 선호한다. 프로젝트가 성공하면 회사가 빚을 갚은 후 남긴 모든 가치를 주주들끼리 누릴 수 있고, 실패하더라도 주주들은 그 손해를 일부만 책임지고 나머지 모두를 채권자들에게 떠넘길 수 있기 때문이다.

한편, 주주들이 회사가 안전하고 수익성 높은 투자를 기피하도록 함으로써 투자원금을 아끼는 대신 채권자들에게 돌아갈 이득을 차단하는 경우도 있다(아래에서 이를 자세히 살펴보겠다).

이처럼 기업가치에 미치는 부정적 영향을 충분히 인식하고 있음에도 불구하고 빌려온 돈을 주주들이 오로지 자신들의 이익을 극대화하는 방향으로만 사용하고자 하는 것을 '채무로부터 발생한 도덕적 해이moral hazard'라는 뜻에서 '채무발 해이債務發解弛'라고 부를 수 있을 것이다. 채무발 해이는 주주들이 부채를 늘리는 것을 선호하는 중요한 이유 중 하나다.

채무발 해이는 비용을 물린다. 이를테면 채권자들은 돈을 빌려주고 난 후에도 자신이 빌려준 돈이 위험한 곳에 투자되고 있는 건 아닌지 계속해서 감시monitoring 한다. 여기에는 당연히 비용이 든다. 그러나 채무발 해이가 발생시키는 훨씬 더 큰 비용은 과소투자underinvestment 와 과잉투자overinvestment 다. '과소'인 이유는 '해야 마땅한 투자를 하지 않기' 때문이고, '과잉'인 이유는 '하지 말아야 마땅한 투자를 감행하기' 때문이다. 이게 무슨 말인지 알기 위해선 '순현재가치Net Present Value, NPV'라는 개념부터 살펴보아야 한다.

순현재가치는 말 그대로 투자금액 대비 미래에 벌어들일 현금의 현재가치를 말한다. 기업이 어떤 프로젝트에 투자하는 이유는 돈을 벌기 위해서다. 얼마만큼 벌어야 할까? 적어도 투자원금보다는 많이 벌어야 할 것이다. 다만 투자원금은 지금의 돈이지만 '벌어들일 돈'은 미래의 돈이다. 즉, 벌어들일 돈을 현재가치로 환산한(예컨대 연간 이자율이 10%인 경우 내년의 110원은 지금의 100원이다) 금액이 투자원금보다 큰 경우에만 투자할 가치가 있다. 이를 간단히 공식으로

써보자.

사업 프로젝트의 순현재가치NPV=(현금 1의 현재가치+현금 2의 현재가치+…)-투자원금

여기서 '현금 1'은 1년 후에 벌어들일 것으로 기대되는 현금이고 '현금 2'는 2년 후에 벌어들일 것으로 기대되는 현금이다. 이들을 모두 현재가치로 환산해서 합친 값이 투자원금보다 클 때 NPV는 양(+)의 값을 가지게 된다. 이런 사업을 '포지티브-NPV 프로젝트'라고 부른다.

기업이 포지티브-NPV 프로젝트에 투자해서 수익을 내면 그만큼 주주들의 부, 즉 주가도 높아진다. 그러므로 포지티브-NPV 프로젝트는 기업이 반드시 수행해야 하는 사업이다. 만약 경영자가 정당한 이유 없이 이런 프로젝트에 투자하지 않는다면 '능력 없다'는 비난을 받을 뿐 아니라 법률적으론 '배임背任' 혐의로 처벌까지도 받을 수 있다. 경영의 목적이 주주의 부(주가) 증대에 있는데 그 기회를 차버리는 것은 경영자가 자신의 임무를 소홀히 한 것이기 때문이다. 또한 NPV가 0보다 작은 '네거티브-NPV 프로젝트'에 투자하는 것 역시 경영자의 배임에 해당될 수 있다. 투자원금조차 건지지 못할 사업에 돈을 낭비해서 회사의 주가에 해를 끼친 것이기 때문이다.

포지티브-NPV 프로젝트에 투자하지 않는 것은 '해야 할 일을 하지 않는 행위'다. 과소투자다. 네거티브-NPV 프로젝트에 투기하는 것은 '하지 말아야 할 일을 하는 행위'다. 과잉투자다. 이 두 가지는 주주와 채권자의 갈등으로 나타나는 채무발 해이의 대표적인 비용이다. 그런데 이런 일이 발생하는 이유는 무엇인가?

이익이 손해가 되고 모험이 위험하지 않다면

당신이 주주로 있는 회사(편의상 당신 혼자 100% 지분을 보유하고 있다고 치자)는 1년 후에 만기가 되는 12억 원의 빚을 진 상태다. 1년 뒤 기업가치는 10억 원이 된다고 하자. 아무것도 하지 않고 가만히 있으면 부도를 내게 될 것이다(빚을 참 많이도 졌다). 지금 당신 앞에 투자원금이 2억 원인데 위험이 없어서 1년 뒤엔 100%의 확률로 3억 원을 벌게 되는 프로젝트가 있다고 치자. 그리고 현금의 미래가치와 현재가치를 비교하기 쉽게 이자율은 0%라고 가정하자(이러면 미래가치가 현재가치와 같아져 현금이 발생하는 시점을 고려할 필요가 없어진다). 2억 원을 투자해서 '확실하게' 3억 원을 벌어들이니 포지티브-NPV 프로젝트다. 반드시 감행해야 하는 사업이다. 그러나 놀랍게도 주주인 당신은 이 프로젝트를 하고 싶지 않다. 도대체 무슨 이유로?

프로젝트를 하게 되면 1년 뒤 벌어들일 돈 3억 원에 기업가치(10억 원)를 더해 12억 원의 빚을 모두 갚을 수 있다. 그러면 1억 원이 남는다. 그러나 여기서 프로젝트를 위해 지불한 투자원금 2억 원을 빼면 결국 1억 원을 손해 보는 셈이 된다. 빚은 모두 갚을 수 있으나, 주주인 당신으로서는 이 프로젝트로 채권자들에게만 좋은 일을 하는 셈이 된다. 그러니 아무리 포지티브-NPV 프로젝트라고 하더라도 주주 입장에서는 하지 않고 넘기는 것이 낫다. 채무로 인해 발생한 '채무발 과소투자'다.

만약 빚이 없었다면, 또는 빚이 적은 액수에 불과했다면 이처럼 포지티브-NPV 프로젝트를 건너뛰는 일은 없었을 것이다. 위의 사례에서 회사가 진 빚이 12억 원이 아니라 10억 원이라고 해보자. 이 경우 기업가치 10억 원으로 빚을 갚을 수 있으니 1년 뒤 벌어들일 3억 원은 당신이 챙길 수 있다. 여기서 투자원금 2억 원을 제하면 1억 원은 오로지 주주인 당신의 몫이다. 그러니 이 프로젝트를 하지 않을 이유가 없다. 빚이 적으면 채무발 과소투자는 일어나지 않는다.

이제 과잉투자 문제를 살펴보기 위해 위의 사례를 살짝 바꿔보자. 여전히 당신 회사는 1년 후 만기인 12억 원의 빚을 지고 있다. 아무것도 않고 가만히 있으면 1년 뒤의 기업가치는 10억 원이 되어 부도를 피할 수 없다. 여기까지는 위의 예와 같다. 이제 당신에게 투자원가가 0원인 공짜 프로젝트가 있다고 치자. 위험이 높은 프로젝트라서 성공할 확률과 실패할 확률은 반반이다. 만약 성공하면 1년 뒤 4억 원을 벌지만 실패하면 8억 원을 손해 본다고 하자. 이 프로젝트의 '기대가치'는 '2억 원 손실'이다. 성공할 때 벌어들일 것으로 기대되는 돈(성공 확률 50%×4억 원=2억 원)과 실패할 때 잃을 것으로 기대되는 돈(실패 확률 50%×-8억 원=-4억 원)을 합친 값(-2억 원)이다. 즉, 이 사업은 순현재가치가 -2억 원인 네거티브-NPV 프로젝트다. 당연히 하지 말아야 한다. 그러나 당신은 이 프로젝트를 하고 싶어 한다. 도대체 무슨 이유로?

성공하는 경우 벌어들인 4억 원과 기업가치(10억 원)를 합쳐서 12억 원의 빚을 모두 갚을 수 있다. 이 경우 2억 원이 주주의 몫으로 남는다. 프로젝트가 성공한다면 빚을 모두 갚고도 주주가 2억 원을 챙길 수 있게 되는 것이다. 만약 실패한다면 기업가치 10억 원에서 8억 원 손해를 제하고 2억 원이 남게 된다. 이 2억 원으로는 채권자들에게 빚을 갚아야 하므로 어차피 주주인 당신의 몫은 없다.

만약 당신이 주주인 기업이 이 프로젝트를 하지 않으면, 1년 뒤엔 채권자들이 기업가치 전액(10억 원)을 가져갈 것이다. 채권자들은 빌려준 12억 원 중 2억 원을 못 받게 되지만 그나마 다행이다. 주주에게는 물론 한 푼도 남지 않는다. 그러나 이 기업이 해당 프로젝트를 감행했다가 실패하면 채권자들은 2억 원만 챙기게 된다. 그러나 주주 입장에서는 두 경우 모두 한 푼도 남지 않는 것은 매한가지다.

결과적으로 주주인 당신은 실패할 경우 손해를 채권자들에게 떠넘길 수 있다. 채권자 입장에서는 사업을 하지 않았을 때 회수할 수 있었던 10억 원이 2억 원으로 크게 줄어들기 때문이다. 성공하면 주주가 벌고 실패하면 채권자가 손해를 뒤집어쓴다니 환상적이지 않은가. 주주에게 이 프로젝트는 잘되면 기사회생할 기회(주주의 몫이 2억 원)다. 프로젝트를 하지 않으면 주주의 몫은 어차피 0원이다. 프로젝트를 했다가 실패해도 주주의 몫은 0원이다. 사정이 이렇다면, 주주로서는 '가만히 있으면 어차피 채권자에게 빼앗길 돈'을 위험이 아주 높은 프로젝트에라도 투자해버리는 것이 나을 수 있다. 이것이 '채무발 과잉투자'다.

물에 빠진 사람은 지푸라기라도 잡는다. 지푸라기를 팔아서 수익을 올릴 수 있는 사람(채권자)에게는 물에 빠진 사람이 지푸라기를 망쳐놓으면 손해겠지만, 물에 빠진 사람(채무자)에게 그런 사정은 전혀 고려할 바가 아닌 것이다.

만약 이 회사에 빚이 없다면 혹은 빚이 적은 액수에 불과하다면 이 같은 네거티브-NPV 프로젝트는 실행되지 않을 가능성이 크다. 위의 사례에서 부채가 12억 원이 아니라 5억 원이라고 해보자. 기업가치 10억 원으로 충분히 갚을 수 있는 부채이니 프로젝트가 성공했을 때 생기는 4억 원은 오로지 주주들의 것이다. 여기에 빚을 갚고 남은 돈 5억 원을 더하면 9억 원이 주주들의 몫으로 남는다. 만약 실패하면 기업가치 중 8억 원을 손해 보고 2억 원이 남는데 이는 어차피 채권자들의 돈이니 주주의 몫은 없다. 성공과 실패의 확률이 반반이므로 이 프로젝트를 실행해 버는 주주들의 몫의 기대치는 4억 5000만 원(50%×9억 원+50%×0원)인 셈이다. 그러나 이 프로젝트를 하지 않는 경우 주주는 10억 원의 기업가치에서 5억 원의 빚을 갚고 남은 5억 원을 챙길 수 있다. 이 경우 프로젝트를 해서 4억 5000만 원 벌기를 기대하느니 그냥 그 프로젝트를 하지 않고 넘겨서 5억 원을 챙기는 것이 나을 것이다.

채무발 해이의 부메랑

이처럼 빚을 많이 진 회사의 주주들은 결국 위험한 투자안일수록 과대투자하고 위험이 적은 투자안일수록 과소투자하게 된다. 그러나 채권자들은 바보가 아니다. 채권자들은 이처럼 주주가 과잉투사 또는 과소투자를 할 유인이 있다는 것을 잘 알고 있다. 그러니 채무발해이의 비용이 자신들의 기대수익보다 크다고 생각할 경우에는 아예 처음부터 돈을 빌려주려 하지 않을 것이다. 그러면 돈을 빌려 투자할 수 있는 좋은 프로젝트들을 할 수 없게 되어 기업가치가 하락한다. 결과적으로 채무발 해이의 비용을 주주들이 부담하는 것이다. 채무발 해이가 만연하면 당연히 경제성장에도 부정적 영향을 미치게 된다.

2008년 미국발 금융위기 이후 경기를 살리기 위해 각국은 앞다투어 이자율을 낮추었고 이 같은 저금리 기조는 오랫동안 이어졌다. 금리가 낮으니 돈을 빌리기 좋았고, 그래서 기업들의 부채는 크게 늘었다. 2018년 말 현재 전 세계 기업부채는 71조 달러로 10년 전인 2008년보다 15% 늘어났다. 글로벌 GDP의 93%에 해당하는 수치다.[1] 이머징 국가들의 경우 GDP 대비 기업부채는 금융위기 직전인 2006년에는 60% 수준이었던 것이 2017년에 86%까지 올랐다. 특히 중국의 경우는 160%를 넘는다. 반대로 투자는 줄었다. 이머징 국가들의 경우 2011년 이후 투자가 급감해 1995년부터 2008년까지의 평균을 훨씬 밑돈다.[2]

유럽에서도 부채는 급증했다. 2016년 GDP 대비 기업부채는

1999년보다 30%포인트 이상 늘었다. 특히 그리스·아일랜드·이탈리아·스페인·포르투갈의 경우 90%포인트 이상 증가했다. 유럽 기업들의 투자 또한 매우 감소했다. 2016년 GDP 대비 투자가 최고치를 기록한 2008년에 비해 절반 수준도 되지 못한다. 특히 그리스 등 앞에 언급한 5개국에서는 투자 감소가 훨씬 심각해서 다른 유럽 국가들 평균의 5분의 1 수준에 불과하다. 미국이 2014년에 금융위기 이전의 투자 수준을 회복한 것과 분명하게 대비된다.[3]

정보 투명성, 오래된 문제의 기본 해법

물론 부채와 투자의 관계에 채무발 해이만 영향을 끼치는 것은 아니다. 예를 들어 경영자의 자기 과신이 클 경우 부채를 늘려 과잉투자에 나설 수 있다. 반대로 요즘처럼 한참 부채를 늘려온 후에 코로나19로 직격탄을 맞으면 기업들이 생존을 위해 투자를 줄이고 현금을 들고 있는 것을 선호할 수도 있다. 또 부채가 많은 기업들의 경우 벌어들이는 현금을 빚을 갚는 데 사용해야 하기 때문에 투자를 늘리기 어려울 수도 있다(이런 기업들이 많아서 발생하는 경기침체를 '대차대조표 불황balance sheet recession'이라 부른다).

더구나 투자와 부채는 그 상관관계와 인과관계를 혼동하기 딱 좋다. 이를테면 투자 기회가 없어서 부채가 줄었는지, 부채로 자금을 조달하지 못해 투자를 줄였는지 알기 힘든 것이다.

그러나 우리는 몇몇 연구를 통해 채무발 과수투자의 신증저 증거를 갖고 있다. 최근의 한 연구는 유럽 기업들을 대상으로 글로벌 금융위기 이전(2000년부터 2007년)과 이후(2008년부터 2012년)에 나타난 투자 수준 변화의 정도가 부채가 높은 기업들과 낮은 기업들에서 유의한 차이를 보이는지 살펴보았다. 두 기업군 모두 위기 이후 투자가 감소했는데 부채가 많은 기업들의 투자 감소가 부채가 적은 기업들의 투자 감소보다 유의하게 컸다. 연구자들은 이를 채무발 과소투자로 보았다.[4]

채무발 해이의 실증연구가 어려운 다른 이유도 있다. '어떤 기업이 포지티브-NPV를 포기한 것인지 아닌지'를 데이터로 확인하기 어렵기 때문이다. 2020년에 나온 한 논문은 똑똑하게도 캐나다의 원료 채굴업체들에 주목해 이 어려움을 해결했다. 온타리오의 금융 규제 기구가 채굴 프로젝트에 대해 NPV 관련 정보를 공개하도록 기업들의 공시 요건을 강화한 덕분이었다. 연구자들은 이 정보로 인해 경영자들이 포지티브-NPV 프로젝트를 얼마나 자주 건너뛰었는지 알 수 있었다. 이렇게 해서 채무발 해이에 따른 과소투자의 실증적 증거가 하나 더 추가될 수 있었다.

이처럼 채무발 해이로 인한 투자 감소 문제는 우리 주변에 오랫동안 실재했고 최근에 더 이슈가 되고 있다. 투자 감소는 결국 생산을 줄이고, 따라서 고용을 줄이며, 소비에도 부정적이기 때문에, 경제 전반에 걸쳐 광범위한 비용을 만들어낸다. 이런 비용을 낮추기 위해서는 결국 감당할 수 없는 수준의 채무는 지지 않도록, 또는 질 수 없도록 해야 한다. 그러나 채무발 해이의 문제점을 극복하기 위해 무엇보다 중요한 것은 역시 정보의 투명성이다. 회사가 어떤 이유로 어떤 프로젝트에는 투자하고 어떤 프로젝트에는 투자하지 않는지를 누구나 훤히 알 수 있다면 '해야 마땅한 걸 안 하는' 경우나 '하지 말아야 마땅한 걸 하는' 경우 모두를 방지할 수 있을 것이기 때문이다. 정보 투명성은 어느 집단 사이의 갈등이든 그것을 푸는 가장 기본 조건이다.

이상한 나라의
인수합병

대한항공이 아시아나항공을 인수한다. 오랫동안 한국의 항공운수업을 지배했던 과점체제가 종식될 커다란 이벤트다. 그런데 두 기업 모두 무리한 그룹사 지원과 방만 경영으로 만신창이가 되어 있는 상태다. 게다가 인수 주체인 대한항공은 돈이 없다. 그래서 이번 딜deal은 산업은행(이하 산은)을 통한 국가의 지원을 받아 이루어질 예정이다.

산은은 2020년 11월 대한항공이 아시아나항공을 인수하는 계획을 들고나왔다. 이를 위해선 대한항공이 아시아나항공 주식을 사야 한다. 대한항공이 주식을 살 수 있도록 아시아나항공은 '제3자 배정' 유상증자를 할 참이다. 대한항공을 '제3자'로 콕 찍어서, 아시아나항공이 발행하는 신주 1조 5000억 원어치를 우선 매입할 수 있도록 해주는 것이다. 대한항공은 이와 동시에 아시아나항공이 발행하는 영구채(원금을 갚지 않고 이자만 갚아나가는, 만기가 없는 회사채. 회계상 자본으로 분류된다) 3000억 원어치도 함께 매입한다. 이로써 대한항공은 아시아나항공의 지분 63.9%를 확보해 최대주주가 된다.

문제는 대한항공이 아시아나항공 유상증자에 참여해 거액의 신주를 매입할 만큼의 돈이 없다는 것이다. 그래서 대한항공도 주식을 발행해 자금을 조달하기로 한다. 대한항공은 약 2조 5000억 원 규모의 '주주 배정' 유상증자(3자 배정과 달리 기존 주주 모두에게 고르게 신주 우선매입권을 준다)를 실시한다. 이 중 7300억 원은 대한항공의 지주회사인 한진칼이 매입해주기로 했다.

그럼 한진칼은 7300억 원의 매입비용을 어디서 조달할까? 한진칼은 산은을 믿고 이 돈을 3자 배정 유상증자로 해결하기로 한다. 산은이 '3자'로서 한진칼이 발행한 5000억 원어치 주식을 매입해주고 여기에 더해 새로 발행하는 교환사채(주식으로 교환할 수 있는 회사채) 3000억 원어치까지 사준다. 한진칼이 8000억 원을 확보하는 데 산은이 결정적 역할을 하는 것이다. 이 모든 딜이 끝나고 탄생하는 통합법인은 2022년에 출범시킬 계획이다.

이 딜에는 여러 가지 이슈가 녹아들어 있다.

그림 24-1 | 대한항공 아시아나 인수합병에 투입되는 비용의 흐름

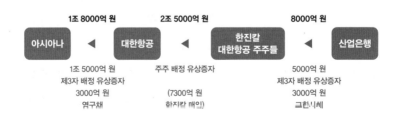

대한항공 아시아나 인수합병을 둘러싼 논란들

우선 한국의 항공운송산업을 독점체제로 재편하는 것과 관련된 이슈다. 대형 항공사들 간의 인수합병이지만 이들의 자회사를 포함한 저비용항공사Low-Cost Carrier, LCC들의 생태계에도 미치는 영향이 적지 않나.

다음은 산은의 한진칼 경영권 다툼에 대한 '부당 개입' 이슈다. 주주들의 권익과도 직결된다. 대한항공의 아시아나항공 인수 또는 한국의 항공운송산업 재편과 한진칼의 경영권을 둘러싼 분쟁은 본질적으로 아무런 관련이 없다. 경영권 분쟁에 개입하지 않고도 충분히 인수를 추진할 수 있기 때문이다. 산은이 한진칼에 지분 출자를 강행하면 분쟁 당사자 중 한쪽을 확실하게 편드는 결과를 초래할 게 뻔하다는 점에서 이는 산은이 자초한 이슈다.

또 다른 이슈는 왜 아시아나항공이 진 빚을 대한항공 주주들이 갚아야 하는가다. 이는 대한항공 경영진과 이사진에게 배임의 책임을 물을 만한 사유다. 여기에 두 대형 항공사를 이 모양으로 망쳐놓은 이들에게 어떻게 책임을 물어야 하는가의 이슈도 더해진다. 이 딜로 아시아나항공은 부채를 대한항공으로 떠넘기게 된다. 게다가 산은을 통해 국민 세금까지 동원한다.

마지막 이슈는 어려움에 빠진 회사들에게 일반적으로 적용하는 채무조정debt restructuring 또는 work out이나 법정관리를 통한 파산보호 절차를 적용하지 않고 왜 굳이 독점 이슈를 낳게 될 인수합병을 선택했느냐는 것이다. 여기에는 왜 진즉 뭔가를 하지 않고 '지금에서야 하느냐'라는 질문 또한 따라붙는다. 놀랍게도 이 경천동지할 딜 이후에 구조조정 없이 어떻게 기업가치를 회복시킬 것인지에 대한 논쟁은 찾기 어렵다.

2020년 12월 1일, 법원은 한진칼의 3자 배정 유상증자를 위한 신주 발행을 금지해달라며 경영권 분쟁 당사자의 한 축인 강성부 펀드KCGI 측이 낸 가처분 소송(소송의 이유는 뒤에서 다룬다)을 기각했다. 아시아나항공 인수의 첫 장애물이 제거된 것이다. 뉴스는 이제 세계 7위 항공사가 탄생할 것이라며 난리였다. 이동걸 산은 회장은 틈나는 대로 이 딜에 한국 항공운송업의 사활이 걸려 있다고 강조해왔다. 더 이상 나쁠 수 없는 양 사의 재무구조와 수익성을 보면 기존의 과점체제를 그냥 두고만 볼 수 없다는 데에는 어렵지 않게 동의할 수 있을 것이다.

한국의 경우, 가장 기본적 인프라인 공항이 넉넉하지 않고 추가 취항 노선도 늘리기 어려운 상태에서 항공사들이 경쟁을 벌이고 있다. 2020년 12월 현재 총 2개의 대형 항공사와 9개 저비용항공사 체제로 '공급과잉'이다. 인구 1000만 명당 저비용항공사 수가 2019년 9월 기준 1.2대로 일본(0.4대)이나 중국(0.1대), 미국(0.3대) 보다 월등히 많다. 항공업계에서는 날로 심해지는 경쟁을 줄이기 위해 항공사 간 인수합병으로 LCC를 줄여 공급을 조절해야 한다는 주장이 꾸준히 제기되어왔다. 아시아나항공 인수는 양 사 자회사인 LCC들의 단계적 통합도 포함한다.

왜 한진칼, 왜 지분투자, 왜 3자 배정인가

그러나 우리는 항공산업 재편과 같은 중요한 이슈가 왜 이제야 급작스럽게 튀어나왔는지에 주목할 필요가 있다. 두 대형 항공사의 문제가 최근 불거진 것이 아닌데 그동안 정부와 산은은 무엇을 하고 있다가 지금에야 부랴부랴 두 항공사를 합치는 딜을 들고나왔느냐는 것이다. 산은이 말한 대로 이번 딜이 항공운수산업의 생존을 위해 불가피한 유일한 방책이라고 한다면 왜 겨우 몇 달 전까지도 굳이 아시아나항공을 현대산업개발HDC에 팔려고 했는지 이해하기 어렵다. 정부와 산은이 산업구조조정 같은 중요한 정책을 아무런 장기적 플랜 없이 졸속으로 그때그때 만들어내고 있는 것이 아닌가 하는 비판만큼은 피하기 어려워 보인다.

그러나 무엇보다 중요한 건 산은이 한진칼 경영권 다툼에 부당하게 끼어들어 주주들의 이익에 해를 끼칠 가능성과 관련된 이슈다. 아시아나항공 인수 과정에서 자금은 주로 유상증자를 통해 조달된다. 유상증자로 자본조달을 하는 이유는 대한항공과 아시아나항공 모두 부채가 지나치게 많아서 추가로 빚을 내는 것이 어렵기 때문이다. 아시아나항공은 2020년 9월 말 기준, 총부채가 12조 8387억 원인데 1년 안에 갚아야 하는 유동부채만 5조 1847억 원에 달한다. 총부채가 총자본의 무려 2309%다. 대한항공이라고 더 나은 상황인 것도 아니다. 총부채가 22조 7377억 원이고 부채비율은 693%다. 두 회사가 합치고 나면 합산되는 부채가 36조 원에 달하고 1년 안에 갚아야 할 유동부채만도 13조 원이다. 유상증자는 자본 총계를 늘리고 유입된 자금으로 차입금을 상환할 수 있도록 해서 부채를 줄이는 재무구조 개선 효과를 가져온다. 그러니 유상증자를 자본조달 방법으로 쓰는 것에는 아무런 문제가 없다. 그러나 중요한 것은 대한항공과 아시아나항공이 빚이 많다는 사실이, 산은이 이들 항공사가 아닌 한진칼에, 돈을 빌려주는 것이 아니라 지분으로 투자하는(한진칼의 주식을 사는) 조치를 정당화하는 이유가 될 수 없다는 데 있다. 사실 이건 전혀 별개의 문제다.

한진칼은 조원태 회장 측과 3자 연합(KCGI·반도건설·조현아)이 경영권을 차지하기 위해 치열하게 지분 싸움을 벌이고 있는 전쟁터다. 최근에는 3자 연합이 한진칼 지분 46.7%를 확보해 조원태 회장 측의 41.4%를 앞서고 있다. 그러나 산은이 3자 배정 유상증자를 통해 한진칼이 발행한 신주를 확보하면 지분 10.66%를 갖게 된다. 이를 합치면 조원태 회장 측의 우호 지분은 47% 이상이 되어 유상증자로 지분이 희석된(유상증자로 전체 주식 수가 늘어나면 주식을 배정받지 못한 주주들의 지분은 줄어든다) 3자 연합의 42%를 앞서게 되는 것이다. 3자 연합이 산은의 3자 배정 유상증자 참여에 대해 조원태 회장의 경영권을 보장해주고 대신 아시아나항공 인수 딜을 대한항공이 실행하도록 거래를 한 것이라며 신주발행금지 가처분 소송을 냈던 이유다. 이용우 의원을 비롯한 초재선 국회의원 7명이 왜 국민의 혈세 8000억 원을 한진칼에 투입해 재벌가에 특혜를 제공하느냐며 우려를 제기한 배경이기도 하다.

핵심 포인트는 크게 다음 세 가지로 정리된다. "왜 한진칼인가. 왜 지분투자인가. 왜 3자 배정인가." 이를 좀 더 부연해서 쓰면 이렇게 된다. 왜 산은은 '대한항공이 아니고' 한진칼에 자금을 투입하는가. 왜 자금을 '부채나 우선주가 아니고' 보통주 지분투자로 투입하는가. 왜 보통주 투자를 '주주 배정이 아닌' 3자 배정으로 하는가. 이 질문에 답하다 보면 산은이 비록 가처분 소송의 장벽을 넘긴 했지만 얼마나 큰 무리수를 두고 있는지 확연히 드러난다.

산은이 한진칼에 보통주 지분투자를 하면 경영권 분쟁에서 한쪽을 확실하게 편드는 결과가 초래될 수 있다. 적어도 그런 오해 (?)를 사게 될 게 뻔하다. 중요한 것은 산은이 이런 불필요한 논란을 피해갈 수 있었다는 점이다. 보통주가 아니라 채권이나 우선주 (의결권이 없는 대신 보통주보다 우선해서 배당을 받을 권리가 부여된 주식) 발행을 통해 한진칼에 자금을 지원하는 방법을 택했다면 말이다. 한진칼은 부채비율이 43.7%에 불과한, 재무구조가 건실한 기업으로 8000억 원을 모두 부채로 조달한다 하더라도 아무런 문제가 없다.▲ 이 방법들은 당장 의결권과 관련이 없다는 점에서 산은이 경영권 개입 논란을 피해 이번 딜을 계속해서 추진하도록 도울 수 있는 대안이었다. 더욱이 산은은 채권자로서의 역할이 지분투자자 역할보다 더 자연스러운 '은행'이 아니던가.

그런데도 군이 보통주 지분투자를 고집하겠다면 3자 배정이 아니라 3자 연합이 주장했던 주주 배정 방식을 택하는 건 어땠을까? 그랬다면 3자 연합이 신주를 인수할 권리를 공평하게 확보하게 되어 '산은이 부당하게 분쟁 상대방을 도우려 한다'고 주장하며 가처

▲ 8000억 원을 모두 부채로 조달할 경우라도 한진칼의 부채비율은 95.8%가 되어 지주회사 부채비율의 상한인 200%에 한참 미달한다.

분 소송까지 내는 일은 없었을 것이다. 또 산은이 투입해야 하는 금액이 훨씬 작아질 수도 있었을 것이다. 경영권 다툼에 휘말리지 않을 수 있었는데도 산은이 그렇게 하지 않은 이유는 무엇일까? 경영권 분쟁 개입 이슈가 항공산업 재편과는 전혀 다른 이슈임에도 '굳이' 함께 불거져 나온 이유는 무엇일까?

분명히 해두자. 경영권 분쟁 중인 조원태 회장이나 3자 연합(특히 KCGI 강성부 대표) 그 누구도 대한항공이 아시아나를 인수하면 안 된다고 주장하지 않았다. 다시 말하지만, 대한항공의 아시아나항공 인수와 한진칼 경영권을 둘러싼 분쟁은 본질적으로 아무런 관련이 없다. 그런데도 산은이 굳이 경영권 분쟁에 휘말릴 것이 뻔한 조치를 선택했으니, '조원태 회장의 경영권 보장과 아시아나항공 인수를 맞바꾸려 한다'는 의심을 받게 되는 것이다. 산은 이동걸 회장은 3자 배정 유상증자가 무산되면 인수 자체가 무산되는 것처럼 여러 차례 얘기해왔다. 그러나 3자 배정 유상증자가 무산될 때 무산되는 것은 인수 자체가 아니라 조원태 회장의 경영권이다.

산은이 재벌 특혜라는 비난을 감수하면서까지 조원태 회장 편을 드는 이유는 확실치 않다. KCGI의 자금력에 의구심을 가졌을지도 모르겠다. 그러나 KCGI는 2018년 7월 설립되어 한 달 만에 1600억 원 규모의 펀드를 조성했고, 2019년 말 기준으로 6000억 원 이상을 굴리는 사모펀드다. 설령 당장은 자금이 부족할지 몰라도 아시아나항공 인수가 실제적으로 이루어지는 시기까지 자금 확보를 하지 못하란 법도 없다. 더구나 강성부 대표는 KCGI가 자금을 조달해 아시아나항공 인수를 성사시키면 국민 세금도 아끼는 일이라며 자신감을 드러냈다. 결국 조원태 회장 측과 3자 연합 측의 통합법인 구조조정에 대한 견해 차이가 아군과 적군을 갈랐을지도 모른다는 추측도 나왔다. 산은은 이번 딜이 끝나도 앞으로 구조조정은 없을 것이라고 못 박았다. 노조조차 그 말을 믿지 못해 수차례 의구심을 제기했다. 어쨌든 구조조정이 없다면 대규모 실업 문제에 대한 걱정은 한시름 놓을 수 있을 것이다. 하지만 KCGI는 경영참여형 사모펀드인 이상 통합법인에서 강한 강도의 구조조정을 실행하는 것이 불가피하다. 산은과 정부에게는 구조조정으로 인한 실업문제가 큰 부담으로 다가왔을 것이다.

왜 아시아나 빚을 대한항공 주주들이 갚나

법원의 가처분 소송 기각으로 한진칼의 3자 연합 측 주주들이 타격을 입긴 했지만 이번 딜에서 가장 소외된 건 대한항공과 아시아나항공의 주주들이다. 인수를 진행하고 이후 기업가치를 높이는 모든 과정에 가장 큰 관심과 이해관계를 갖고 있음에도 양 사 일반 주주들의 목소리는 별로 들리지 않는다.⁂ 사실 1조 8000억 원에 달하는 아시아나항공 인수대금은 모두 대한항공이 유상증자를 통해 조달해야 하는 금액이다. 총자본이 3조 2815억 원인 대한항공 주주들에게 부담이 되지 않을 수 없는 규모다. 그런데 왜 이렇게 조용할까? KCGI는 사태가 한창 진행 중이던 2020년 11월 20일, 한진칼에 임시주총 소집을 요청했다. 아시아나항공 인수를 주도한 이사회의 책임을 묻기 위해서다. 2020년 12월 아시아나항공에서는 기존 주주들에 대한 3대 1 무상감자를 단행했다. 아시아나항공 3주 중 1주만 남기고 2주는 주주들에게서 무상으로(공짜로) 매입해 소각한다는 뜻이다. 부실경영의 책임을 묻고 고통을 더 크게 분담토록 하기 위해 대주주일수록 더 높은 비율로 감자하자는 의견도 있었지만 결국 균등감자로 결론 났다.

그럼 산은과 수출입은행 등 채권자들은 어떤 책임을 지게 될까? 이는 사실 산은을 저격하는 질문이나 마찬가지다. 아시아나항공의 부실은 금호그룹의 파행적 경영에서 비롯되었으나 주채권자인 산은이 관리와 감시를 소홀히 했다는 비난도 거세다. 만약 아시아나항공이 기업회생 절차에 들어갔다면 산은도 불가피하게 손실을 분담해야 했을 것이다. 그러나 이번 아시아나항공 인수 딜과 관련해서 채권자 또는 금융기관의 손실 분담은 보이지 않는다. 채무조정 단계를 건너뛰었기 때문이다.

채무조정은 어려움에 빠진 회사를 살리기 위해 채권자들이 적용하는 가장 일반적인 방법이다. 상환유예 등으로 부채상환 일정을 재조정rescheduling하거나 부분적으로 부채를 탕감하는 것, 그리고 신규 자금을 추가로 넣거나 기존 대출을 지분으로 출자전환하는 것

▲ 이처럼 일반주주들의 의사가 무시되는 것은 지분의 일부만을 인수해도 기업 전체의 지배권을 손에 넣을 수 있는 소위 '한국식' 인수합병에서 나타나는 일반적 문제다. 대주주 몇 명만 뜻을 모으면 대사를 치를 수 있는 이런 경우라면 굳이 여기저기 퍼져 있는 소액주주들 의견을 물을 필요가 없다. 그러나 기업 지분 전부를 취득하는 미국의 인수합병에서는 이와 같은 문제가 나타나지 않는다. 모든 주주의 주식을 확보해야 하니 주주들의 의사를 세세하게 묻지 않을 수가 없는 것이다.[2]

등을 포함한다. 그러나 산은은 어떤 채무조정도 하지 않았다. 채무조정이 아시아나항공의 회생 가능성을 극대화하는 가장 기본적인 작업이라는 걸 생각해보면 산은이 아무런 채무조정을 하지 않은 것은 직무유기에 가깝다.

합병이 끝이 아니다

아시아나항공 인수 딜 자체도 문제이지만 '결합법인 탄생 후 어떻게 기업가치를 높일 것인가' 하는 문제도 아득하기만 하다. '그다음'에 대해서 '지금은' 얘기가 되고 있지 않은 것이다. 인수합병이 효과를 보려면 구조조정이 필수적이다. 그런데 이번 딜은 산은이 말한 대로라면 아마도 구조조정이 최소화되는 기업통합이 될 것이다. 통합으로 인한 규모의 경제와 비용절감 등은 기업가치를 높이기 위한 방법들로, 현재 논의 중인 제안들조차 구조조정 없이 얼마나 효과를 낼지는 알 수 없다.

몇 가지만 예를 들어보자. 양 사의 노선 42%가 중복된다고 한다. 특히 중국과 일본의 경우 절반에 가까운 노선이 중복된다. 중복 노선을 줄이면 시너지를 기대할 수 있을 것이다. 또한 항공기 정비를 외부에 위탁하는 데서 발생하는 높은 비용을 절감하기 위해 양 사의 정비 부문과 인력을 합쳐 별도의 법인을 만드는 것도 계획 중이다.[3] 공급과잉이라는 평가를 받는 LCC들은 진에어, 에어부산, 에어서울 등을 통합해 동북아시아 최대 LCC, 아시아에서는 에어아시아 다음으로 큰 규모의 LCC로 거듭난다. 이 예들의 경우만 하더라도 구조조정 없이 얼마나 시너지를 낼 수 있을지는 회의적이다. 산은은 구조조정이 없을 것이라고 약속했지만 양 사의 중복 인력은 800~1000명에 달하는 것으로 알려졌다.

대한항공 주주들은 인수 비용과 함께 아시아나항공의 빚을 떠안았다. 한진칼 주주들은 재벌가의 경영권이 보장되는 것을 지켜보아야 한다. 아시아나항공 주주들은 무상감자의 피해를 고스란히 감내해야 한다. 아시아나항공을 망친 재벌가에게 지분감소 이상의 벌칙이 주어져야 하지만, 현재로선 그뿐인 듯하다. 더구나 산은을 비롯한 채권자들은 아무런 책임도 지지 않으면서 한진칼의 경영에 참여할 수 있는 기회까지 얻었다. 주주가 기업의 주인으로서 제대로 대접받는 나라를, 우리는 아직 한 번도 경험해보지 못하고 있다.

P.S. 2021년 1월, 세계 10여 개 경쟁 당국에 기업결합신고서를 제출한 이후 튀르키예에서 제일 먼저 기업결합을 승인받았고 2022년 2월 공정거래위원회의 조건부 승인을 얻어냈다. 그러나 2022년 말까지 미국, EU, 일본의 승인은 나오지 않고 있어 원래 계획이었던 2022년 통합법인 출범 계획은 일단 실패했다. 비록 진행은 느리고 많은 난관이 아직 해결되고 있지 않지만 2022년 12월, 중국의 승인을 취득하면서 2023년에는 진전을 보지 않겠느냐는 보도들이 나오고 있다.

한국식 기업지배구조가 만든
한국식 물적분할

2021년 8월 초 청와대 국민청원 게시판에 '주주자본주의를 해치는 대기업의 횡포에 대한 정부의 고민을 촉구합니다'라는 청원이 등장했다. 대기업이 핵심 사업 부문을 자회사로 쪼개어 상장하면 주가가 하락하는 경향이 있다. 이로 인해 해당 대기업의 소액주주들이 손해를 입는 일이 드물지 않게 일어나는데 이를 어떻게 개선할지 정부가 고민해달라는 내용이었다. 이 청원은 참여 인원이 5000명에도 도달하지 못해 종료되지만, 사실 한국 자본시장의 가장 중요한 이슈 중 하나를 담고 있었다.

구글은 비상장, 카카오뱅크는 상장인 이유

기업을 붙이는 것(합병)만큼이나 쪼개는 것(분할)도 유행을 탄다.

2021년 7월 초 SK이노베이션은 배터리와 석유개발 부문을 떼어
내 두 개의 자회사로 설립하겠다는 계획을 공식적으로 밝혔다. 재
무금융 데이터 서비스업체 에프앤가이드에 따르면 2021년 상반기
에 분할 공시를 낸 상장사는 27개다. 2019년에는 38건, 2020년에
는 59건이었다. 중요한 것은 분할 이유다. 떼어낸 자회사를 상장시
켜 자금을 조달할 목적으로 이뤄지는 분할이 적지 않다.

기업지배구조원(현 한국ESG기준원) 송은해 연구원의 2018년 보
고서는 물적분할(뒤에서 설명하겠다) 이후 지배구조 변화에 대한
중요한 정보를 알려준다.[1] 보고서는 모두 78건의 물적분할 사례
(2015~2017년)를 분석했다. 분할된 신설회사가 '존속회사(분할된 신
설법인을 하나의 사업 부문으로 갖고 있던 업체)'의 100% 자회사로 남아
있는 경우는 43건(55.1%)에 불과했다. 나머지 35건은 분할 이후 신
설 자회사의 지분 구조에 변화가 있었다. 특히 이 중 25건은 존속회
사가 신설 자회사에 대한 지배력을 상실한 것으로 확인되었다. 자
회사가 모회사의 이익에 크게 기여하는 사업 부문이었다면, 이 같
은 지배력 상실이 모회사의 기업가치에 부정적인 영향을 끼쳤을 가
능성이 크다.

코로나19 팬데믹과 함께 온 강세장 가운데서 수많은 기업이 상
장을 기다리고 있다. 그중엔 모회사에서 분리되어 나온 자회사가
다수다. 자회사가 상장되면 모회사와 자회사가 동시에 상장기업이
된다. 이를 '모자회사 동시상장' 또는 '자회사 분할상장'이라고 부
른다.

2020년 9월과 2021년 8월에 각각 상장한 카카오게임즈와 카카

오뱅크는 카카오의 자회사다. 2020년 9월에 상장한 현대중공업은 한국조선해양의 자회사다. 2020년 여름 대박을 낸 SK바이오팜을 비롯해 SK바이오사이언스, SK아이이테크놀로지 등은 SK그룹의 계열사들로부터 분사된 업체들이다. LG화학에서 배터리 부분을 떼어낸 LG에너지솔루션, 카카오의 자회사들인 카카오페이·카카오모빌리티·카카오엔디테인먼드, 원스토이의 SK쉴트론 등 다른 SK 계열사들 역시 상장을 준비 중인 것으로 알려졌다.

'모자회사 동시상장'은 한국에서만 볼 수 있는 현상이다. 미국이나 영국·프랑스·독일 등 선진국에는 이런 사례가 거의 없다.[*2] 구글의 모기업인 알파벳은 수많은 자회사를 거느리고 있다. 그러나 '알파벳 그룹'에서 상장사는 지주회사인 알파벳뿐이다. 구글은 알파벳이 지분을 100% 보유한 비상장기업으로 남아 있다.

동시상장의 문제점은 특히 기업지배구조 이슈와 관련해서 뚜렷하게 드러난다. 지주회사(신설 자회사의 모기업)의 가치가 떨어지고, 모기업과 자회사 주주들 간에 갈등이 격화될 수 있다. 대주주의 전횡을 뜻하는 '터널링tunneling'도 큰 문제다. 터널링은 회사의 창고까지 몰래 터널을 파서 회사 소유의 보물을 도둑질해 간다는 말에서 나왔다. 대주주들이 자신에게 유리한 방향으로 회사를 경영하도록 영향력을 행사해서 소액주주들에게 피해를 주는 행위를 지칭한다. 대주주가 동시상장으로 터널링을 꾀할 수 있다는 것이다.

동시상장의 문제점을 이해하려면 우선 기업분할에 대해 간단히

▲ 2022년 9월, 폭스바겐의 자회사인 포르쉐가 상장하면서 모자회사 동시상장의 해외사례가 나왔다.

정리할 필요가 있다. 기업분할에는 물적분할과 인적분할이 있는데, 이번 글의 주된 관심사는 물적분할이다. 그러나 잠시 인적분할도 함께 살펴보면 비교를 통해 둘 다 좀 더 명확하게 이해할 수 있다.

인적분할과 자사주의 마법

하나의 회사를 모회사(지주회사, 존속회사)와 그에 딸린 자회사(사업회사, 신설회사)로 쪼개는 것을 물적분할이라고 부른다. 자연스럽게 모회사가 자회사 지분을 많이 보유하게 되어 있으므로, 모회사의 지배주주는 설령 자회사 지분을 따로 갖지 않아도 모회사를 통해 자회사를 지배할 수 있다. 한 회사의 지분만으로 두 회사를 지배할 수 있다니 솔깃하다.

　회사가 모자 관계 없이 수평적으로 쪼개지면 인적분할이다. 수평적이란 두 회사 간에 지분 관계가 없다는 말이다. 인적분할에선 물적분할(모회사가 자회사에 많은 지분을 갖는다)과 달리, 기존 주주들이 '쪼개지기 이전 회사'에 가진 지분율이 '쪼개진 이후의 두 회사'에 각각 똑같이 적용된다. 즉, 당신이 A라는 회사에 20% 지분을 갖고 있었는데, A사의 일부 사업 부문을 B라는 회사로 인적분할했다고 치자. 기존의 A사가, A사(상호는 이전과 같지만 일부 사업 부문이 외부로 나간 상태인 존속회사)와 B사(기존 A사의 사업 부문으로 만든 신설회사)로 분할된 셈이다. 그러면 당신은 A사와 B사에 각각 20%의 지분을 갖게 된다. 원칙적으로 A사와 B사 간에 지분 관계가 없다.

그림 25-1 | 물적분할과 인적분할의 차이

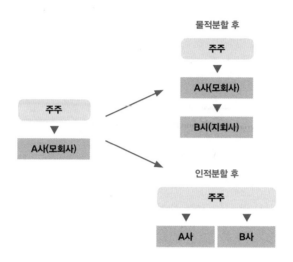

당신이 인적분할된 두 회사를 굳이 함께 지배하고 싶다면, 양 사 모두에 신경을 쓸 수밖에 없다. 시간과 돈이 든다. 물적분할처럼 하나만 지배해도 둘을 지배하는 것이라면 좋을 텐데 말이다. 그러나 인적분할의 경우에도 '하나를 지배함으로써 둘을 지배할 수 있는' 방법이 있다. 양 사 간에 모자 관계를 만들어주면 된다. '쪼개지기 이전 회사'가 자사주를 가졌다면 더욱 쉽게 이 목표를 성취할 수 있다. 이른바 '자사주의 마법'이다.

자사주는, 기업이 보유한 자신(해당 기업)의 주식이다. 예컨대 A라는 회사가 자사주를 10% 보유했다면, 이는 A사(인간 주주가 아니라 A사라는 법인 자체)가 A사 스스로에 대해 10%만큼 주주로서 권리를 갖는다는 의미다. 그렇다면 이 A사는 자신으로부터 떨어져나간 B

사에 대해서는 어떤 권리를 갖게 될까? 정답부터 말씀드리자면, A사(존속회사)는 B사(신설회사) 지분의 10%를 갖게 된다. A사가 자신에 대해 10%의 주주였다면, 자신으로부터 분할된 B사에 대해서도 10%의 주주라는 의미다. 자연스럽게 존속회사(A사)는 지주회사, 신설회사(B사)는 자회사라는, 모자 관계가 발생하게 된다. 지주회사를 통해 자회사를 지배할 준비가 끝난 셈이다.

남은 일은 A사와 B사 간의 모자 관계(A사의 B사에 대한 지배)를 더욱 굳히는 것이다. 이에 따라 A사에 대한 대주주의 지배력도 더 강화할 수 있다. 방법은 대주주가 인적분할에 따라 갖게 된 자회사(B사) 지분을 몽땅 지주회사(A사) 지분을 사들이는 데 사용하는 것이다. 다시 말해 대주주가 보유한 자회사 지분을 모두 지주회사 지분과 교환하면 된다(주식 스와프). 이에 따라 지주회사는 자회사 지분을 더 많이 확보하게 된다. 또 대주주는 자신의 지주회사 지분율을 대폭 끌어올릴 수 있다. 물론 대주주의 자회사 지분은 줄어들겠지만 아무런 문제가 없다. 대주주가 지주회사만 확실히 지배할 수 있다면, 자회사까지 수중에 둘 수 있기 때문이다. 이처럼 인적분할은 하나의 회사를 지주회사-자회사로 전환해서 대주주의 지배력을 강화할 목적으로 많이 쓰인다.

비지배주주에게 비용을 전가하는 물적분할

반면 물적분할은 일부 사업 부문을 떼어내 독립적인 발전을 도모

하거나 쉽게 매각하기 위한 목적으로 실행된다. 적어도 교과서에는 그렇게 쓰여 있다. 그러나 한국에선 이에 중요한 이유 하나를 더해야 한다.

인적분할의 경우, 지주회사에게 가장 중요한 일은 자회사에 대한 지배력을 높이는 것이다. 때문에 지주회사가 자사의 자금으로 자회사 지분을 사들인다. 자회사를 상장해서 지주회사의 지배력을 희석하려 하지 않는다는 이야기다. 그러므로 신규 자금의 유입도 없다.

그러나 물적분할로 떼어진 자회사는 주로 상장을 통해 자금조달에 나선다. 한국에서 물적분할이 중요시되는 또 다른 이유다. 2021년 8월 한 경제신문은 "대기업들의 자회사 상장이 공매도보다 무섭다"는 제목의 기사를 내놓았다.[3] 기업이 상장하는 게 무섭다니, 이게 무슨 말일까? 안타까운 얘기지만 '모자회사 동시상장'은 한국에서 개미투자자들이 주주로 대접받지 못하고 있음을 적나라하게 드러내는 좋은 예가 된다.

당신이 A사의 주주라고 치자. A사에는 여러 사업 부문이 있다. 그중에서 'a'라는 사업이 가장 유망하다. 당신이 A사 주식을 산 이유도 a사업이 많은 현금을 벌어다 주리라 기대했기 때문이다. 매수 후 주가는 순항했으나 얼마 후 암초를 만났다. 놀랍게도 문제는 a사업이 너무도 유망하다는 데 있었다. 성장을 위해 자금을 크게 투자할 필요성이 있었던 것이다. 이때 기업이 보유한 현금이 충분치 않다면 대개의 경우 회사는 채권이나 주식을 발행한다. 다만 채권을 발행할(돈을 빌릴) 경우, 부도 위험이 높아지고 주주와 채권자 사이의 갈등으로 빚어지는 '채무발해이의 위험'에 빠질 수 있다 (23장 참조).

반면 주식을 공개 발행해 새로운 주주들이 생기는 경우엔 기존 주주들의 지분이 희석된다. 지분이 희석되면 기존 주주들의 의결권voting right이 약해진다. 소액투자자에게는 지분 희석으로 인한 의결권 훼손이 대수롭지 않겠지만 지배주주에게라면 얘기가 달라진다. 특히 증자(주식 발행으로 자금조달)로 조성해야 할 자금이 큰 액수일 때는 그만큼 지분 희석이 커진다. 지배주주가 현금을 아주 많이 갖고 있다면 새로 발행하는 주식을 대거 매입하는 방법으로 자신의 지배력을 유지할 수 있을 터이다. 그러나 이는 대부분의 경우 가능한 옵션이 아니다.

그래서 지배주주는 A사에서 a사업 부문을 떼어내 Aa라는 자회사를 만든 뒤 이 회사가 스스로 자금을 조달하도록 계획을 세운다. 이에 물적분할을 활용할 수 있다.

물적분할 뒤의 A사는 가장 유망한 사업인 a 부문이 없는 기업이다. 그렇다 하더라도 A사가 신설회사인 Aa사의 지분을 100% 보유하고 있다면 문제될 것이 없다. '기존의 A사 내에서 a사업이 벌어들일 돈'이 '자회사 Aa가 벌어들이는 돈'으로 바뀌었을 뿐이기 때문이다. A사 주주들이 받게 될 실제적인 현금흐름의 크기가 변화되지는 않는다. 그러나 Aa라는 자회사를 만든 이유가 처음부터 자금조달에 있었다면 이야기가 달라진다. Aa가 상장을 해서 돈을 끌어모을 것이기 때문이다.

상장을 하면 Aa사에 새로운 주주들이 생긴다. 당연히 A사가 더 이상 Aa사의 지분을 100% 보유할 수 없게 된다. 이 말은 앞으로 Aa사가 벌어들일 현금을 모회사 A를 통해 기존 주주들이 모두 가져가는 것이 아니라 Aa사의 새로운 주주들과 나누어 가져야 한다는 뜻이다. 다시 말해 Aa사가 훨씬 더 많은 현금을 벌어들일 정도로 크게 성공하지 못한다면 A사 기존 주주들의 몫은 줄어들게 된다. Aa사에서 생기는 현금을 새로운 주주들과 나누이야 하니 A사의 주가는 떨어진다. 이를 '지주사 할인'이라고 부른다.

물적분할 후 자회사 상장은 이처럼 지배주주의 지배권을 유지하면서 그 비용을 소액주주들에게 전가하는 자금조달 방식이 된다. 특히 지주회사가 보유해야 할 자회사 지분에 하한을 두어 최소 지분율을 상장 자회사의 경우 20%, 비상장 자회사의 경우 40%로 규정한 공정거래법은 자회사 분할상장이 난무하게 된 중요한 원인이다. 모회사가 가진 자회사 지분율이 20% 밑으로 희석되기(떨어지기) 전까지는 자회사가 얼마든지 증자를 해도 된다는 뜻이기 때문이다.

배당권보다 의결권이 중요한 지배주주

김우진 서울대 교수의 진단에 따르면, 필요한 자금을 모회사가 조달하지 않고 분할된 자회사의 상장으로 해결하는 방식은 재벌로 대표되는 한국의 특수한 기업지배구조에서 비롯된다. 최고경영자 시스템이 정착된 미국이나 일본의 경우 증자로 대주주의 지분이 떨어진다고 해도 경영자의 경영엔 큰 문제가 발생하지 않는다. 그러나 한국의 재벌 구조에선 지배주주(재벌 일가)가 기업을 실질적으로 운영하고 있다. 이에 따라 한국의 지배주주들은 자신의 지분율이 떨어지면서 지배권이 훼손될 가능성을 극도로 꺼린다. 모회사가 스스로 증자하는 것이 아니라 굳이 자회사를 떼어내 상장하게 만드는 이유다.

물론 '지주사 할인'으로 소액주주만 손해를 보는 것은 아니다. 주가가 떨어지면 대주주도 손해다. 그러나 재벌 일가의 경우 그때그때의 주가보다 자신의 지배권이 훨씬 더 중요하다. 재벌들로서는 주주의 두 가지 권리 가운데 '배당권cash flow right'보다 의결권(지배권)을 더 중시한다. 그러니 지배주주로서는, 지배지분을 유지하는 동시에 투자자금을 확보할 수 있다면 '지주사 할인으로 인한 배당권 훼손' 따위는 충분히 양해할 수 있는 손해다. 반면 배당이나 주가차익이 의결권보다 훨씬 더 중요한 소액주주의 경우엔 배당권 손해를 의결권 보호로 상쇄할 수 없다. 온전히 손해만 감수해야 하는 것이다. 국민연금공단이 LG화학과 SK이노베이션의 물적분할에 반대한 이유다.

모자회사 동시상장의 또 다른 문제점으로 자회사인 Aa사 주주들과 지주회사 A사 주주들 사이의 갈등으로 발생하는 비용을 빠뜨릴 수 없다. Aa사 주주들이야 Aa사에만 관심이 있지 A사나 A사의 또 다른 자회사들은 상관할 바가 아니다. 그러나 A사 주주들은 Aa사뿐 아니라 또 다른 자회사인 Ab에도 신경을 써야 한다. 만약 Ab사가 잘되는 것이 Aa사에는 좋지 않지만 A사에 유리하다면 A사 주주들은 Aa사를 희생하더라도 Ab사를 지원하는 의사결정을 지지할 수 있다. 이 경우 소액주주이건 지배주주이건 A사 주주들의 이해는 일치하게 된다. 그러나 Aa사 주주들과는 큰 갈등을 빚을 수밖에 없다. 일감 몰아주기 등 터널링 사례가 좋은 예가 될 것이다.

터널링으로 인해 지주회사 주주들은 얼마나 큰 손해를 보고 있을까? 이 문제의 대안은 있는가? 이에 대해서는 다음 장에서 이어서 이야기하겠다.

개미들은 공매도보다
자회사 상장이 무섭다

앞 장에서는, '물적분할 후 자회사 상장'으로 지주회사의 주가가 떨어지면서 소액주주들이 큰 손해를 입는 현상을 지적했다. 그렇다면 이 경우, 지주회사 주식은 얼마나 할인된 가격에 거래되고 있는 것일까? 지주회사의 순자산가치는 지주회사 자체의 가치에 지주회사가 보유한 자회사의 지분가치를 모두 더한 가치를 말한다. 놀랍게도 SK, LG, 롯데, CJ, 한화, 두산 등 재벌그룹의 지주회사 또는 지주회사 격인 회사들의 2021년 7월 현재 시가총액은 순자산가치의 절반 정도에 불과했다. 무려 50% 정도의 지주회사 할인율이 적용되고 있는 것이다. 이 할인율은 1년 전인 2020년 7월에 비해 5~10%포인트 정도 오른 수치다. 이처럼 할인율이 높아진 이유를 '동학개미 운동'으로 인한 개인투자자의 급증에서 원인을 찾기도 한다. 아무래도 개인들은 지주회사보다 사업회사인 자회사를 더 선호하는 경향이 있기 때문이다.

모자 동시상장이 소액주주에게 미치는 영향

지주회사 할인의 보다 근본적인 원인이 무엇일까에 대해서는 의견이 분분하다. 아니, 생각해보면 할인의 원인보다 존재 자체가 더 이상하다. 지주회사의 경우 앞에서 언급했듯 지배주주와 소액주주의 이해 상충이 일반 기업보다 덜해 '대리인 비용'이 낮다(즉, 지배주주가 자신의 이익을 위해 소액주주를 희생시킬 가능성이 낮다). 이를 감안하면, 지주회사 가치는 할인이 아니라 오히려 할증되어야 한다. 이를테면 지주회사의 지배주주가 유망한 특정 자회사에 일감을 몰아주며 다른 자회사들에 피해를 준다 하더라도 이것이 지주회사의 가치를 높이는 데 도움이 된다면 이는 지주회사 소액주주의 이해관계와도 맞아떨어지는 것이다. 더구나 지주회사는 의결권을 이용해 자회사 경영에 직접적으로 참여할 수도 있다. '경영권 프리미엄'이 있는 것이다. 자회사 부실이 심각한 경우, 지주회사는 자회사를 매각해서 떨어버릴 수도 있다. 이런 할증 요인들이 있는데도 지주사 가치가 오히려 할인(그것도 순자산가치의 절반이나)되는 것은 무엇 때문일까?

가장 자주 언급되는 할인의 원인은 소위 '더블 카운팅'이다. 사업 자체는 자회사에서 이뤄지는데 창출되는 가치는 지주회사(사업을 하지 않는)와 공유하지 않는가. 그래서 지주회사 가치에서 '사업가치'를 제외(할인)해야 한다는 논리다. 그럴듯하게 들리지만 수긍하기 어렵다. 지주회사가 자회사의 주식을 들고 있는 이유는 자회사의 사업가치 때문이다. 자회사가 성공해서 주가가 오를 때 그 과실果實을 지주회사가 함께 누리기 위해서다. 예컨대 당신이 지주회사인 A사와 그 자회사인 Aa사의 지분을 동시에 갖고 있다고 치자. Aa사의 주가가 오르면 당신은 두 개의 원천으로부터 이익을 얻는다. Aa사 주가가 오르면서 지주회사인 A의 주가도 덩달아 상승할 것이기 때문이다. 이에 대해 '지주회사는 직접 사업을 하는 회사가 아니니 주가를 반으로 할인해야 한다'라고 주장할 수는 없다. 당연히 지주회사도 자신이 보유한 자회사 지분만큼 권리를 갖기 때문이다.

지주사 할인은 자회사가 상장했기 때문에 나타나는 현상이다. 모기업이 자회사 지분을 100% 갖고 있으면 지주사 할인은 일어나지 않는다. 그러나 자회사가 상장하면 자회사의 과실을 새로운 주주들과 함께 나누어야 한다. 당연히 자회사의 가치 상승분 모두가 아닌 그 일부만 지주사로 옮겨간다(이 경우에도 자회사 수익이 엄청나게 성장한다면 지주회사 할인으로 인한 손해를 상쇄할 수 있다). 그렇다 하더라도 50% 이상의 지주사 할인이 적정한 것인지는 의심스럽다.

주주의 권리가 지켜지지 않는 나라

김우진 서울대 교수는 모자회사 동시상장의 문제점을 풀기 위해 미국처럼 지주회사 하나만 상장하도록 하자고 주장한다.[1] 미국이나 영국에서 동시상장이 드문 것은 이를 법적으로 금지했기 때문이 아니다. 동시상장으로 인해 주주들의 이해관계가 충돌하는 경우 맞닥뜨리게 될 집단소송을 두려워하기 때문이다. 게다가 최근 일본에서는 모자회사가 동시상장된 경우 자회사 상장을 폐지시키는 사례들도 나타나고 있다. 모회사와 자회사 주주들의 이해 상충을 해소하기 위해서다. 자회사 상장을 폐지시켜 100% 모회사의 보유가 되면 당연히 모자회사 주주들의 이해 상충은 사라진다.

기업분할 자체가 문제인 것은 아니다. 오히려 분할 자회사는 모회사의 사업 부문으로 있을 때보다 쪼개져 나왔을 때 그 가치를 더 높이 평가받을 수도 있다. 그리고 대규모 자금조달을 위해 자회사 상장이 필요하다는 것도 이해할 수 있는 일이다. 배터리나 에너지 사업 같은 거대 장치산업의 경우 격화되는 생산설비 경쟁 등으로 인해 투입해야 하는 금액도 천문학적일 수밖에 없다. 더구나 큰 금액을 투자한 사업이 실패하면 모기업에 부정적인 영향을 끼칠 수 있으니 이 같은 '위험'을 '헤지hedge'하기 위해서라도 분할하는 편이 낫다는 의견도 있다.

그러나 문제는 분할이 기업지배 문제와 얽혀 주주들에게 피해를 주는 일이 아무렇지도 않게 벌어진다는 점이다. 자금이 필요하면 모회사가 증자를 하면 된다. 자회사를 분할해도 상장시키지 않으면 된다. 모기업의 주가가 떨어진 이유는 상장된 자회사로 떨어져 나간 사업 부문이 아주 유망했기 때문이다. 소액주주들은 그 유망 사업 때문에 높은 가격에도 기꺼이 해당 기업의 주식을 샀을 것이다. 그러나 그 사업 부문이 떨어져 나가버리고 이로 인한 모기업의 기업가치 하락은 주주들 몫으로 남는다. '뭐 이런 경우가 다 있나' 싶지만 엄연히 그리고 자주 한국에서만 벌어지는 일이다. 이는 개미투자자들이 한국에서 주식투자로 피해를 보는 중요한 원인 중 하나다. 오죽하면 개인투자자들이 그토록 증오하는 공매도보다 자회사

상장이 더 무섭다는 얘기가 나오겠는가.

　김우찬 고려대 경영학과 교수는 이런 식으로 소액주주들이 입는 손해를 보전해주기 위해 자회사를 분할상장시킬 경우 모회사 주주들에게 분할 자회사 주식을 배당하거나 우선 매수할 수 있도록 하자는 의견을 낸다.[2] 비슷한 맥락에서 자회사 상장 시 자회사가 발행하는 신주를 모회사 주주들에게 우선 배정하도록 규제하는 것도 생각해볼 만하다.

　주주의 권리가 제대로 대접받는 경험을 해보지 못한 나라에 이제는 ESG의 거대한 파도까지 몰려온다. 이 중 G는 거버넌스(기업지배구조)를 의미한다. 주로 주주나 채권자 같은, 기업에 투자한 투자자들이 투자수익을 정당하게 회수할 수 있도록 감시·관리·감독하는 장치가 제대로 작동하는지에 대한 개념이다. 한국에서 기업지배구조의 문제점이 한두 번 얘기되는 것도 아니니 지긋지긋할 만도 하겠다. 그러나 이건 더 이상 선택의 문제가 아니다. 소액주주도 주주다. 지금까지는 잊고 살아도 괜찮았을지 모른다. 앞으로는 괜찮지 않을 것 같아서 하는 말이다.

LG에너지솔루션 상장이
불러온 후폭풍

LG에너지솔루션(이하 LG엔솔) 상장 여파가 뜨겁다. 기업공개 첫날인 2022년 1월 27일 공모가 30만 원의 거의 두 배인 59만 7000원의 시초가로 화려하게 등장해 50만 5000원으로 마감했다. 시가총액이 무려 120조 원에 근접해 SK하이닉스를 제치고 시가총액 2위를 꿰어찼다. 그 덕분에 LG그룹도 SK그룹을 제치고 삼성그룹에 이어 그룹 시가총액 순위 2위에 올랐다.

같은 날 LG엔솔의 모회사인 LG화학 주가는 전날보다 8% 이상 급락했다. 또 다른 2차전지 관련 주식인 삼성SDI와 SK이노베이션의 주가 또한 전날 대비 6~7% 이상 하락했다. 그리고 '수급 교란(수요와 공급이 한쪽으로 비정상적으로 크게 쏠리는 현상)'을 걱정하는 목소리도 들끓었다. LG엔솔이 각종 지수index에 편입된다는 말도 들리고, 지수들을 '추종'하는 펀드들이나 ETF 때문에 문제라는 말도 들렸다. 아무리 이례적으로 덩치 큰 주식이 상장되었다고는 하지만 도대체 시장에서 무슨 일이 벌어지고 있는 것일까? 이를 이해하기 위해서는 지수나 펀드, 그리고 ETF에 대해 조금 더 알아보아야 한다.

지수를 추종하는 인덱스펀드와 ETF

지수는 시장상황에 관한 정보를 효율적으로 축약해 투자자들에게 제공하기 위해 만들어졌다. 그러나 지수의 중요성과 역할은 단순한 정보 요약 및 전달 기능보다 훨씬 더 크고 다양해진 지 오래다. 지수의 쓰임새는 지수를 추종하는 인덱스펀드나 지수에 기초한 파생상품들의 다양한 발전과 발맞추어 확장되어왔다.

어떤 펀드가 지수를 '추종'한다는 것은 수익률이 지수의 등락과 비슷하게 움직이도록 펀드가 조성되었다는 뜻이다. 지수에 포함된 모든 종목을 해당 종목이 지수에서 차지하는 가중치만큼 사들여 펀드를 조성하면, 해당 펀드의 수익률은 지수의 수익률과 비슷하게 움직일(추종) 것이다. 만약 코스피200지수를 추종하는 인덱스펀드를 산다면 당신은 200개의 지수 구성 종목들을 일일이 사들일 필요 없이 지수와 동일한 수익률을 얻을 수 있다. 그러나 펀드는 주식처럼 시장에서 매 순간 거래되는 것이 아니기 때문에 사고파는 데 시간이 걸리고 수수료나 운용보수 등 비용 또한 만만치 않다. 상장지수펀드ETF는 펀드들을 거래소에서 보통주처럼 편리하게 거래할 수 있도록 만들어(이름에 '상장'이 붙은 이유다) 이 같은 단점을 극복한 상품이다. 한국에서 ETF는 2002년에 첫 상품이 등장한 이후, 2022년 1월 현재 19개 운용사가 상장시킨 539종목의 순자산가치 (ETF 구성 종목들의 자산에서 부채를 뺀 가치의 총합) 총액이 70조 원을 넘도록 폭발적으로 성장해왔다.[1]

ETF의 가장 큰 장점은 유동성, 즉 거래를 쉽게 할 수 있다는 것이다. 다른 펀드와 달리 거래소에서 주식처럼 사고팔 수 있다. ETF를 쉽고 싸게 거래할 수 있도록 만들 의무를 지운 유동성 제공자liquidity provider 제도도 활성화되어 있다. ETF는 특히 단기투자자들에게 인기가 높다.[2]

LG엔솔 지수 편입이 불러온 혼란

새로운 종목이 지수에 편입되면 해당 지수의 '구성 종목'이 '변경'된다. 그 지수에 포함된 각 종목의 가중치가 바뀌거나 어떤 종목은 지수에서 탈락할 수 있다. 예를 들어 코스피 상장 종목 가운데 상위 우량 종목 200개 종목의 지수인 코스피200의 경우 정기 변경은 매년 6월과 12월, 두 차례. 신규상장이나 상장폐지 등의 사유가 발생하는 경우엔 수시 변경도 가능하다.

LG엔솔의 편입으로 바뀌는 지수는 코스피200지수만이 아니다. 코스피지수와 배터리 관련 지수, 리튬(2차전지 원료) 지수까지 영향을 받는다.

지수가 변경되면 지수를 추종하는 수많은 상품(펀드 등)도 포트폴리오를 재조정(리밸런싱)해야 한다. 그래야 지수와의 가격 차이인 '추적오차tracking error'를 줄여 수익률을 비슷하게 유지할 수 있기 때문이다. LG엔솔처럼 시가총액이 큰 종목이 지수에 편입되는 경우 주식시장 전체가 영향을 받을 수 있는 이유다. 2022년 2월 초 기준, 지수연계형으로 구분되는 공모형 펀드는 206개이며 설정액은 7조 원에 달한다. ETF 공모형 펀드는 541개로 그 열 배가 넘는 72.5조 원이다. 명시적으로 지수에 연계된 펀드들만 이 정도인데, 이에 더해 기관투자자들 역시 지수의 수익률을 벤치마킹하며 자신의 포트폴리오를 구성한다. LG엔솔 상장 이후 약 일주일 동안 기관투자자들은 LG엔솔을 3조 7400억 원어치 매수했다. 그중 국민연금 등 각종 연기금이 사들인 액수만 2조 5000억 원 수준이다. LG엔솔 상장과 관련해 국민연금의 이름이 자주 오르내린 이유다.

문제는 이 정도의 매수 금액을 조달하기 위해서는 다른 종목들을 상당량 매도해야 한다는 점이다. 매도 물량이 쏟아지면 아무리 우량주라 할지라도 수급 충격에 따른 가격 하락을 피할 수 없다. 이번 사태를 두고 '수급 교란'이라는 표현이 나온 배경이다. LG엔솔 상장 이후 연기금이 가장 많이 매도한 종목들은 삼성전자와 삼성SDI, SK하이닉스, LG화학 등이다. 매도한 금액은 이 네 종목만 5000억 원을 웃돈다.

ETF 같은 펀드들이 지수 변경을 곧바로 반영해 추적오차를 줄이려 하는 것은 충분히 이해할 수 있다. 그런데 과연 국민연금까지 그럴 필요가 있을까? 평가가 1년 단위로 이루어지는 만큼 굳이 지금 LG엔솔은 사들이려고 서두를 필요는 없지 않았을까? 더구나 어떻게 보면 상장 초기는 LG엔솔을 사기에는 최악의 시기일 수도 있다. 수많은 펀드가 LG엔솔을 사기 위해 줄을 서 가격을 올려놓았기 때문이다. 느긋하게 천천히 사는 편이 낫지 않았을까?

그러나 조금만 더 자세히 관찰해보면, 국민연금이 해당 시기에 LG엔솔을 매입한 사정을 알게 된다. 국민연금의 자금 920여조 원은 크게 직접운용과 위탁운용을 통해 운용된다. 비중이 각각 55.6%와 44.4%다. 이 중 특히 문제가 되는 것은 위탁운용이다. 위탁운용사는 1년 단위가 아니라 '수시로' 평가·관리된다. 국민연금의 어느 위탁운용사가 LG엔솔의 현재 가격이 너무 비싸 천천히 사기로 했다고 치자. 그런데 불과 며칠 동안 LG엔솔 주가가 엄청나게 더 상승한다면 어떻게 될까? 이 운용사는 국민연금으로부터 질책을 듣게 될 것이다. 국민연금이라는 큰 고객을 잃게 될 수도 있다. 운용사 입장에선 서둘러 LG엔솔을 살 수밖에 없는 동기가 존재한다.

게다가 남들 다 사놓은 LG엔솔을 나만 안 사고 있으면 나중에 혼자 두들겨 맞기 십상이다(망해도 같이 망하는 게 남들 망할 때 혼자 성공하는 것보다 낫다고, 케인스도 말하지 않았던가). 자신의 고집을 꺾고 그저 남들 하는 대로 쫓아가는 '허딩herding'은 생각보다 자주 최선의 방책이 된다. 모난 돌이 정 맞는다.

지수 추종 상품이 많아지면 시장의 변동성이 커진다

지금까지 살펴본 것처럼 LG엔솔 상장과 지수 편입이 펀드들의 리밸런싱을 촉발해 시장의 변동성을 키운 것이 'LG엔솔 소동'의 내용이다. 그런데 인덱스펀드의 발전 자체가 시장 변동성을 키우는 예상치 못한 부작용을 낳는다는 의견도 있다. 학계에서는 이미 엄밀한 연구들을 통해 널리 알려져 있다.

제프리 워글러jeffrey Wurgler 뉴욕대학 스턴 경영대학원 교수는 이미 10년 전에 인덱스펀드가 초래할 문제점을 지적한 바 있다.[3] 다우존스지수가 생긴 1884년 이래 주식시장 전체를 대표하는 지수stock market index의 개수는, 논문을 쓸 당시까지, 해마다 5% 정도씩 늘었다. 인덱스펀드가 커버하는 주식의 범위 또한 크게 증가했다. 그러나 이미 살펴보았듯 지수에 편입되는 종목들이 늘어나면 그 종목들의 펀더멘털과 무관한, '수급 불일치'에 의한 유동성 쇼크liquidity shock가 생길 가능성도 커진다.

그러나 더 큰 문제는 지수에 편입된 종목의 가격이 같은 지수 내 다른 주식들의 가격과 함께 움직이는 정도인 '동조성comovement'이 편입 이후 크게 증가한다는 점이다.[4] 그 이유는 이렇다. 인덱스펀드는 지수 구성 종목들을 한꺼번에 대규모로 사고파는 거래를 수반한다. 예를 들어 지수를 추종하는 펀드를 만들기 위해서는 지수 구성 종목들을 모두 매입해야 한다. 종목당 지분 보유에 상한이 있다면 몇 종목의 가격이 지나치게 오를 경우, 그 종목들 일부를 팔고, 다른 종목들을 편입해 넣어야 한다. 또 지수와 구성 종목들의 순자산 가치가 괴리되어 있다면 이를 이용한 차익거래 과정에서 구성 종목들을 대량으로 사고팔아야 할 필요가 있을 것이다. 더구나 인덱스펀드가 많아지고 다양화되면서 이런 식의 대규모 거래는 수많은 펀

그림 27-1 | 다우존스지수의 최단기간 최대 폭락과 회복을 기록한 플래시크래시

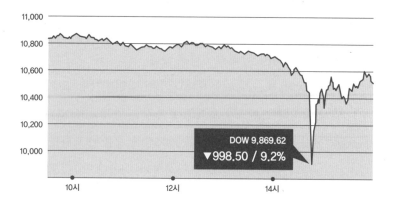

드들을 대상으로 한꺼번에 벌어지는 경우가 적지 않다. 그렇게 되면 지수 구성 종목들끼리 수익률의 상관관계, 즉 동조성이 높아지고, 펀드로 자금이 들어가고 나가는 흐름 또한 펀드들 간에 높은 상관관계를 보이게 된다. 결국 이는 시장에 불안 요소로 작용하고 때로는 주식시장의 폭락crash 을 가져올 수 있다. 실제로 워글러 교수는 2010년 5월 6일의 '플래시크래시Flash Crash'(다우존스지수가 갑자기 998.5포인트나 폭락하고, 이후 불과 20분 이내에 600포인트 이상을 회복한, 최단기간에 최대 폭락과 회복을 보인 사건)와 1987년 주식시장 대폭락을 이와 같은 메커니즘이 작동한 사례로 들고 있다. 플래시크래시의 경우 ETF가 보유한 지분이 큰 종목일수록 가격 등락이 더 컸음이 잘 알려져 있다.[5]

군이 주식시장 폭락 같은 유별난 사건을 예로 들지 않더라도 ETF가 많이 보유하고 있는 종목일수록 변동성이 높다는 사실은 이

미 실증적으로 증명된 바다.[6] 특히 ETF가 문제가 되는 이유는 다른 전통적인 펀드들과 달리 보통주처럼 거래되기 때문에 가격이 매 순간 변화하며 유동성 또한 높다는 데서 나온다. 이 같은 ETF의 특성은 순자산가치와의 차이를 이용한 차익거래를 가능하게 해줌으로써 설령 지수 변경이 없다고 하더라도 주가 변동성을 높일 수 있다. 예를 들어 한 ETF 가격이 순자산가치보다 높다고 해보자. 그리고 매수 포지션은 가격이 오를 때 이익을 내는 포지션(삼성전자를 8만 원에 샀으면 그 이상 올라야 돈을 번다)이고, 매도 포지션은 가격이 떨어질 때 이익을 내는 포지션(삼성전자를 8만 원에 공매도했으면 그 이하로 떨어져야 싼값에 다시 사서 빌려 온 주식을 갚아 이익을 챙길 수 있다)임을 기억하자. 시장이 효율적이라면 ETF의 가치는 구성 종목들의 순자산가치와 같아질 것이다. 이후 해당 ETF 가격은 하락할 것이고, 구성 종목들의 가치는 오를 거라는 말이다. 그러니 이를 이용한 차익거래를 하기 위해서는 ETF를 매도하는 동시에 구성 종목 모두를 매수해야 한다. 만약 ETF 가격이 순자산가치보다 낮은 경우라면 매수-매도 포지션을 반대로 잡으면 된다. 유의할 점은, ETF와 순자산가치가 괴리되면 이 같은 차익거래가 얼마든지 일어날 수 있다는 것이다. 이 차익거래들은 ETF 구성 종목들을 한꺼번에 대량으로 거래하는 방식을 포함한다. 이는 지수 편입이나 그에 따른 리밸런싱 없이도 구성 종목들의 변동성을 높이는 메커니즘이 된다.

최근 연세대 한재훈 교수 연구 팀은 이 같은 실증적 증거가 한국 시장에도 존재함을 보여주었다.[7] 미국에서와 마찬가지로 ETF가 많이 부유한 종목일수록 변동성이 컸다. 변동성 증가는 ETF가 많이 보유한 종목일수록 기관투자자와 외국인투자자의 거래가 많고, 매수와 매도 어느 한쪽으로의 쏠림이 많아지기 때문에 나타나고 있었다.

얕은 시장의 한계

LG엔솔 정도의 주식이 상장되고 나서 다양한 지수들에 편입될 것임을 예측하기는 그다지 어렵지 않았을 것이다. 그렇다면 너도나도 경쟁적으로 원할 주식의 유통 가능 물량이 왜 이렇게 적게 풀린 것일까?

상장일에 풀린 유통 물량은 전체 주식의 8.8%인 2070만 주였다고 한다. 유통 물량이 적은 이유는, LG엔솔의 지분을 80% 이상 보유한 LG화학이 보유지분을 상장 후 6개월간 팔지 않기로 하고, 상장 후 15일에서 6개월까지 의무 보유를 약속한 기관에 많은 물량이 배정되었기 때문이다. LG엔솔의 유통 물량은 2021년에 상장한 SK바이오사이언스(11.6%)나 SK아이이테크놀로지(15.0%), 또는 카카오뱅크(22.6%)보다 현저히 낮다. 유통 물량이 적으면 초과수요가 높아져 상장일의 주가가 더 높아질 가능성이 크다. 지수 편입으로 인한 효과까지 생각하면 더욱 그러할 것이다. 유통 주식이 조금 더 풀렸다면 유동성 비용 또한 그만큼 줄었을 것이다. 부족한 유통 물량은 시장에 강력한 유동성 충격을 가져온 중요한 요인이다.

LG엔솔을 매수하기 위해 다른 우량주들을 매도하더라도 다른 많은 펀드가 이 우량주들을 사주었으면 큰 소동이 일어나지 않을 수 있었다. 사실 펀드들의 리밸런싱이 일어나는 기간은 오히려 삼성전자나 SK하이닉스 같은 우량주들을 저가 매수하기에 좋은 기회가 될 수도 있다. 이러한 아쉬움은 한국 주식시장이 투자자들의 다양성이나 거래량, 그리고 유동성 면에서 아직 부족한 점이 많음을 보여준다고도 할 수 있다. 이런 시장을 '얕은 시장thin market'이라고 부른다. 얕은 시장에서는 많은 투자자가 효율적으로 거래할 수 있는 생태계를 조성하기 어렵다.

마지막으로 LG엔솔 소동이 LG화학 주주들에게 미친 영향을 정리하며 글을 마칠까 한다. LG엔솔 물적분할로 인해 모회사인 LG화학의 주가가 크게 떨어진 건 이미 널리 알려진 사실이다. 여기에 LG엔솔이 상장하면서 지수에 편입되고 많은 펀드가 리밸런싱이 일어나면서 LG화학 주가는 또다시 내려갔다. LG엔솔이 2차전지 지수나 ETF에 편입되는 반면, 배터리 부문이 사라진 LG화학은 해당 지수들에서 탈락할 수밖에 없었기 때문이다. 이로 인한 주가 하락은 충분히 예상할 수 있는 것이어서 LG화학은 공매도 투자자들의 집중 공격까지 받았다.

예탁결제원 발표에 따르면 2021년 국내 투자자의 외화 주식 결제대금은 3984억 7000만 달러(약 474조 원)에 달해 그 전년보다 두 배 증가했다. 그리고 전체 외화 주식 결제 규모의 90% 이상이 테슬라와 애플 등 미국 주식이었다고 한다. 투자자가 떠나면 시장은 더욱 얕아지기 마련이다.

주주가 알아야 할
이사회의 진짜 역할

최근 물적분할과 자회사 상장 문제로 더욱 논란이 된 한국의 기업 지배구조와 관련해서 고개를 갸웃거리게 되는 지점이 있다. 주주들은 기업을 비판하고 지배주주를 욕하며 경영자를 비난한다. 그런데 물적분할이나 자회사 상장 등을 승인했을 이사회에 책임을 물어야 한다는 목소리나 움직임은 별로 없다. 어찌 된 일일까?

주주들이 이사를 뽑아 월급을 주는 이유는 자신들을 위해 의무를 다하라는 뜻이다. 그런데 한국에선 주주들이 월급을 줘가며 일을 시킨 이사들이 주주들에게 해가 되는 결정을 하더라도 멀쩡하게 잘 살아간다. 좀 더 정확히 말하자. 이사들의 결정이 설령 주주들에게 손해를 끼쳤다 하더라도 '회사에 손해를 끼친 것이 아니라면' 배임으로 처벌할 수 없다는 것이다. 무슨 소리인지 헷갈릴 것이다. 주식회사에선 주주가 주인이므로 주주의 이익이 회사의 이익 아니었나? '주주의 이익'과 '회사의 이익'이 다를 수도 있단 말인가? 게다가 이런 대립은 유독 한국에서만 첨예하게 나타난다.

　이사회에 대해 교과서가 가르치는 내용은 대충 다음과 같다. 이사회board of directors는 경영자를 감시·감독하고 기업의 중요한 의사결정에 참여하는 등 기업경영에 핵심 역할을 한다. 그리고 그러한 역할을 제대로 수행토록 하기 위해선 '이사회의 독립성'이 필수다.

　당혹스러운 일이지만 교과서에서 좀 배웠다 하더라도 한국에선 이사회와 관련해 많은 것을 다시 익혀야 한다. 한국에서 정작 중요한 것은 경영자와의 관계에서 이사회가 독립적이냐 여부만이 아니기 때문이다. 무엇보다 지배주주와 일반주주 사이의 갈등이 심각한 상황에서 이사회가 수많은 일반주주의 이익을 전혀 대변하지 못하고 있다. 그럼에도 불구하고 그동안 이사회에 대한 비판이 '이사들이 각종 회의에서 거수기 역할만 한다'는 등 딱히 중요치 않은 이슈들에만 집중되어왔다는 것은 놀라운 일이다. 사실 이사회에 올라오는 공식 안건들은 회의 이전에 이사들로부터 사전 검증을 받고 수정된다. 즉, 이사회에서 이사들의 찬성 의견이 압도적으로 많은 것은 전혀 이상한 일이 아니다.

　문제는 이보다 훨씬 더 크고 포괄적이다. 기업지배구조와 관련된 법률적 문제들은 많은 부분 이사회의 의무와 책임에 집중되어 있다. 행동주의 펀드(주주 이익을 위해 적극적으로 의사결정에 참여하는 펀드)와 기관투자자가 제대로 역할을 하기 위해서는 주주의 이익을 대변할 이사들을 이사회에 진출시키는 것이 필수적이다. 기업지배구조의 중심에는 이사회가 있다.

소유와 지배, 그 괴리가 불러오는 갈등

지주회사 제도는 1990년대 후반 외환위기 이후 순환출자 등으로 얽힌 기업 집단의 투명성을 높이고 구조조정을 용이하게 하자는 등의 취지로 도입되었다. 이후 20년이 넘는 동안 성과가 컸지만 부작용 또한 만만치 않았다. 지배주주가 적은 지분만 보유하면서도 계열 회사들을 좌지우지할 수 있는 지배권 강화 수단으로 이용되는 폐해가 여전했기 때문이다.

주주는 보통 두 가지 권리를 갖는다. 배당을 받을 권리인 배당권과 주요 의사결정에 투표로 참여할 수 있는 의결권이 그것이다. 원칙적으로 보유한 지분에 비례해서 두 권리를 행사할 수 있게 되므로 이를 '주주의 비례적 이익'이라고도 부른다. 그러나 이 두 권리가 실질적으로 보유지분에 비례적이지 않은 경우가 허다하다. 지분율이 높지 않아서 낮은 배당권만을 갖고 있음에도 상당히 높은 수준의 의결권을 누리는 것이 가능한 것이다.

공정거래위원회 자료에 따르면 2021년 5월 기준, 총수가 있는 60개 기업 집단 소속 2421개사는 총수 일가가 평균 3.5%의 지분만을 보유하고 있다. 그러나 이들이 실질적으로 지배할 수 있는 '내부지분율,' 즉, '계열 회사 전체 자본금 가운데 총수 일가와 관계인들, 계열사가 보유한 주식가액(자기 주식 포함) 등을 모두 합친 비중'은 58%에 달한다.[1] 총수 일가의 의결권 지분이 소유권 지분보다 무려 16.6배나 큰 셈이다. 모회사 또는 지주회사가 자회사 지분을 보유하고, 자회사는 손자회사 지분을, 그리고 손자회사는 증손회사 지분을 보유하는 피라미드식 지분관계 덕분에 지배주주는 지주회사를 지배할 수 있는 수준의 지분만 확보해도 이를 지렛대 삼아 계열사 모두를 지배하는 것이다.

이 같은 '소유-지배 괴리'는 지배주주가 때론 자신의 배당권을 희생하더라도 지배권을 유지·강화할 수 있는 좋은 기회가 된다. 지배주주의 평균 지분이 3.5%밖에 안 된다는 것은 그들이 굳이 배당을 받고 싶어 할 이유가 크지 않다는 걸 말해준다. 실제로 금융위기 이후 10년간 당기순이익 중 배당으로 지급하는 금액의 비율, 즉 배당성향payout ratio의 평균은 24.8%로 한국이 다른 선진국(50.1%)이나 심지어 신흥국(36.8%)보다도 월등히 낮았다. 그러나 지배주주와 달리 일반주주들에게는 배당이 중요하지 의결권은 관심사가 아니다. 따라서 의결권을 위해 배당권을 희생해야 한다고 할 때 의결권 유지·강화로 인한 혜택은 지배주주의 몫이 되지만, 배당권 희생으로 인한 손해는 주로 일반주주에게 돌아간다.

최근 이슈가 되고 있는 물적분할-자회사 상장이 좋은 사례다. A라는 회사가 물적분할로 핵심 사업부를 떼어내 B라는 기업으로 상장시켰다고 치자. A사의 기존 주주들은 예전 '핵심 사업부(지금은 B사)'가 벌어들이는 현금흐름을 B사의 새로운 주주들과 나눠야 하기 때문에 그만큼 손해다. 모회사(여기선 A사)의 일반주주들은 이처럼 배당권 손해를 고스란히 감내해야 하지만, 의결권 손실 없이 자금조달에 성공한 지배주주에게는 배당권 손실이 그다지 대수로운 것이 아니다(25장, 26장 참조). 다시 말해 소유-지배 괴리는 지배주주가 자신의 손실을 최소화하며 지배권을 강화할 수 있도록 하는 최적의 조건이 된다.

회사를 위해 주주가 희생하는 이상한 나라

이 같은 '주주들 간'의 갈등으로 인한 비용을 최소화하기 위해선 무엇보다 이사회의 역할이 중요하다. 이사의 의무fiduciary duty에는 크게 주의의무duty of care와 충실의무duty of loyalty 두 가지가 있다. 상법은 이사의 주의의무를 '선량한 관리자'로서 의무로 명시하고 있다. 누군가가 투자한 돈을 맡은 사람은 투자자 이익을 위해 최선의 노력과 주의를 기울여야 한다는, 즉 '신의'를 지키고 '성실'을 다해야 한다는 의미로 '선관주의善管注意 의무(선관의무)'라고도 한다. 또한 상법은 이사의 충실의무를 규정한다. 이사가 사익을 추구하지 않고 '회사의 이익을 위해 충실히 직무에 임할 의무'(상법 제382조의3)다. 쉽게 말해 '(이사 자신과 회사 사이의) 이해 상충'을 극복해야 할 의무다. 충실의무에 따르면 이사들은 자신의 보수를 스스로 정하지 못하며(상법 제388조), 회사와 경제적 이해관계가 충돌하는 비즈니스에 종사할 수 없다(상법 제397조).

당연한 말들을 법에 명문화한 것으로 보이지만 한국에서 이사회가 설령 주주들에게 손해를 끼치는 의사결정을 내리더라도 법적 책임을 지지 않아도 되는 가장 큰 이유가 바로 여기에 있다. 이사의 의무를 규정한 상법 제382조의3은 그 의무의 대상을 '회사'만으로 명시하고 있다. 이사는 '회사의 사무'를 처리하는 자이지, 주주의 사무를 처리하는 자가 아니기 때문이다. 이렇게 회사와 주주의 이익이 분리되는 것은 법률적으로 주주와 회사는 엄연히 다른 법인격을 갖는다는 견해가 판례를 통해 정착한 결과다. 그럼 이사회가 책임져야 할 대상으로서의 '회사'라는 건 도대체 무엇일까?

주주와 회사가 다르다는 것은 이들이 두 개의 서로 다른 법인격을 가짐으로 인해 두 주체가 상이한 '계좌account'를 갖게 되고 따라서 이익과 손해도 별도의 계좌에 기록되어야 함을 뜻한다. 다시 말해 현행법상 '회사의 이익'이란 주주가 회사와 다르다는 논리에 기반해, 주식 가치와 무관하게 법인계좌의 가치 증감 여부로만 판단한다. 경북대 법학과 이상훈 교수는 이러한 견해를 '법인 이익-계좌 기준'으로 명명한다.[2] 또한 이 기준은, 주주 간의 갈등을 효과적으로 다루지 못하는 등 여러 문제점이 있기 때문에 주주의 이익을 함께 고려하는 '주주 이익 포함 기준'을 통해 보완해야 한다고 주장한다.

'법인 이익-계좌 기준'으로 보면, 이사회의 결정이 회사에 손해를 끼치지 않았다면 지배주주와 일반주주 가운데 한쪽의 이익을 훼손하더라도 법률적으로 책임질 필요가 없다. 이사회가 설령 특정주주(예컨대 지배주주)에게만 유리한 의사결정을 내렸다 하더라도 회사만 괜찮으면 문제가 없다는 것이다. 계열사 간 합병의 경우를 보자. 합병 비율이 총수의 지분율이 높은 회사에 유리하게 결정되더라도(그래서 총수의 지분율이 낮은 회사의 주주들이 손해를 본다고 하더라도) 이는 주주계좌의 문제이지 회사계좌의 문제가 아니다.

이에 덧붙여 이상훈 교수는 '법인 이익-계좌 기준'이 주주들 간의 이해 상충에 관심을 두지 않다 보니 설령 지배주주에 의해 장악된 이사회가 자신들만을 위한 의사결정을 내린다 하더라도, 이사회를 통과한 안건은 '모든 주주들의 의견'을 반영한 것으로 간주되기 쉽다고 지적한다.

따라서 이사회 의무의 대상으로 법인뿐 아니라 '주주'를 함께 명시할 필요가 생긴다. 이는 학계뿐 아니라 행동주의 펀드, 시민단체 등이 계속해서 강조해온 내용으로 이제는 정치권에서도 심심치 않게 언급된다. 회사를 위해 주주를 희생시키는 '이상한' 일이 벌어지는 것을 막기 위해서는 무엇보다 먼저 이 부분이 명확해져야 한다.

그렇다면 이사들이 신의성실 의무를 다했는지 그렇지 않은지는 도대체 어떻게 판단할 수 있을까? 아주 어려운 문제다. 만약 '신의성실 의무를 다하지 않았다'고 판단할 수 있는 기준이 너무 낮다면, 이사회에 대한 소송이 난무하게 될 것이다. 이사들은 소송을 당할 가능성이 조금이라도 있는 비즈니스는 좀처럼 승인하지 않으려 할 것이다. 이에 따라 회사가 위험성이 굉장히 낮은 사업만 하게 된다면 그 수익성 역시 떨어질 수밖에 없다. 궁극적으로 회사에 손해이고 주주들에게 손해다.

그래서 이사의 주의의무는 '경영판단의 원칙Business Judgment Rule' 에 의해 '보호'된다(이는 충실의무에는 적용되지 않는다). 이사가 그 권한을 넘지 않는 범위 내에서 신중하고 합리적인 판단을 바탕으로 의사결정을 내린 경우 설령 그 결과로 회사가 손해를 입었다 하더라도 이사에게 법적 책임을 묻지 않는다는 원칙이다. 이 원칙은 1919년 미시간주 대법원에서 "판사들은 비즈니스 전문가가 아니다"라는 유명한 판결 문구로 확립되었다. 이 판결은 미국 역사상 경영자들에게 가장 큰 영향을 준 판결로 꼽힌다.

문제는 결국 이사회가 풀어야 한다

외국에서 이사회가 주주를 무시하면 어떤 일이 벌어질까? 패밀리 레스토랑 올리브가든과 레드랍스터 등을 보유한 미국의 다든Darden 레스토랑 사례를 보자. 경영자는 실적 부진을 극복하기 위해 주력 사업 부문인 레드랍스터를 매각하길 원했다. 그러나 행동주의 펀드 스타보드밸류Starboard Value는 핵심 사업을 매각하지 않고도 부동산 매각과 영업비용 절감을 통해 충분히 기업가치를 높일 수 있다며 경영진과 대립하고 있었다. 그러던 중 레드랍스터의 잠재적 매수자가 등장하자 스타보드는 특별 주주총회를 소집해서 주주들에게 매각 여부 결정을 맡기자고 제안했다. 그러나 매각 절차가 지연될 것을 걱정한 이사회는 만장일치로 2014년 5월 16일 사모펀드에 레드랍스터를 현금 21억 달러에 매각하기로 결정하고 이를 발표했다.

주주들의 비난이 폭주했다. 놀랍게도 주력 부문을 헐값에 매각했기 때문이 아니었다. 주주들은 특별 주주총회 없이, 따라서 주주들의 의견도 듣지 않고 이사회 결정으로만 매각을 단행했다는 사실에 격분했다.

스타보드는 발 빠르게 움직였다. 불과 며칠 뒤인 5월 22일 의결권 대결을 공식 발표하고 이후 주주들의 광범위한 지지를 얻어 결국 10월 10일 주주총회에서 자신들이 추천한 12명 전원을 이사회에 진출시키는 데 성공했다. 기존 이사진 전원을 교체했다는 뜻이다. 이는 행동주의 투자자가 이사회를 장악한 첫 번째 사례가 되었다. 〈파이낸셜타임스〉는 "행동주의 투자자가 이사회 의석을 얻고자 했을 때, 이렇게 모든 의석을 얻어 기존 이사회 임원 전체를 교체하는 경우는 드물었다. 게다가 다른 주주의 지지까지 얻어낸 경우는 희귀하다"라고 썼다.[3]

그러나 이건 미국의 사례다. 우리는 한국에서 행동주의 펀드들이 얼마나 어려운 위치에 있는지 알고 있다(24장 참조). 기관투자자가 이사회에 진출하는 것에도 보이지 않는 제약들이 작용한다. 한국의 상당수 이사회는 '오너'들이 장악하고 있다(주식회사의 '오너'는 당연히 주주겠지만 한국에서 이 단어는 재벌 총수나 지배주주와 동의어로 쓰인다).

한국의 지주회사 체제는 기묘하다. 지배주주의 전횡을 제어할 시스템이 없기 때문이다. 그리고 그 독특한 기업지배구조가 한국 기업들의 주가가 낮게 형성되는(코리아 디스카운트) 원인임은 널리 인정되는 추세다. 지배주주의 전횡은 결국 이사회가 풀어야 한다. 설령 이사회가 지배주주에게 장악당한 상태라 하더라도 말이다. 이사회는 소유와 경영이 분리된 주식회사에서 주주와 경영자와의 갈등뿐 아니라 주주들 간 갈등까지 책임을 져야 하는 가장 기본적인 장치이기 때문이다. 지금까지 전혀 그렇게 하지 않았더라도 앞으로는 제대로 그렇게 해야 한다.

시장이 목숨값을
모른다면

이 글을 쓰고 있는 아침, 삼성전자의 주가는 7만 3600원이다. 삼성전자 주가가 7만 3600원이란 것은, 삼성전자 주식으로 이후 받게 될 현금(배당금)을 '현재가치'로 환산해서 합치면 그 값이 7만 3600원이라는 이야기다.

이를 약간 풀어서 설명해보자. 지금 당신이 100만 원을 갖고 있다면 그 돈에 이자가 붙어 1년 뒤엔 얼마 정도로 불어날 것으로 기대하는가. 그 액수가 100만 원에서 10% 늘어난 110만 원이라고 치자. 그렇다면 1년 뒤의 110만 원을 '현재가치'로 환산(할인)하면 100만 원이라고 말할 수 있다.

이와 같은 방식을 적용해서, 삼성전자 주식 한 장으로 내년과 2년 뒤, 3년 뒤(나아가 4년, 5년, 6년 뒤…)에 받을 것으로 기대되는 배당금을 추정한다. 그 배당금들을 각각 현재가치로 환산한 다음 합쳤을 때 지금의 삼성전자 주가가 나와야 하는 것으로 본다. 다음과 같이 정리할 수 있다.

주식가격=1년 뒤 배당금의 현재가치+2년 뒤 배당금의 현재가치
+3년 뒤 배당금의 현재가치+…

식의 왼쪽은 주식가격이다. 오른쪽은 '배당금 현재가치들의 합'
으로 펀더멘털이라 부른다. 그리고 이 식의 등호(=)는 '같다'라기보
다 '같아야 적정하다'에 가까운 의미다. 즉, 왼쪽의 주식가격이 오
른쪽에 있는 '배당금 현재가치들의 합(펀더멘털)'보다 클 때, 우리는
그 주식이 과대평가(해당 주식의 시세가 타당한 가격보다 높음)되어 있다
고 말한다. 반대로 주식가격이 배당금 현재가치들의 합보다 작다
면, 그 주가는 현재 과소평가되어 있는 것이다.

흔히들 말하는 효율적 시장efficient market은 주가가 펀더멘털에서
크게 벗어나지 않는 지점에서 형성되는 시장이다. 그런 가격을 '적
정가격fair price'이라고 한다. 시장이 효율적이라면 과대·과소평가되
어 있는 주가는 빠른 시간 내에 펀더멘털로 수렴해 적정가격을 달
성한다. 과소평가된 주식에서는 수요가 늘어나고, 과대평가 주식에
대해선 수요가 줄어들며 주가가 조정될 것이기 때문이다.

나쁜 기업이 시장에서 처벌받지 않는 이유

두 개의 주식이 있다. 모두 현재 1만 원에 거래되고 있으며 1년 뒤

에는 1만 1000원의 현금을 '확실하게' 보장한다. 두 주식 모두 위험이 없고 기대수익률도 10%로 똑같다는 얘기다. 두 주식의 차이는 기업이 '얼마나 착하냐'만 빼면 똑같다고 치자. A는 엄청나게 착한 기업이다. 사회사업이나 기부를 많이 하며 지역사회 공헌도도 높다. B는 갑질의 대명사다. 틈만 나면 자기들끼리 쌈박질하고, 남들에게 갑질을 해대는 통에 대부분의 사람이 '밥맛 없어' 하는 총수 일가가 경영권을 쥐고 있다. 그런데 총수 일가가 바로 얼마 전 또 사고를 쳐서 온 국민이 분노하고 있다고 가정해보자.

이제 두 주식을 착한 A와 갑질 B라고 부르자. 당신은 갑질 B 한 주를 사기 위해 얼마까지 지불할 용의가 있을까? 착한 A 가격이 1만 원이고 위험이 똑같으니 그냥 갑질 B 가격도 똑같이 1만 원이면 될까? 그럼 갑질에 대한 치솟는 분노는 어찌하고? 정의감에 불타는 당신은 절대 갑질 B에 착한 A와 똑같은 가격을 지불할 생각이 없다. 9000원도 많다. 훨씬 더 열받은 다른 사람은 7000원까지만 내겠다고 한다. 수업시간에 이 질문을 해보면 아예 1000원도 많다는 학생들이 꽤 된다. 무려 9000원을 '갑질 프리미엄'으로 깎아내리는 셈이다. 많이 깎을수록 자신의 정의로움이 더 많이 드러나는 줄 안다.

주식시장에 정의로운 사람들이 많아서 갑질 B의 주가가 예를 들어 7000원까지 폭락했다고 가정해보자. 그럼 어떤 일이 벌어질까? 예상하겠지만 이제 갑질 B는 7000원에 사서 1년 뒤엔 1만 1000원을 받을 수 있는 주식이 된다. 그런데 착한 A는 1만 원을 주고 사야 1만 1000원을 받을 수 있다. 이제 누가 착한 A 주식을 1만 원에 사려고 할까? 7000원만 주면 똑같은 이득을 보장하는 다른 대안(갑질 B)이 있는데 말이다. 그러니 착한 A가 시장에서 살아남으려면 그 가격이 7000원까지 떨어져야 한다. 이건 좀 이상하다. 도대체 착한 A가 뭘 잘못했길래 주가가 떨어져야 할까? 잘못한 건 갑질 B인데 왜 난데없이 착한 A가 두들겨 맞느냐는 것이다. 갑질을 처벌코자 한 당신의 정의로움은 어디로 간 것일까?

이런 일은 적어도 효율적 시장에서는 벌어지지 않는다. 1만 1000원의 펀더멘털이 바뀌지 않는 한, 주가가 1만 원 밑으로 내려가면 갑질 B의 주가는 '과소평가'되는 셈이다. 그래서 그 주식을 사려는 투자자들이 줄을 서게 된다. 결국 갑질 B의 주가는 1만 원 아래로 내려가지 않는다. 시장은 착한 A나 갑질 B나 같은 가격을 매긴다.

그렇다면 불매운동 등을 통해 갑질 B의 펀더멘털을 1만 1000원 밑으로 깎아 내리는 경우는 어떻게 될까? 소비자들이 마음을 모아 갑질 B에 대한 성공적 불매운동을 벌이고 그 결과 기업 이익이 타격을 입는다면 갑질 B의 주가는 하락할 것이다. 이는 시장에 의한 자율규제self regulation다. 그러나 이런 자율규제는 갑질에 대한 문제의식과 처벌 의지를 사회 구성원들 대다수가 충분히 공유하고 있을 때나 가능하다. 실제로 이런 식의 처벌이 이루어지는 사례도 없지는 않다. 다만 이런 식의 처벌은 비용이 많이 든다. 그러니 아주 '가끔씩만' 벌어진다. 더구나 갑질 자체가 시장에 알려지는 것조차 어려운 경우가 태반이다. 기업에 대한 나쁜 정보가 시장으로 새어나가는 것을 주주들이나 경영자들이 기를 쓰고 막기 때문이다. 하물며 갑질 B가 상장회사도 아니라면 시장이 이들을 벌하기란 더욱 어려운 일일 것이다.

사회적 책임을 말하면서 왜 산업재해에는 무관심한가

최근 들어 소위 ESG가 인기다. 환경Environment, 사회Society, 기업지배구조Governance 의 이니셜을 딴 용어다. 기업이 이윤추구만을 최상위 목표('프리드먼 독트린')로 두기보다는 사회적 책임Corporate Social Responsibility, CSR 을 다해야 한다는 맥락에서 나온 말이다. 기업들이 자발적으로 CSR을 시작했다고 할 수는 없다. 기업의 장기적 성장성과 지속 가능성이 CSR과 밀접하게 관련되어야 한다는 사회적 합의 하에 그러한 환경을 조성하려 노력해온 결과다. 다시 말해 기업의 사회적 책임 이슈는 프리드먼 독트린이 지배하던 세상에서 시장보다 여론과 규제, 정책이 앞서 나갔던 이슈다. 우리가 기업이 CSR을 하지 않으면 생존할 수 없는 시대를 만들어가고 있는 것이다. 시장은 이러한 시대의 변화에 발빠르게 대응하는 중이다. 이제 많은 사람이 CSR을 대세로 받아들인다.

예컨대, 파리기후협약에서 탈퇴했던 도널드 트럼프가 물러나자마자 새로운 미국 대통령 조 바이든은 파리기후협약에 재가입했다. 단지 바이든이 트럼프보다 착하기 때문은 아닐 것이다. 온실가스가 꾸준히 늘어나면 2100년쯤엔 뉴욕과 상하이, 뭄바이, 시드니 등 세계 주요 해안도시들이 물속에 잠길 수 있다는 예측이 꽤 설득력 있게 받아들여진다. 그러니 지금 신경을 안 쓸 수가 있겠는가.

CSR이 각광받고 있는 현실을 감안하면, 기업의 사회적 책임 중에서도 가장 중요한 요소 가운데 하나일 산업재해에 대한 무관심은 큰 미스터리다. 한국 경제의 눈부신 발전에 기여한 기업들의 역할 뒤에 수많은 산업재해와 노동자들의 피눈물이 숨겨져왔던 것을 모르는 사람은 없다. 나는 항상 한국의 기업들, 특히 재벌기업들이 회사를 위해 충성을 바친 직원들의 산업재해에 어떻게 그렇게까지 냉담할 수 있는지 궁금했다. 착각하지 말자. 예를 들어 대기업이 직원들에게 베푸는 복지는 낮은 수준이 아닐 것이다. 그러나 '복지'로 베푸는 풍부함은 산재 '예방'이나 피해에 대한 '보상'에서는 완전히 다른 얼굴을 보여준다.

2021년 1월 공포된 중대재해기업처벌법(중대법)을 둘러싼 논란에서도 그 일면을 볼 수 있다. 재계의 불만은 여러 가지였다. 산업재해 발생 시 법인과 경영진에게 책임을 물어 이들을 형사처벌할 수 있게 하고, 여기에 영업정지 등 행정제재를 부과하며, 징벌적 손해배상을 도입하는 등 강력한 처벌 규정들로 가득 차 있어 중복처벌, 과잉처벌의 위험이 너무 크다는 것이다. '처벌을 강화한다고 산업재해가 줄어든다는 보장이 어디 있느냐' '엄벌을 강조한다고 산업재해를 실효적으로 줄일 수 있겠느냐' 같은 의문들이 제기되었다. 이 법이 통과되면 높은 재해방지 비용으로 말미암아 문을 닫는 중소기업이 속출할 것이라는 등 볼멘소리도 높았다. 무엇을 어떻게 해야 할지 모르겠으니 구체적인 행동 기준을 제시해달라고도 했다. 특히 2018년 개정된 산업안전보건법(산안법)만 해도 충분히 강력한 법률인데, 굳이 더 강력한 새 법안을 만드는 것은 과잉 입법이라는 불만도 들렸다.

중대법이 산안법보다 훨씬 더 강력한 제재를 들고나올 수 있었던 배경은, 이 법이 경영자가 안전 의무를 다하지 않는 것을 '범죄'로 보았기 때문이다. 반면 산안법은 산업재해를 '실수'로 본다. 실제로 산안법 위반으로 기소되는 경우 과실치사상죄가 적용되는 경우가 대부분이다.

중·고등학생이 일진에게 '잘못 걸려' 폭행을 당했다는 이야기를 들으면 우선 그 일진에게 분노를 표한다. 동시에 어떤 대처도 하지 않은 다른 학생들과 교사, 학교를 나무란다. 당연한 반응이다. 일진의 폭행을 몰랐거나 혹은 알고 있는데도 굳이 눈을 감고 있었다면 그런 교사들과 학생들은 폭행에 수동적으로나마 동조한 것이 아닐까? 적어도 폭행을 방조한 책임은 면하기 어렵지 않을까? 여기에 '일진에게 당하지 않는 법' 같은 '구체적인 행동 기준'을 제시하는 것이 최선일까? 아니 그런 것이 존재하기는 하는 걸까?

기업 현장에서 일어나는 문제점들을 바꾸기 위한 가장 기본적 조건은 당연히 최고경영자의 의지다. 그러나 현실에서는 산재가 쳇바퀴처럼 반복되며 개선되지 않고 있다. 더 강력한 제재가 아니고는 산재 발생을 막기에 역부족이라는 것을 깨닫고 이를 제도적으로라도 강제하겠다는 것이 중대법의 입법 취지다.

문제는 안전수칙이 아니라 시스템이다

미국에서는 엔론 사태(2001년 세계 최대의 에너지 기업인 엔론이 파산을 신청하면서 대규모의 의도적 회계부정이 드러난 사건) 이후 회계장부의 투명성을 높이고 투자자를 보호하기 위해 사베인스-옥슬리법_{Sarbanes-Oxley Act}이 제정되었다. 이 법에 따르면, 경영자는 기업공시 내용을 직접 확인해야 하며, 문제 발생 시엔 실무자보다 경영자 개인에게 책임을 묻게 되어 있다. 하물며 산재는 사람 목숨에 관한 것이다.

2008년 이천 냉동창고 화재로 40명이 사망했다. 2020년 반복된 이천 냉동창고 화재로 다시 38명이 사망했다. 우연히도 같은 곳에 번개가 두 번 떨어졌다고 생각해야 하는가. 산안법 위반 재범률은 무려 93%라고 한다.[1] 이쯤 되면 산재는 우연이나 운이 아니라 시스템의 문제다. 해안도시들이 물에 잠기기 훨씬 전인 바로 지금, 일터에 컵라면을 남기고 죽어가는 김용균은 매일 나온다.

열악한 작업장에서 일하는 것은 현장 책임자들이 노동자들을 그런 곳으로 밀어 넣었기 때문이 아니다. 위험을 감수하지 않으면 일을 할 수 없도록 작업장이 애당초 잘못 설계된 탓이다. 이렇게 잘못 설계된 일터가 너무 많다. 노동자들이 그 잘못된 일터 대신 다른 곳에서 일할 수 있는 대안 선택지는 없다. 그러니 이 문제는 현장에 안전수칙이나 행동 주의사항을 전달하는 것으로 해결될 일이 아니다.

시장은 대개 정부보다 효율적이다. 그러니 산재 또한 시장을 통해 제대로 규제되면 좋을 것이다. 그러나 시장은 사람 목숨을 모른다. 목숨값을 가격에 반영할 줄 모른다. 앞에서 예를 들었던 착한 A

와 갑질 B 두 주식에서 갑질 B를 '산업재해 B'로 바꾸어보면 금방 알 수 있을 것이다. 더구나 산재의 많은 부분은 상장조차 되지 않은 중소기업들에서 나온다.

ESG가 필요조건이 된 것은 규제를 통한 강제가 시장을 앞서 나갔기 때문이다. 산업재해를 시장이 처벌하지 못한다면 당연히 정책과 규제가 시장을 앞서야 한다. 의원들은 자신이 금배지를 달고 있는 것은 시민들이 이런 일을 하라고 힘을 실어준 덕분임을 알아야 한다. 몇 년 전 청소 노동자가 전철 역사의 좁은 난간 위에 위태롭게 엎드려 창틀을 닦고 있는 사진을 보고 아연실색했다. 저 노동자를 안전한 지상으로 내려보내기 바란다. 아니면 의원 당신들이 그 자리에서 내려오든가.

ESG, E만 있고
S와 G는 없나

ESG가 뭘까? 처음엔 기업을 '낀' 환경운동 같았고, '착한 기업'이 되어야 한다는 얘기를 참 어렵게 한다 싶었다. '고객에게 진정'인 기업들이 잘된다는, 다시 말해 고객을 함부로 대하면 망한다며 자세를 180도 바꿔버린 새로운 마케팅처럼 보이기도 했다. 그러나 다음 달에 집을 비우고 새로운 살 곳을 찾을 걱정을 하는 것이 일상이 된 한국의 많은 사람들에게는 대기에 탄소가 좀 끼어 있는 게 뭐그리 대수인가 싶기도 했을 것이다.

그러나 이러한 삐딱한 시선으로만 ESG를 바라볼 필요는 없다. 어쨌거나 지구가 병들지 않으면 병든 것보단 낫지 않은가. 새로운 물길이 트이자 큰 파도가 한꺼번에 밀려오기 시작했다. 이제 환경과 사회에 기여하지 않는 기업은 더 이상 생존할 수 없게 된단다. 이윤추구만도 벅찬데 혹이 하나 더 붙은 것일까? 아니면 더욱 교묘해진 이윤추구를 위해 나온 새로운 전략일까? 어쨌든 중요한 논의임에는 틀림없다. 다만 그 현실적 논의가 어떻게 이루어지고 있느냐는 다른 문제다.

E는 환경Environment이다. 지금까지는 기업 성과를 높여 주가를 올리는 데 도움이 되기만 한다면 산림 파괴나 탄소 배출 정도는 눈감아주는 일이 많았다. 잘 알려진 '주주 우선주의'의 폐해다. ESG가 대세가 된 데에 환경문제가 크게 작용한 것은 사실이다. E는 지구 위 모든 생물체의 생존을 위해 중요한 이슈이기 때문이다.

S는 사회Social다. 기업활동도 사회정의에 부합하는 것이 중요하다. 투자도 사회적으로 책임 있게 해야 한다. 더 이상 아프리카 어린이들의 살인적인 노동을 통해 만들어지는 운동화를 신거나 커피를 마시면 안 된다. 폭력과 살인이 난무하는 가운데 수입된 다이아몬드는 몸에 걸치지 말자. 밍크코트는 불쌍한 동물을 산 채로 가죽을 벗겨 만든 진저리 나는 사치재다(궁금하면 유튜브에 'People for the Ethical Treatment of Animals, PETA'라고 치고 그들이 고발하는 동영상 몇 개를 보면 된다. 혐오감이 엄청날 거라는 경고는 미리 해둔다).

G는 거버넌스Governance다. 환경이나 사회 같은 큰 테제 뒤에 갑자기 거버넌스처럼 작은(?) 게 나오니 다소 느닷없다. 거버넌스는 기업에 이해관계를 가진 다양한 주체들, 예를 들어 주주, 채권자, 경영자, 노동자, 소비자 등의 이해관계를 어떻게 조정하고 관리해야 기업가치를 최대로 높일 수 있는지에 대한 개념이다. 영미권에서는 주주와 경영자의 갈등이나 주주와 채권자 사이의 갈등 등이 주요 주제이지만 한국에서는 지배주주와 소액주주의 갈등이 가장 중요한 이슈다. 만약 자신이 의사결정에서 소외된다고 믿는 주체들이

기업과의 이해관계를 더 이상 유지하려 하지 않는다면, 기업은 그들이 공헌할 수 있는 만큼 또는 그 이상의 손실을 감수해야만 한다.

ESG 시대, 산업재해와 물적분할이 의미하는 것

세 항목 중에서 S나 G는 잘 안 보이고 왜 유독 E만 눈에 띄는 걸까. 이런 의심을 갖게 된 건 꽤 오래전부터다. 그런데 2022년 7월 유력 경제지 〈이코노미스트〉가 몇 가지 이유를 들어 ESG에 대해 날 선 비판을 가했다.[1] E와 S와 G를 한 단어로 묶기에는 각 항목들의 목표가 상충되는 경우가 많고, 이를 잘한다고 기업가치가 올라가는 것도 아니며, 그 성과를 수치화하거나 객관적으로 평가하기도 어렵다는 내용이었다. 그러면서 다소 성급해 보이는 주장을 건넨다. 'ESG에서 다른 건 다 신경 끄고 E만 하자. E조차 이것저것 너무 많으니 그중에서도 탄소 배출Emission에만 집중하자'는 것이다. 이 주장에 따르면 ESG의 E는 Emission만을 뜻한다.

말 그대로 받아들이기보다는 ESG를 하려면 제대로 하라는 경고 정도로 받아들이는 것이 낫겠다. 그렇다 하더라도 유력지에서 이런 주장을 하는 것을 허투루 넘기고 싶지는 않으니 조금만 더 살펴보자. 사실 ESG 중에서 유독 환경의 E가 도드라져 보이는 것은 한국뿐 아니라 어느 나라에서나 마찬가지다. 경제주체들이 어쩔 수 없이 받아들여 '대응'할 수밖에 없도록 외부로부터 강제된 조건을 '외부효과externality'라고 한다. ESG는 대표적인 외부효과다. 환경은 그중에서도 가장 강력한 외부효과다. 예를 들어 탄소 배출은 다른 항목들보다 수치화하기 쉽고 따라서 미흡한 성과를 벌하기 용이하다. 그래서 가장 눈에 띈다. 앞으로는 기업이 탄소 배출을 줄이지 않으면 투자를 받지 못해 제품을 만들 수 없고, 설령 만든다 하더라도 내다 팔 수가 없게 된다. 외부효과는 싫다고 회피하거나 부정할 수 있는 것이 아니다. 그러니 경제주체들은 모두 대비하는 수밖에 없다.

S는 어떤가. 아무래도 E보다 목소리가 작다. 환경이 '지구'의 생존에 관한 것인 데 비해 S는 그 하부조직인 '사회'에 관한 것인 탓일까? 설령 그렇다 하더라도 S가 E보다 덜 중요하다고 주장할 수는 없다. 탄소 배출을 줄이자는 것만큼이나 S도 결국 사람을 살리기 위해서다. 이렇게 보면 S가 잘 안 보이는 것도 이상하고 그중에서도 가장 중요한 부분일 산업재해에 대한 무관심은 더 이해하기 어렵다. 직접적으로 사람이 죽는 산업재해가 환경재해보다 덜 중요시될 이유는 없기 때문이다. 더군다나 노동자들의 목숨을 지키기 위한 안전장치 설치 등 제반 노력에 들어가는 비용이 탄소 배출을 줄이기 위해 지출해야 할 비용보다 크지는 않을 것이다. 그런데도 노동자들을 보호하기 위한 비용이 크니 법을 늦춰달라는 목소리는 자주, 많이 들린다. ESG에 대해 이야기할 때 산업재해에 관한 논의가 잘 보이지 않는 건 한국뿐 아니라 다른 선진국도 마찬가지다. 물론 다른 선진국들이야 한국보다 이미 산업재해와 관련해 훨씬 더 많은 안전제도를 만들어두었으니 그럴 수도 있겠다. 그러나 이것이 진짜 대답은 아닐 것이다. 왜 그럴까? 노벨 경제학상을 받은 게리 베커 교수가 이미 1968년에 답해주었다. 사람들을 죽게 놔두는 게 더 싸

게 먹히니까 그런 거라고.

하루에 5.6명이 산재로 사망하는 선진국이 21세기 대한민국이다.[2] 김명희 노동건강연대 집행위원은 다음과 같이 썼다. "이런 '재래형' 산재의 대부분은 노동시장이나 공급사슬의 말단에 있는 하청업체, 영세사업장 노동자들에게 집중된다. 김용균 씨가 사망하기 전 5년 동안, 국내 화력발전소 산재사고의 97.7%가 하청 노동자들에게 일어났다."[3] 그런가 하면 고용노동부가 2013년부터 2017년까지 산재 상해·사망사건의 형량을 분석한 결과에 따르면 자연인(개인) 피고인 2932명 중 징역 및 금고형을 받은 피고인은 86명(2.93%)에 그친다. 벌금형을 받은 경우(57.26%)에도 그 금액은 평균 자연인 420만 원, 법인 448만 원에 불과했다.[4]

물어보자. 정말 'RE100'(기업이 필요로 하는 전력의 100%를 재생에너지로 충당하겠다는 협약)이 이 문제보다 더 중요하고 다급하다고 생각하는지? E가 S보다 덜 중요하다는 것이 아니다. S도 E만큼이나 중요하다는 뜻이다. 당신의 아들이나 조카는 오늘 당장 아무런 보호장구 없이 동네 전신주에 올라 고압전류가 흐르는 전선을 만져야 할지도 모른다. 아프리카에서 아동노동을 통해 만든 제품은 쓰지 말자면서 제 나라 노동자를 산업재해로 갈아 넣은 제품을 생산·소비하는 데는 아무런 거리낌이 없다.

한국에서 G는 아예 ESG와는 다른 차원으로 구분되어 있는 것으로 보인다. 영미권이야 애당초 G를 새삼스레 강조할 이유가 한국처럼 많지 않다. 주주들을 함부로 대하면 어떻게 되는지 기업들이 잘 알고 있기 때문이다. 자기 회사에 투자해준 고맙기 그지없는 '주인'인 주주들을 때리고 후려쳐서 허리와 목을 부러뜨려도 아무런 문제가 없는 건 한국만의 얘기다. 생각해보자. LG화학의 주주였다가 물적분할로 뒤통수를 맞은 당신에게 정말로 탄소 저감이 더 중요한 문제인가? 그래서 우리는 한국에서 ESG가 다소 뜬금없이 들리는 이유 한 자락을 의심하게 된다. 혹시 한국에서 ESG는 후지기 그지없는 G를 가리기 위한 좋은 수단이 되고 있는 게 아닐까.

G 없이는 ESG도 없다

ESG에 힘쓰는 많은 사람의 노력을 폄하하는 글이 아님을 강조해둔다. ESG는 G가 없이는 절대 이루어질 수 없다는 점을 환기시키고 싶을 뿐이다. ESG는 기업의 이윤추구가 ESG로 대표되는 다른 중요한 가치들을 훼손하지 못하도록 강제하는 규제지만 엄연히 이윤추구를 인정하는 개념이다. 이윤을 얻는다는 것은 기업에게는 양보할 수 없는 가치다. 이윤 없이 생존하는 기업은 없다. ESG는 환경이나 사회를 위해 나의 투자를 희생하라고 하지 않는다. 오히려 나의 투자가 성과를 내기 위한 중요한 새로운 기준과 기회로 환경이나 사회를 제시한다. 이 지점에서 ESG는 어떤 이상주의적 망상과 분명히 구분된다.

우리가 기업에 투자하는 것은 기업이 계속해서 이윤을 낼 수 있도록 돕는 일이다. 세상에 공짜는 없다. 그러니 당연히 우리 자신도 투자수익을 얻어야 한다. 투자자들이 투자의 대가로 이윤을 챙길 수 있는 것은 오직 양질의 거버넌스를 통해서만 가능하다. 거버넌스는 기업에 투자한 투자자, 다시 말해 주주와 채권자들이 그들의 투자에 대한 정당한 보상을 받아갈 수 있도록 보장해주는 장치다. E와 S를 잘한 기업에 투자했는데 적절한 보상을 받지 못한다면 그건 G 탓이다. ESG의 성패가 G에 달려 있다는 말이고, G가 ESG의 가장 기본이라는 뜻이다.

그리고 좋은 G를 위해서는 기업 내부의 노력보다 한 국가의 법적인 규제가 훨씬 더 중요하다. 거버넌스가 꼬여 있으면, 투자는 주주와 채권자가 하고, 그로 인한 보상은 대주주나 경영진이 차지하는 일이 생긴다. 심지어 투자자에게 엄청난 피해를 주면서까지 말이다. 이런 걸 제대로 규제하지 않는 나라에서라면 누구도 주주나 채권자가 되고 싶어 하지 않을 것이다. 그리고 투자자가 없는 회사는 존속할 수 없다. 그렇다. 이 또한 생존의 문제다. 거버넌스에서 국가의 역할은 이처럼 중요하다.

새 정부는 출범한 지 100일도 되지 않은 시점에 죄를 저지른 재벌 총수들을 '경제'를 위해 사면·복권시켰다. 정치인들을 사면 대상에서 제외했다고 해서 사면 자체가 탈정치적인 것은 아니다. 더구나 '경제'를 위해 '총수'를 사면·복권해야 한다는 건 한국 기업들의 너무나 후진적인 거버넌스를 스스로 인정하는 꼴이다. 이제 총수 한 명에 기대는 거버넌스는 혁파해야 하지 않겠는가.

ESG에 관해 자주 잊고 있는 것이 있다. ESG에서 가장 중요한 것은 E도 아니고, S도 아니고, G도 아니다. 바로 '지속 가능성sustainability'이다. 굳이 ESG로 대별한 건, 이 항목들이 지속 가능한 성장을 위한, 아니 성장을 오래도록 '유지'하기 위한 가장 기본적인 조건이기 때문이다. 죄를 지어도 벌을 주지 않겠다는 사회가 얼마나 지속 가능한 사회인지는 굳이 ESG를 갖다 대지 않아도 몇천 년 역사에서 배워온 교훈 아니던가?

죄 짓고도 벌 받지 않겠다는 건 ESG 이전에 염치의 문제다. 죄 지은 자에게 벌을 안 주겠다는 건 ESG 이전에 '도리'의 문제다. 재벌 총수가 아닌 다른 국민을 2등 시민으로 격하시키는 행위이기 때문이다. ESG에 염치와 도리를 측정하는 항목은 생각보다 많다. 오늘 밤에도 별이 바람에 스치운다.

주주 우선주의에서
시민 자본주의로 갈 수 있을까

4월 16일은 법경제학자인 린 스타우트Lynn Stout 교수가 2018년, 60세라는 이른 나이에 암으로 세상을 떠난 날이다. 그는 사회공동체의 행복을 위해 끊임없이 고민하고 연구한 학자였다. 주주만을 중심으로 기업을 바라보는 견해를 비판하고, 기업의 역할을 사회적 이슈의 해결 주체로까지 확장시켰다. 더 나아가 '시민 자본주의'의 시대를 열자고 제창했다.

케케묵은 질문으로 시작하자. '기업의 목적은 무엇인가?' 이 질문에 대답하려면 먼저 '기업의 주인은 누구인가'를 규명해야 한다. 이에 대한 가장 일반적 답변은 '주주shareholder'다. 그렇다면 기업의 목적은 주주의 부를 늘리는 것(주가 극대화)일 수밖에 없다. 이 같은 사상을 '주주 우선주의shareholder primacy'라고 부른다.

주주를 주인으로 대접해줄 만한 이유가 있다. 회사가 잘되는 것이 주주 자신의 이익과 일치하기 때문이다. 예컨대 기업은 자사가 벌어들인 매출액을 어떻게 배분하는가? 먼저 원재료값과 임금을 지급한다. 그다음엔 빌린 돈의 이자를 채권자들에게 갚는다. 또한 국가에 세금을 납부한다. 이 모든 단계를 거친 뒤 남은 돈이 비로소 주주들 차지가 된다. 주주는, 기업이 갚아야 할 돈을 모두 갚고 남은 것에 대해서만 청구권을 갖는 셈이다. 주주를 '잔여 청구권자'라 부르는 이유다. 원재료 판매업자, 노동자, 채권자 등은 자신이 받을 돈만 받을 수 있다면 기업가치가 크든 작든 상관할 필요가 없다. 그러나 주주는 기업가치가 클수록 더 큰 이익을 얻는다.

주주 우선주의의 문제점

그러나 스타우트는 이러한 주주 우선주의가 옳지 않으며 수많은 문제점을 만들어낸다고 주장한다. 스타우트에 따르면, 미국의 기업법은 경영진에게 '주주의 부를 극대화하라'고 의무로 강제한 바 없다. 더욱이 기업은 법인으로서, '주주로부터 독립적인' 지위를 가진다. 주주가 법인을 '소유'한 것이 아니라는 이야기다. '주주가 기업의 주인'이란 말은, 단지 주주들이 해당 기업 주식을 보유했다는 의미에 불과하다. 주주와 기업은 어떤 법적 계약을 맺고 있는 것이지, 전자가 후자를 소유한 것은 아니다. 예건대 당신이 삼성전자의 주주라고 해서 마트에 전시되어 있는 갤럭시폰이나 삼성 TV를 마음대로 가져다 쓸 수는 없지 않은가. 따라서 주주라고 해서 그 회사의 임직원이나 협력업체 직원, 또는 채권자들과 특별하게 다른 법적 지위를 갖는다고 볼 이유는 없다.

주주가 '잔여 청구권자'이므로 기업의 주인이라는 견해도 비판을 피할 수 없다. 기업이 파산한 경우라면 채권자들에게 빚을 모두 갚고 난 뒤 잔존 가치만 주주에게 돌아가는 것이 맞다. 그러나 파산한 경우가 아니라면 그렇지 않다. 이때 주주들에게 돌아갈 몫은 이 사회가 결정한다.

스카우트는 주주 우선주의가 옳지 않으며 많은 문제점을 만들어낸다고 주장한다. 실제로 그 부작용은 끊임없이 제기되어왔다. 경영자들이 단기적 주가 부양에 매달리다가 기업의 장기적 성장성을 희생시키는 등의 부작용은 널리 알려져 있다. 부의 불평등 심화 같은 거시적 문제점도 있다. 주주 우선주의는 주주들의 기회주의적 속성을 강화시켜 기업에 좀 더 직접적인 해를 끼치기도 한다.

2010년 4월, 멕시코만에서 정유회사 BP_{British Petroleum}의 석유시추선 딥워터 호라이즌호가 폭발해 시작된 원유 유출 사고는 역사상 최악의 환경 재난으로 기록됐다. 노동자 11명이 사망하고, 17명이 부상당했다. 배가 바닷속으로 가라앉은 후 5개월 동안이나 원유가 유출되었다. BP는 당초 사고 수습 자금을 마련하기 위해 정기 배당금 지급을 중단한다고 발표했다. 주주들의 항의가 빗발치자 재빨리 결정을 번복해 배당 지급을 재개했다. 대신 수많은 원유 산지를 포함한 300억 달러 규모의 자산매각 계획을 발표했다. 이해관계자들을 보호하기 위한 자금 마련이 시급한 상황에서도 배당을 지급하고 그 대신 기업자산을 매각해 장기적으로 기업가치에 해를 끼친 것이다. 스타우트는 이를 '다른 어떤 것을 희생하더라도 주주만은 보호해야 한다'는 강력한 주주 우선주의가 작동한 사례로 제시한다.

이쯤에서 기업과 주주 사이의 관계에 대해 좀 더 자세히 살펴보자. 친구 5명이 자본금 2억 원씩 투자해 회사를 차렸다고 치자. 이후 회사가 멀쩡히 영업하는 와중에 마음이 바뀐 친구 한 명이 자신의 투자금을 돌려달라고 하면 어떻게 될까? 혹은 자신에게 더 많은 배당을 주지 않으면 투자금액을 빼겠다고 막무가내로 협박하면? 이는 기업가치에 직접 영향을 미친다. 회사로선 사업을 접어야 할 수도 있기 때문이다. 기업 입장에서는 투자자 모두가 투자금을 회사 내에 유지시킬 것이라는 믿음이 있어야 한다.

'주주'가 된다는 것은, '투자금을 회수하지 않겠다(투자금 회수 제약capital lock-in)'는 조건을 받아들이는 계약이다.[1] 주주가 주식을 매각하면 투자금을 회수하는 것 아니냐고 반문할 수 있다. 그러나 주식 매각에서는 해당 주식을 산 다른 투자자가 주주가 되기 때문에, 회사 입장에서는 투자금 회수가 발생하지 않는다. 스타우트의 표현에 따르면, 율리시스가 인어의 노랫소리에 혹하지 않도록 배의 기둥에 자신의 몸을 묶었듯이 주식회사의 주주들도 '자신의 손을 묶는다'. 회사가 사업을 제대로 수행하려면 반드시 필요한 제약인 것을 알기에, 주주들은 이를 기꺼이 받아들인다. 그러나 스타우트는 주주들이 '기회주의적opportunistic' 행동을 할 수 있다는 것에도 주목한다. 이를테면 주주들은 어떤 프로젝트를 시작하기 전에는 투자금을 묶어두는 것에 동의하지만 프로젝트가 끝나면 그런 제약을 풀고 투자금을 회수하고 싶어 한다.

사실 기업의 많은 프로젝트는 주주를 포함한 여러 이해관계자들과의 협업을 통해서만 성공할 수 있다. 이는 기업이 본질적으로 주주만의 것이 아니라 다양한 이해관계자의 것이라는 말이 된다. BP의 사례에서처럼 주주 우선주의는 이런 '협업'에 걸림돌이 될 수 있다. 스타우트는 주주들의 기회주의적 행태에 대해, '이사회가 주주뿐 아니라 임직원과 고객, 사회공동체의 요구를 함께 고려하도록 만드는 것으로 극복할 수 있다'고 본다. '조정 역할을 하는 권력자 mediating hierarchs'의 의무를 부여받은 이사회가 주주들이 다른 이해관계자들에게 해를 끼치는 요구를 하지 못하게 해야 한다는 것이다.

탐욕이 아닌 양심에서 답을 구할 때

스타우트 교수는 이 문제를 '사람의 선함'을 이끌어내는 것으로 해결하려 한다. 종종 성악설에 기반한 법경제학 기조에 의문을 제기하는 책으로 언급되는 《양심 키우기 Cultivating Conscience》에 그의 생각이 잘 나타나 있다.[2] 인간은 지킬 박사와 하이드처럼 선과 악을 동시에 지닌 존재다. 미디어에는 인간의 악한 면이 자주 보도되지만, 세상엔 착한 사람들과 보이지 않게 선행을 행하는 이들도 많다. 사람에겐 '이타적으로 사회에 도움이 되고 싶은 성향'인 '양심 conscience'이 있기 때문이다.

중요한 것은 사람들이 근본적으로 선한지 악한지 여부가 아니다. '어떻게 하면 선한 부분을 이끌어낼 수 있을 것인가'이다. 그동안 양심은 종교 또는 정치적 포퓰리즘에서나 찾을 수 있는 것으로 여겨져왔다. 그러나 스타우트는 '법과 규제를 통해 양심을 이끌어 낼 수 있다'고 주장한다.

스타우트에 따르면, 이를 위해 다음의 세 가지 조건social cues이 충족되어야 한다. 첫째, '선한 권위의 지시instruction from authority'다. 잘 알려진 스탠리 밀그램Stanley Milgram의 '복종obedience 실험'에서는, 아무리 선한 사람이라도 단순한 권위에 쉽게 복종하면서 죄 없는 사람들에게 큰 해악을 끼칠 수 있다고 나타났다. 이 실험에서 피험자들은 다른 피험자가 큰 고통을 느끼거나 심지어 사망할 수 있다는 점을 알면서도 지시에 따라 전기고문의 전압을 높였다. 그러나 이러한 '복종 본능'이 위의 실험과는 반대로 사회에 도움이 되는 방향으로 갈 수 있다고 스타우트는 주장한다. 사람들은 때로 자신의 손해에 개의치 않고 기꺼이 선한 권위에 따르려 하기 때문이다.

두 번째는 '타인의 선함에 대한 믿음'이다. 사람 역시 다른 동물처럼 집단의 영향을 받는다. 남들이 착하다고 믿으면 스스로도 착한 행동을 한다. 악행도 마찬가지다. 타인의 선함을 믿으면 자신이 손해를 본다 하더라도 선행을 하게 된다.

세 번째는 '나의 선행이 남들에게 큰 혜택을 준다는 믿음'이다. 사람들은 타인에게 큰 도움을 줄 수 있다면 자신의 희생도 마다하지 않는 본능적인 실용주의자다.

스타우트는 경제학이 '탐욕적 인간Homo Economicus'을 가정한 탓에 '양심의 힘'을 전혀 모델링하지 못한다고 비판한다. 경제적 '인센티브'에 기초한 성과급 제도에서는 위의 세 가지 조건이 모조리 나쁜 쪽으로만 발휘된다.[3] 물질적 보상을 따르는 것은 선한 권위에의 복종이 아니다. 성과급 보상 체계는 당신이 이기적으로 행동할 것이며, 이기적 행위가 비즈니스에 적절하다는 전제를 깔고 있다. 따라서 남들 또한 이기적으로 행동할 것이라고 생각하게 만든다. 이렇게 성과급은 양심이 설 자리를 빼앗아버린다. 양심이 고려되지 않은 채 경제적 인센티브만 작동하는 경우에 초래되는 폐해의 사례와 연구는 이미 수없이 쌓여 있다. 예컨대 스톡옵션 제도는 경영자들의 위험 추구 성향을 부추겨 필요 이상의 위험을 감수하도록 만든 끝에 기업가치를 오히려 깎아먹을 수 있다. 사람들이 물질적 보상에만 반응하도록 시스템을 짜면 정말로 그렇게 된다. 스타우트는 글로벌워밍global warming(지구 온난화)보다 '양심의 쿨링cooling'을 걱정해야 할 때라고 말했다. 양심이 아니라 이기심에 기대면 사회는 정말 이기적으로 돌아가게 될 것이다.

다소 이상적으로 들릴 수 있는 주장들이지만 신뢰감을 더하는 엄밀한 연구 결과들이 있다. 어떤 연구자가 유명한 '죄수의 딜레마'를 실제로 실험해보았다. 그런데 실험에 어떤 이름을 붙였는지에 따라 결과가 달라졌다. '월가의 게임'으로 명명했을 때보다 '공동체 게임'이란 이름을 붙였을 때 플레이어들이 상호 협력하는 경우가 월등히 많았다.[4]

스타우트는 경제학에서 가장 기본적인 가정('인간은 이성적이며 이기적인 존재')을 끊임없이 의심하며 인지심리학, 사회학, 신경과학 등 폭넓은 분야를 열심히 공부한 덕분에 이런 생각을 할 수 있었다. 사람들의 행위는 스스로 바라는 바에 따라 '인도guide될 수 있다'는 결론은 그래서 여느 처세술 책들에서 쉽게 찾아볼 수 있는 싸구려 교훈이 아니다. 스타우트는 친사회적 성향과 이타주의를 옹호했으나 극단으로 치닫지 않았다. 지킬과 하이드라는 인간의 양면성을 진즉에 인정하고 있었기 때문이다.

'시민 자본주의'의 더 큰 세상으로

스타우트는 이처럼 인간의 선함을 끌어내는 시스템을 키워 '시민 자본주의Citizen Capitalism'로 나아가자고 주장했다.[5] 불평등 증대, 계층 이동성 감소, 수명 격차 확대, 환경문제 심화 등은 앞으로 더 강화될 가능성이 크다. 이런 문제들은 기업을 이용해서 풀어야 한다. 사람의 양심을 키울 수 있는 것처럼, 기업을 사회공동체에 복무하도록 만들면 가능하다. 기업이 가진 엄청난 힘을 감안할 때 가장 실질적이고 실현 가능한 대안이 될 수 있다.

시민 자본주의의 핵심에는 '유니버설 펀드Universal Fund'가 있다. 민간이 조성하는 펀드로 18세 이상 미국인은 누구나 원하기만 하면 한 주씩을 동등하게 배분받아 '시민-주주'가 될 수 있다. 자금을 투입해야 주주가 되는 것이 아니라 원하는 사람은 누구나 주주가 될 수 있다는 점에서 다른 펀드와 다르다. 이 펀드는 개인이나 기업 혹은 부호들의 '자율적' 기부를 통해 조성된다. 펀드는 투자한 기업들로부터 얻는 수익금을 펀드의 시민-주주들에게 배당한다. 시민-주주들은 유니버설 펀드를 통해, 이 펀드가 투자한 회사들에 대한 의결권을 갖는다. 펀드의 시민-주주권은 거래 및 양도할 수 없다. 유산으로 물려줄 수 없다. 보유자가 사망하면 시민-주식은 펀드에 다시 귀속된다. 유니버설 펀드는 투자한 기업의 주식을 장기 보유한다. (펀드의 영향력이 충분히 크다면) 해당 피被투자기업들은 단기 성과주의나 주주가치 최대화의 폐해에서 자유로울 수 있다. 장기적 목적을 갖는 시민-주주가 많아지면 이들이 펀드를 통해 시민의 삶에 바람직한 방향으로 기업을 이끄는 선순환이 일어난다. 기업은 평균적 시민들의 이해관계에 더욱 민감하게 된다. 결국 불평등이 줄고, 혁신과 성장이 증가하며 실질적인 민주주의를 이룰 수 있다.

허황된 꿈이 아니다. 스타우트가 《양심 키우기》에서 보여줬듯이 박애주의적 문화는 우리가 생각하는 것보다 주위에 훨씬 더 널리 퍼져 있기 때문이다. 무엇보다 그 선의를 믿는다면 사람들이 선의를 발휘하도록 도울 수 있다. 기업도 마찬가지다. 기업들이 그렇게 할 수 있다는 것을 믿고 그들의 양심을 선한 방향으로 인도해야 하는 것이다. 스타우트와 그의 동료들은 유니버설 펀드의 자금을 정부 지원 없이도 40조 달러까지 조성할 수 있다고 주장한다. 그러나 시민자본주의는 '자본주의'다. 사회주의와 무엇이 다른지 궁금하다면 그 이유만으로도 그의 말에 더 세심하게 귀 기울여보도록 하자.

스타우트가 떠난 후 그의 동료 법경제학자들은 권위 있는 학술지의 한 호issue 전체를 그에 대한 기념 논집으로 발간해 업적을 기렸다. 이제 그의 사상은 ESG의 큰 물결과 함께 되울려온다. 스타우트의 기일을 맞이하는 심정이 복잡하다. 그는 주주만이 기업의 주인이 아님을 일생을 바쳐 보여주었지만, 한국에선 아직까지 주주조차 기업의 주인인 적이 없었기 때문에 더욱 그럴 것이다.

에필로그

탐욕은 반칙의
면죄부가 아니다

자본시장은 이론대로 돌아가는 곳이 아니다. 그렇다고는 해도 한국의 자본시장은 더 이해하기 어려운 것 같다. 저평가된 주식들이 넘쳐난다고들 하는데 가격이 제자리로 올라갈 기미는 아직까지도 별로 보이지 않는다. 투자자들은 급작스러운 이벤트에 뒤통수 얻어맞기 십상이고, 규제는 자주 이랬다 저랬다 하는 통에 여기저기서 두드려 맞는 샌드백 신세다.

그러나 생각해보자. 개인뿐 아니라 외국인 투자자들도 헤맬 수 있고, 그건 기관 투자자들도 마찬가지다. 규제당국 역시 문제를 줄이고 싶어 하지 키우고 싶어 하지 않는다. 시행착오는 비싸다. 그래서 욕을 먹는다. 하지만 그건 나쁜 것이 아니다. 누구나 실수하는 탓에 당연히 일어날 수 있는 일이기 때문이다. 그렇다면 받아들이고 분석해 극복할 문제일 것이다. 그러나 문제는 유독 한국에서는 이 모든 시행착오가 기록으로 남아 미래를 위한 거름으로 쓰이는 게 아니라 지우고 없애버려야 할 적폐로 남는다는 데 있다. 그러니 한 번의 잘못이 또다른 형식을 빌려 반복되고, 여러 번 겪은 후라서 한 번에 바꿔도 될 것을 느릿느릿 아주 조금씩만 바꾸며 엉금엉금 기어간다.

자본시장은 탐욕스러운 투자자들이 모이는 곳이다. 한국뿐 아니라 어느 나라에서나 그렇다. 탐욕이 올바르게 작동하기 위해서는 모두가 동의하는 어떤 기제가 필요하다. 대개 '정부'나 '가격'이 그런 일을 한다. 그런데 그런 정부와 가격의 기능은 여러 가지 '반칙' 들에 의해 방해받는다. 어떤 반칙은 합법이고 어떤 반칙은 불법이다. 불법이 무서운 것은 처벌이 뒤따라 오기 때문이다. 처벌이 없는 세상에선 반칙이 불법이거나 합법이거나 다를 게 없다.

탐욕은 인정하고 받아들여야 하는 것이다. 굳이 애덤 스미스를 들이밀지 않더라도 탐욕은 명백히 자본시장의 원료다. 탐욕을 인정하면 누가 시장에서 단타를 치건 장기투자를 하건 그건 투자 스타일의 문제이지 옳고 그름의 문제가 아니라는 걸 인정하게 된다. 사모펀드를 탐욕의 절정에 있는 그 무엇이라며 욕하는 대신 그것이 갖는 장점의 중요성을 단점의 무서움과 함께 보다 분명히 이해할 수 있게 된다.

그러니 욕하고 비난해야 하는 것은 탐욕이 아니라 반칙이다. 그런데 명백한 반칙을 마주하면서도 탐욕이 원래 그런 거 아니냐고 혀를 차며 그냥 넘긴다. 아니다. 탐욕은 반칙과 다른 것이며 반칙의 면죄부도 아니다. 탐욕과 반칙이 헷갈리니 합법과 불법도 경계가 모호해진다. 반칙을 응징하지 않으면 탐욕은 제대로 작동하지 못한다. 그리고 반칙도 탐욕도 고삐가 풀리면 말 그대로 난장판이 펼쳐진다. 사실, 죄지으면 벌을 받아야 한다는 원칙은 자본시장이 아니라 수천 년 동안 발전시켜온 시민사회의 기본적 뼈대다. 21세기 대한민국에선 예전에 그랬듯이 여전히, 어려서는 학폭을 겪고, 직장에선 산재를 겪고, 사회에선 평생 벌어 간신히 얻은 집의 전세, 매매금을 사기로 날린다. 내가 투자한 종목의 주가는 순탄하게 흐르는가 싶더니 난데없는 이벤트에 속절없이 꺾이기 일쑤다. 죄를 지어도 벌을 받지 않는 사회에선, 이런 일은 계속 반복된다. 불법에 더해지는 혼란의 정점은, 합법을 규정하는 기반 자체가 반칙 위에 서 있을 때다. 정부가 제 역할을 하지 못할 때 대신 '가격'이 제 역할을 할 것을 기대하는 건 그저 사치다.

그리고 이 지점에서 경제학 교과서는 제 역할을 하지 못한다. 그러니 다양한 연구를 통해 교과서에서 배운 기본적인 이해를 현실에 비추어 더욱 키워나가도록 돕는 것 역시 교수의 일일 것이다. 내가 쓰는 글이 할 수 있는 일도 미약하게나마 있을 테고 말이다. 이 책은 그 작은 바람을 모았다. 그래서 부족한 책이지만 세상에 내보내기로 한다. 독자분들께 깊은 감사의 말씀을 드린다.

주

1부
1장

1 홍지연, 2020. 6. 23~7. 6., "팬데믹 국면 한·미·일 개인투자자의 거래 특징", 〈자본시장포커스〉 15

2 홍지연, 2020. 6. 23~7., "팬데믹 국면 한·미·일 개인투자자의 거래 특징", 〈자본시장포커스〉 156.; 김민기, 2020. 6. 25., "최근 개인투자자 주식 매수의 특징 및 평가", 〈자본시장연구원 이슈보고서〉 20-14; 서정덕, 2020. 7. 15., "[기자의 눈] 요즘 직접 투자하지, 누가 펀드합니까", 〈서울경제TV〉; 구은모, 2020. 9. 21., "[펀드시장 고사위기] 동학개미 등돌린 펀드시장 고사 위기", 〈아시아경제〉

3 Barber, 2000, B.M., Odean, T., Trading Is Hazardous to Your Wealth: The Common Stock Investment Performance of Individual Investors. *Journal of Finance* 55, pp.773~806

4 Barber, B.M., Odean, T., 2001, Boys will be Boys: Gender, Overconfidence, and Common Stock Investment, *Quarterly Journal of Economics* 116, pp.261~292

5 물론 이처럼 부정적인 결과만 있는 것은 아니다. 다음의 논문은 개인투자자들이 액티브 투자로 수익을 올린다는 증거를 제시한다: Dahlquist, M., Martinez, J.V., Soderlind, P., 2017, Individual Investor Activity and Performance, *Review of Financial Studies* 30, pp.866~899

6 Rick Ferri, 2012. 12. 20, "Any monkey can beat the market", *Forbes*

7 뱅가드 홈페이지 https://about.vanguard.com/who-we-are/fast-facts/

8 2015. 4. 25., Active v passive investing: "Hyped active (More doubts about fund managers' stock-picking powers)", *Economist*

9 2017. 6. 24., Buttonwood: "Fund managers rarely outperform the market for long", *Economist*

10 2012. 6. 9., Buttonwood: "Not so expert (The need for financial advice may be more psychological than practical)", *Economist*

11 김수현, 2019. 8., 〈개인투자자는 왜 실패에도 불구하고 계속 투자를 하는가?〉, 서울대학교 인류학 석사학위 논문

12 홍지연, 2020. 6. 23~7. 6., "팬데믹 국면 한·미·일 개인투자자의 거래 특징", 〈자본시장포커스〉 15; 김민기, 2020. 6. 25., "최근 개인투자자 주식 매수의 특징 및 평가", 〈자본시장연구원 이슈보고서〉 20-14

2장

1 이미령, 2021. 8. 9., "ETF 종목 500개 돌파…일평균 거래대금 세계3위", 〈연합뉴스〉

2 2021년 8월 말 현재, 한국거래소에는 총 485개의 ETF가 상장되어 있다. 이중 225개의 ETF는 국내 주가지수를 추종하는 상품들이다. ETF의 일평균거래대금은 약 2.1조 원으로 거래도 활발한 편이다. ETF가 보유한 순자산가치(NAV)의 총액은 60조 원을 넘는다. (한국거래소, 2021. 7., KRX ETF·FTN Monthly(2021. 6월 말 기준))

3장

1 네이버 주식 삼성전자 종목 분석 2023년 3월 8일

2 Fama, E.F., MacBeth, J.D., 1973, Risk, Return, and Equilibrium: Empirical Tests, *Journal of Political Economy* 81, pp.607~636

3 Fama, E.F., French, K.R., 1992, The Cross-Section of Expected Stock Returns, *Journal of Finance* 47, pp.427~465

4 "…beta as the sole variable explaining returns on stocks is dead." (Berg, Eric N., 1992. 2. 18., "Makret Place: A Study Shakes Confidence in the Volatile-Stock Theory", *NYTimes*)

5 Justin Fox, 2009, *The Myth of the Rational Market: A History of Risk, Reward, and Delusion on Wall Street*, HarperBusiness, p.104.

6 문병로, 2014, 《문병로 교수의 메트릭 스튜디오》, 김영사, pp.393, 492

4장

1 대니얼 카너먼, 이창신 옮김, 2018, 《생각에 관한 생각》, 김영사, p21

2 Han, B., Hirshleifer, D., Walden, J., 2021, Social Transmission Bias and Investor Behavior, *Journal of Financial and Quantitative Analysis*, pp.1~42

3 Hong, H., Kubik, J.D., Stein, J.C., 2004, Social Interaction and Stock-Market Participation, *Journal of Finance* 59, pp.137~163

4 사교성이 주식투자에 미치는 이와 같은 영향은 개인들이 살고 있는 주(state) 별로도 큰 차이를 보였다. 이를테면 인구대비 주식투자자 비율이 높은 상위 30%의 주에 살고 있는 개인들은 사교적일 경우 그렇지 못한 개인들보다 주식투자 가능성이 7~9%나 높았지만, 주식투자자 비율이 낮은 하위 30%의 주의 경우에는 사교성이 투자 가

능성에 미치는 영향은 유의하지 않았다. (Hong, H., Kubik, J.D., 2004, Stein, J.C., Social Interaction and Stock-Market Participation, *Journal of Finance* 59, pp.137~163)

5 Hirshleifer, D., 2020, Presidential Address: Social Transmission Bias in Economics and Finance, *Journal of Finance* 75, pp.1779~1831

6 위와 동일

5장

1 김준석, 2021. 8. 23., "주식시장 개인투자자의 행태적 편의", 〈자본시장포커스〉 17

2부
6장

1 Rock, K., 1986, Why new issues are underpriced, *Journal of Financial Economics* 15, pp.187~212

7장

1 Alesina, A., Miano, A., 2020, Stantchev, S., The Polarization of Reality, *American Economic Association Papers and Proceedings* 110, pp.324~328

2 이후 내용은 다음에서 요약: Nimark, K.P., Sundaresan, S., 2019, Inattention and belief polarization, *Journal of Economic Theory* 180, pp.203~228

3 Spenkuch, J. L. and Toniatti, D., 2018, "Political Advertising and Election Results", *The Quarterly Journal of Economics* 133(4), pp.1981~2036

4 Coibion, O., Gorodnichenko, Y., and Weber, M., 2020. 10. 31., "Political polarization and expected economic outcomes", VoxEU and CEPR; Coibion, O., Gorodnichenko, Y., Weber, M., 2020. 10., Political polarization and expected economic outcomes, 〈NBER working paper〉 28044 참조

5 Blinder, A.S., Watson, M.W., 2016, Presidents and the US Economy: An Econometric Exploration, *American Economic Review* 106, pp.1015~1045

6 Prat, A., 2018, Media Power, *Journal of Political Economy* 126, pp.1747~1783

7 DellaVigna, S., Kaplan, E., 2007, The Fox News Effect: Media Bias and Voting, *Quarterly Journal of Economics* 122, pp.1187~1234

8 Martin, G.J., Yurukoglu, A., 2017, Bias in Cable News: Persuasion and Polarization, *American Economic Review* 107, pp.2565~2599

9 Jens, C.E., 2017, Political uncertainty and investment: Causal evidence from U.S. gubernatorial elections, *Journal of Financial Economics* 124, pp.563~579

10 Pastor, L., Veronesi, P., 2012, Uncertainty about Government Policy and Stock Prices,

Journal of Finance 67, pp.1219~1264 그리고 Pastor, L., Veronesi, P., 2013, Political uncertainty and risk premia, *Journal of Financial Economics* 110, pp.520~545

11 Brogaard, J., et al., 2020, "Global Political Uncertainty and Asset Prices", *Review of Financial Studies* 33(4), pp.1737~1780

12 Julio, B., Yook, Y., 2012, Political Uncertainty and Corporate Investment Cycles. *Journal of Finance* 67, pp. 45~83

13 주원, 김수형, 2016. 12. 2., 정치 불확실성과 경제, 〈경제주평〉, 현대경제연구원, pp.16~48

14 Jens, C.E., 2017, Political uncertainty and investment: Causal evidence from U.S. gubernatorial elections, *Journal of Financial Economics 124*, pp.563~579

15 Jens, C.E., 2017, Political uncertainty and investment: Causal evidence from U.S. gubernatorial elections, *Journal of Financial Economics 124*, pp.563~579

16 Colak, G., Durnev, A., Qian, Y., 2017, Political Uncertainty and IPO Activity: Evidence from U.S. Gubernatorial Elections, *Journal of Financial and Quantitative Analysis* 52, pp.2523~2564

17 Liu, L.X., Shu, H., Wei, K.C.J., 2017, The impacts of political uncertainty on asset prices: Evidence from the Bo scandal in China, *Journal of Financial Economics* 125, 286~310

18 Samantha Schmidt, Jasper Scherer, 2016. 11. 14., "The postelection hate spike: How long will it last?", *Washington Post*; Melissa Jeltsen, 2016. 11. 15., "Trump's election raises fears of increased violence against women", *Huffington Post*

19 Huang, J., Low, C., 2017, Trumping Norms: Lab Evidence on Aggressive Communication Before and After the 2016 US Presidential Election, *American Economic Review* 107, pp.120~124

8장

1 김정수, 2020, 《월스트리트의 내부자들》, 캐피털북스

2 Becker, G.S., 1968, Crime and Punishment: An Economic Approach, *Journal of Political Economy* 76, pp.169~217

3 Zingales, L., 2004. 1. 18., "Want to Stop Corporate Fraud? Pay Off Those Whistle-Blowers", *Washington Post*

4 Choe Sang-Hun, 2016. 7. 4., "South Korea Targets Executives, Pressed by an Angry Public", *NYTimes*

5 Skinner, D.J., 1994, Why Firms Voluntarily Disclose Bad News, *Journal of Accounting Research* 32, pp.38~60 이 논문에 의하면 부정적 정보 공시는 특히 분기별 (연도별이 아니고) 실적발표에 선행했다. 이는 너무 늦지 않게 부정적 정보가 공시되었다는 것을 말한다.

6   Dyck, A., Morse, A., Zingales, L., 2011, Who Blows the Whistle on Corporate Fraud? *Journal of Finance* 65, pp.2213~2253

7   김정수, 2020,《월스트리트의 내부자들》, 캐피털북스

8   권남기, 2021. 6. 23., "공정위 역대 최고 신고 포상금… 17억 5천만 원 받았다!", YTN

9   채효진, 2021. 4. 1., "내부고발 활성화… 공익신고로 철저히 적발", 대한민국 정책브리핑

10 Alexandra Berzon, 2021. 5. 11., "CFTC whistleblower program in peril over potential $100 million-plus payout", *WSJ*

11 Mengqi Sun, 2021. 5. 19, "Whistleblower is awarded $28 milllion in Panasonic Avionics case", *WSJ*

12 Mengqi Sun, 2021. 6. 1., "Senate passes bill to fund CFTC Whistleblower Program", *WSJ*

13 Homann, M., 2021. 5. 5., "What companies need to know about the EU Whistleblowing Directive", EQS group

14 Call, A.C., Martin, G.S., Sharp, N.Y., Wilde, J.H., 2018, Whistleblowers and Outcomes of Financial Misrepresentation Enforcement Actions, *Journal of Accounting Research* 56, pp.123~171

15 Baginski, S.P., Campbell, J.L., Hinson, L.A., Koo, D.S., 2017, Do Career Concerns Affect the Delay of Bad News Disclosure? *The Accounting Review* 93, pp.61~95

9장

1   2021. 4. 3, "Activist short selling Q1", Breakout Point; Vikas Shukla, 2020. 8. 1., "Top 10 activist short calls that paid off bid time in 2020 H1", Yahoo!Finance

2   Paugam, L., Stolowy, H., 2022. 12. 15., How Activist Short Sellers Police Financial Markets, HEC Paris Working Paper

3   Karpoff, J.M., Lou, X., 2011, Short Sellers and Financial Misconduct, *Journal of Finance* 65, pp.1879~1913

4   Kartapanis, A., 2019, Activist Short-Sellers and Accounting Fraud Allegations, University of Texas at Austin Working Paper

5   Wong, Y.T.F., Zhao, W., 2017, Post-Apocalyptic: The Real Consequences of Activist Short-Selling, Marshall School of Business Working Paper No. 17~25

6   Michelle Celarier, 2020. 11. 30., "The Dark Money Secretly Bankrolling Activist Short-Sellers-and the Insiders Trying to Expose It", *Institutional Investor*

7   Ljungqvist, A., Qian, W., 2016, How Constraining Are Limits to Arbitrage? *Review of Financial Studies* 29, pp.1975~2028

8   Paugam, L., Stolowy, H., Gendron, Y., forthcoming, Deploying Narrative Economics To

Understand Financial Market Dynamics: An Analysis of Activist Short Sellers' Rhetoric, *Contemporary Accounting Research*; Paugam, L., Stolowy, H., 2022. 12. 15., How Activist Short Sellers Police Financial Markets, HEC Paris working paper; HEC Paris, 2021. 1. 21., "How Aristotle Is Helping New Whistleblowers Reveal Corporate Fraud", *Forbes*

9 Adele Ferguson, 2020. 12. 7,, "Caught in a bear trap: How 'short and distort' attacks are costing Australian investors billions", *Sydney Morning Herald*; Sarah Danckert, 2021.6.1.,, "ASIC issues new advice for activist short sellers to curb ambush tactics", *Sydney Morning Herald*

10 Gallichio, K.A., 1979, The Ninth Circuit Expands the 10b-5 Net to Catch a Columnist-Zweig v. Hearst Corporation, *DePaul Law Review* 29; Gross, J.I., 2002, Securities Analysts' Undisclosed Conflicts of Interest: Unfair Dealing or Securities Fraud?, *Columbia Business Law Review* 631

11 Kartapanis, A., 2019, Activist Short-Sellers and Accounting Fraud Allegations, University of Texas at Austin working paper

12 Coffee Jr, J.C., 2020, Petition for Rulemaking on Short and Distort, Newstex, New York

13 Vanderberg, P., Roane, G., 2021. 3. 1., Re: CSA Consultation Paper 25-403- Activist Short Selling, Badger Daylighting

14 "In April, outspoken short-seller Marc Cohodes stunned the short-selling community when he teamed up with Joshua Mitts, associate professor at Columbia Law School, to author an op-ed in the Financial Times calling for a mandatory ten-day holding period by a firm or individual after the public dissemination of market-moving information." (Michelle Celarier, 2020. 11. 30., "The Dark Money Secretly Bankrolling Activist Short-Sellers-and the Insiders Trying to Expose It", *Institutional Investor*)

15 남민우, 2020. 9. 28., "이들에 찍히면 주가 반토막… 월가의 '공매도 자객들'", 〈조선일보〉

16 남민우, 2020. 9. 27., "'SKT가 투자한 나녹스, 가치 제로' 공매도 행동주의자의 일갈", 〈조선일보〉; 남민우, 2020. 9. 28., "이들에 찍히면 주가 반토막… 월가의 '공매도 자객들'", 〈조선일보〉

11장

1 2020. 4., 주식 시장조성자제도 운영효과 및 증권거래세 면세 유지 필요성, 한국거래소

12장

1 Kaye Wiggins, 2020. 6. 18., "Private equity steps in where others fear to tread during pandemic", *Financial Times*

2 Eric de Montgolfier, 2020. 6. 29., "Letter: Private equity has clear long-term benefits for investors", *Financial Times*

3 Billy Nauman, 2020. 6. 4., "Private equity eyes $400bn windfall from US retirement savers", *Financial Times*; Benjamin Bain, 2020. 6. 4., "Private Equity Gets a Big Win With U.S. Nod to Tap 401(k) Plans" *Bloomberg*

4 Edward Siedle, 2020. 6. 13., "Trump DOL Throws 401k Investors To The Wolves", *Forbes*

5 John Plender, Peter Smith. 2020. 6. 15., "Top US pension fund aims to juice returns via $80bn leverage plan", *Financial Times*

6 Robin Wigglesworth, 2020. 6. 29. "Why private capital will benefit from the crisis", *Financial Times*

13장

1 이 논문은 이 칼럼이 발표된 몇 달 후인 2020년 12월에 학술지에 게재되었다. Phalippou, L., 2020, An Inconvenient Fact: Private Equity Returns & The Billionaire Factory, *Journal of Investing*

2 Eric de Montgolfier, 2020. 6. 29., Letter: Private equity has clear long-term benefits for investors, *Financial Times*

3 박동휘, 좌동욱, 2015, 《1조원의 승부사들》, 한국경제신문

4 Jensen, M.C., 1989, Eclipse of the Public Corporation, *Harvard Business Review* 67, pp.61~74

5 Lerner, J., Sorensen, M., StrOmberg, P.E.R., 2011, Private Equity and Long-Run Investment: The Case of Innovation, *Journal of Finance* 66, pp.445~477

6 Davis, S.J., Haltiwanger, J., Handley, K., Jarmin, R., Lerner, J., Miranda, J., 2014, Private Equity, Jobs, and Productivity, *American Economic Review* 104, pp.3956~3990

7 Davis, S. J., Haltiwanger, J., Handley, K., Jarmin, R., Lerner, J., Miranda, J., 2019. 10., The Economic Effects of Private Equity Buyouts, NBER Working paper (26371)

8 Bernstein, S., Lerner, J., Sorensen, M., Stromberg, 2017, Private Equity and Industry Performance, *Management Science* 63(4), pp.1198~1213

9 Bernstein, S., Lerner, J., Sorensen, M., Stromberg, P., 2017, Private Equity and Industry Performance, *Management Science* 63(4), 1198~1213

10 김도윤, 2017. 2. 23., "VIG파트너스, 버거킹 매각으로 100% 이상 차익", 〈머니투데이〉

11 Antoni, M., Maug, E., Obernberger, S., 2019, Private equity and human capital risk, *Journal of Financial Economics* 133, pp.634~657

12 Davis, S.J., Haltiwanger, J.C., Handley, K., Lipsius, B., Lerner, J., Miranda, J., 2019. 10., The Economic Effects of Private Equity Buyouts, NBER Working paper (26371)

3부

15장

1 Ye Xie, 2021. 3. 20., "Treasuries bull market that began in 1981 has finally ended", *Bloomberg*

2 2021. 3. 27., "Ray Dalio: It's pretty crazy to want to own cash or bonds", Yahoo! Finance(Youtube); 2020. 4. 16., "Ray Dalio says 'You'd be pretty crazy to hold bonds right now'", Bloomberg(Youtube)

3 Yun Li, 2021. 2. 25., "Stocks just got some new competition from bonds as 10-year rate tops dividend yield", CNBC

4 Robert Barone, 2021. 2. 27., "The Rate Spike Will Damage The Recovery: Fed Intervention Needed", *Forbes*

16장

1 Issbitt, R., 2021. 4. 8., "Value Stocks Are Catching Up. Here's Why", *Forbes*

2 Graffeo, E., 2021. 3. 2., "Value stocks will continue to beat growth even after record outperformance in February, Bank of America says", *Business Insider*

3 최재원, 2021. 5. 15., "가치주의 시대 돌아왔다… 고배당주○○○○ 투자 유망", 〈매경 프리미엄〉

4 Issbitt, R., 2021. 4. 8., "Value Stocks Are Catching Up. Here's Why", *Forbes*

5 위와 동일

6 위와 동일

17장

1 2022.4., IMF Global Financial Stability Report

19장

1 "If I owe you a pound, I have a problem; but if I owe you a million, the problem is yours." (John Maynard Keynes; http://manvsdebt.com/debt-quotes/)

2 2021. 10. 26, [보도자료] "가계부채 관리 강화방안" 발표, 금융위원회

3 2021. 6. 한국은행 금융안정보고서

4 서영수, 2019, 《대한민국 가계부채 보고서》, 에이지21, p.24

5 정화영, 2021. 9. 28~10. 11., 최근 가계부채 증가의 특징, 영향 및 시사점, 〈자본시장 포커스〉 20

6 2019. 5. 22., "There's Only One Way to Stop Predatory Lending", *NY Times*

7 Agarwal, S., Amromin, G., Ben-David, I., Chomsisengphet, S., Evanoff, D.D., 2014.

Predatory lending and the subprime crisis, *Journal of Financial Economics* 113, pp.29~52

20장

1 아티프 미안, 아미르 수피, 박기영 옮김, 2014, 《빚으로 지은 집》, 열린책들, p.18

2 찰스 P. 킨들버거, 로버트 Z. 알리버, 김홍식 옮김, 《광기, 패닉, 붕괴: 금융위기의 역사》, 굿모닝북스, p.64

3 찰스 P. 킨들버거, 로버트 Z. 알리버, 김홍식 옮김, 《광기, 패닉, 붕괴: 금융위기의 역사》, 굿모닝북스, p.67

4 이들의 논문은 저서 《빚으로 지은 집》에 요약되어 출간되었나.

5 Mian, A., Sufi, A., 2018, Finance and Business Cycles: The Credit-Driven Household Demand Channel, *The Journal of Economic Perspectives* 32, pp.31~58

6 Mian, A., Sufi, A., Verner, E., 2017, Household Debt and Business Cycles Worldwide, *The Quarterly Journal of Economics* 132, pp.1755~1817

7 Mian, A.R., Sufi, A., Verner, E., 2020, How Does Credit Supply Expansion Affect the Real Economy? The Productive Capacity and Household Demand Channels, *Journal of Finance* 75, pp.949~994

8 아티프 미안, 아미르 수피, 박기영 옮김, 2014, 《빚으로 지은 집》, 열린책들, p.207

21장

1 Gorton, G.B., Zhang, J., 2022, forthcoming, Taming Wildcat Stablecoins, 〈University of Chicago Law Review〉 90

2 이 논문은 2019년 두 저자가 박사과정일 때 쓰인 것으로 보인다. https://scholar.harvard.edu/heyang/publications/national-banks-and-local-economy. 쉬가 스탠포드 대학교 교수로 부임한 이후 Xu, C., Yang, H., 2022. 5., Real Effects of Stabilizing Private Money Creation, NBER working paper (30060)으로 교정, 게재되었다.

22장

1 박록찬, 2022. 7. 5., "볼드(Vauld) '입출금 중단하고, 모라토리엄 신청'", 〈코인데스크 코리아〉

2 2022. 5. 24., "골드만삭스 '디파이 상호연결성, 시스템 위험 증폭'", 〈매일경제〉

3 Allen, Hilary, 2022. 5. 25., "We're asking the wrong questions about stablecoins", *Financial Times*

4 Sindreu, J., 2022. 6. 30., "DeFi's Existential Problem: It Only Lends Money to Itself", *Wall Street Journal*

4부

23장

1 Mike Harmon, Victoria Ivashina, 2020. 4. 29., When a pandemic collides with a leveraged global economy: The perilous side of Main Street, VOXEU

2 Borensztein, E., Ye, L.S., 2018. 8., Corporate Debt Overhang and Investment, World Bank Policy Research Working Paper 8553

3 Kalemli−Ozcan, S., Laeven, L., Moreno, D., 2020, Debt overhang rollover risk and corporate investment evidence from the european crisis, NBER working paper (24555)

4 Kalemli−Ozcan, S., Laeven, L., Moreno, D., 2020., Debt overhang rollover risk and corporate investment evidence from the european crisis, NBER working paper (24555)

24장

1 2020. 11. 24, 산업은행과 한진칼의 아시아나 항공 인수에 대한 쟁점 분석, 경제민주주의21

2 김우진, 2020. 11. 18., "[기고] 대한항공의 아시아나 인수가 갖는 문제점", 〈조선일보〉

3 윤진호, 이기훈, 2020. 11. 24., "대한항공, 아시아나 정비부문부터 통합… 강성부 반발", 〈조선일보〉

25장

1 송은해, 2018. 7., 물적분할 기업의 후속 지배구조 개편 현황 분석, 〈KCGS Report〉 8권 7호

2 강민수, 2021. 8. 4., "카카오뱅크 끝나니 페이 대기… 기업 '쪼개기 상장', 왜 한국만 많나?", 〈머니투데이〉

3 이승배, 2021. 8. 18., "공매도보다 무서운 자회사 상장… '언제까지 눈뜨고 코 베이나'", 〈서울경제〉

26장

1 김우진, 이종명, 2021, 계열사 복수 상장과 주주간 이해 상충, 〈기업지배구조리뷰〉 9

2 이창훈, 2021. 8. 27., "[재계는 지금 물적분할 中②] 무분별한 물적분할에 해법 없나", 〈이코노미스트〉

27장

1 2022. 2. KRX ETF·ETN Monthly

2 기관들의 ETF 보유 기간이 짧으며(Ben−David, I., Franzoni, F., Moussawi, R., 2018, Do ETFs Increase Volatility?, *Journal of Finance* 73, pp.2471~2535), 레버리지 ETF는

단기투자를 하는 개인들이 주로 거래한다는 사실도 잘 알려져 있다(Charupat, N., Miu, P., 2011, The pricing and performance of leveraged exchange-traded funds, *Journal of Banking & Finance* 35, pp.966~977).

3 Wurgler, J., 2011, On the Economic Consequences of Index-Linked Investing, In: Allen WT, Khurana R., Lorsch J., Rosenfeld G.(eds.), Challenges to Business in the Twenty-First Century: The Way Forward, *American Academy of Arts and Sciences*

4 Barberis, N., Shleifer, A., Wurgler, J., 2005., Comovement, *Journal of Financial Economics* 75, pp.283~317; ETF ownership increases comovement.(Da, Z., Shive, S., 2018, Exchange traded funds and asset return correlations, *European Financial Management* 24, pp.136~168); Agarwal, V., Hanouna, P., Moussawi, R., Stahel, C.W., 2018, Do ETFs Increase the Commonality in Liquidity of Underlying Stocks?, working paper; Bhattacharya, A., O'Hara, M., 2018, Can ETFs Increase Market Fragility? Effect of Information Linkages in ETF Markets, working paper

5 Madhavan, A., 2012, Exchange-Traded Funds, Market Structure, and the Flash Crash, *Financial Analysts Journal* 68, pp.20~35

6 Ben-David, I., Franzoni, F., Moussawi, R., 2018, Do ETFs Increase Volatility?, *Journal of Finance* 73, pp.2471~2535

7 최병호, 김시청, 한재훈, 2022(한국경영학회 융합학술대회 2021. 8), 상장지수펀드의 주식소유비중과 변동성에 관한 검정, 증권학회지 forthcoming

28장

1 2021. 9. 1., [보도자료] 2021년 공시대상기업집단 주식소유현황 분석 공개, 공정거래위원회

2 이상훈, 2019, 국민연금 배임판결의 회사법적 의미-주주의 비례적 이익, 패러다임 전환을 제안하며, 〈상사법연구〉 38, pp.45~88

3 오웬 워커, 박준범 옮김, 2020, 《이사회로 들어간 투자자》, 위터베어프레스, pp. 64~97

29장

1 박선영, 2020, '재무제표로 살펴본 기업의 산재 예방 투자 효과' 산재 예방 연구 브리프

30장

1 2022. 7. 21., ESG should be boiled down to one simple measure: emissions, 〈Economist〉

2 2022. 1. 26, '중대재해 처벌 등에 관한 법률' 시행에 대한 국가인권위원장 성명, 국가인권위원회

3 김명희, "외나무다리를 안전하게 뛰라는 세상", 〈시사인〉 695호

4 박태웅, 2021. 6. 1., "[박태웅 칼럼] 물은 땅이 패인 모양을 따라 흐른다", 〈아이뉴스24〉

31장

1 이 문제를 처음 글로 제기한 사람은 UCLA 경제학 교수였던 해롤드 뎀세츠(Harold Demsetz)다.

2 Stout, L., 2010, *Cultivating Conscience: How Good Laws Make Good People*, Princeton University Press

3 Stout, L., 2014. Killing Conscience: The Unintended Behavioral Consequences of "Pay For Performance", *Journal of Corporation Law* 39, pp.525~561

4 Langevoort, D.C., 2020, Lynn Stout, Pro-sociality, and the Campaign for Corporate Enlightenment, *Accounting, Economics, and Law: A Convivium* 10

5 Lynn Stout, 2019, *Citizen Capitalism: How A Universal Fund Can Provide Influence and Income to All*, Berrett-Koehler Publishers

*이 책에 사용된 자료 중 저작권자를 찾지 못하여 게재 허락을 받지 못한 사진에 대해서는 저작권자가 확인되는 대로 게재 허락을 받고 통상의 기준에 따라 사용료를 지불하도록 하겠습니다.

이관휘의 자본시장 이야기

초판 1쇄 발행 2023년 3월 31일
초판 2쇄 발행 2024년 6월 10일

지은이 이관휘
발행인 김형보
편집 최윤경, 강태영, 임재희, 홍민기, 강민영, 송현주
마케팅 이연실, 이다영, 송신아 **디자인** 송은비 **경영지원** 최윤영

발행처 어크로스출판그룹(주)
출판신고 2018년 12월 20일 제 2018-000339호
주소 서울시 마포구 동교로 109-6
전화 070-5038-3533(편집) 070-8724-5877(영업) **팩스** 02-6085-7676
이메일 across@acrossbook.com **홈페이지** www.acrossbook.com

ⓒ 이관휘 2023

ISBN 979-11-6774-095-3 03320

만든 사람들
편집 이경란 **교정** 하선정 **디자인** 송은비 **조판** 박은진